A. FURETIÈRE

# LE ROMAN
# BOURGEOIS

Préface de M. Émile COLOMBEY

EAUX-FORTES DE DUBOUCHET

VARIANTES ET BIBLIOGRAPHIE

PARIS

A. QUANTIN, IMPRIMEUR-ÉDITEUR

7, RUE SAINT-BENOIT

1880

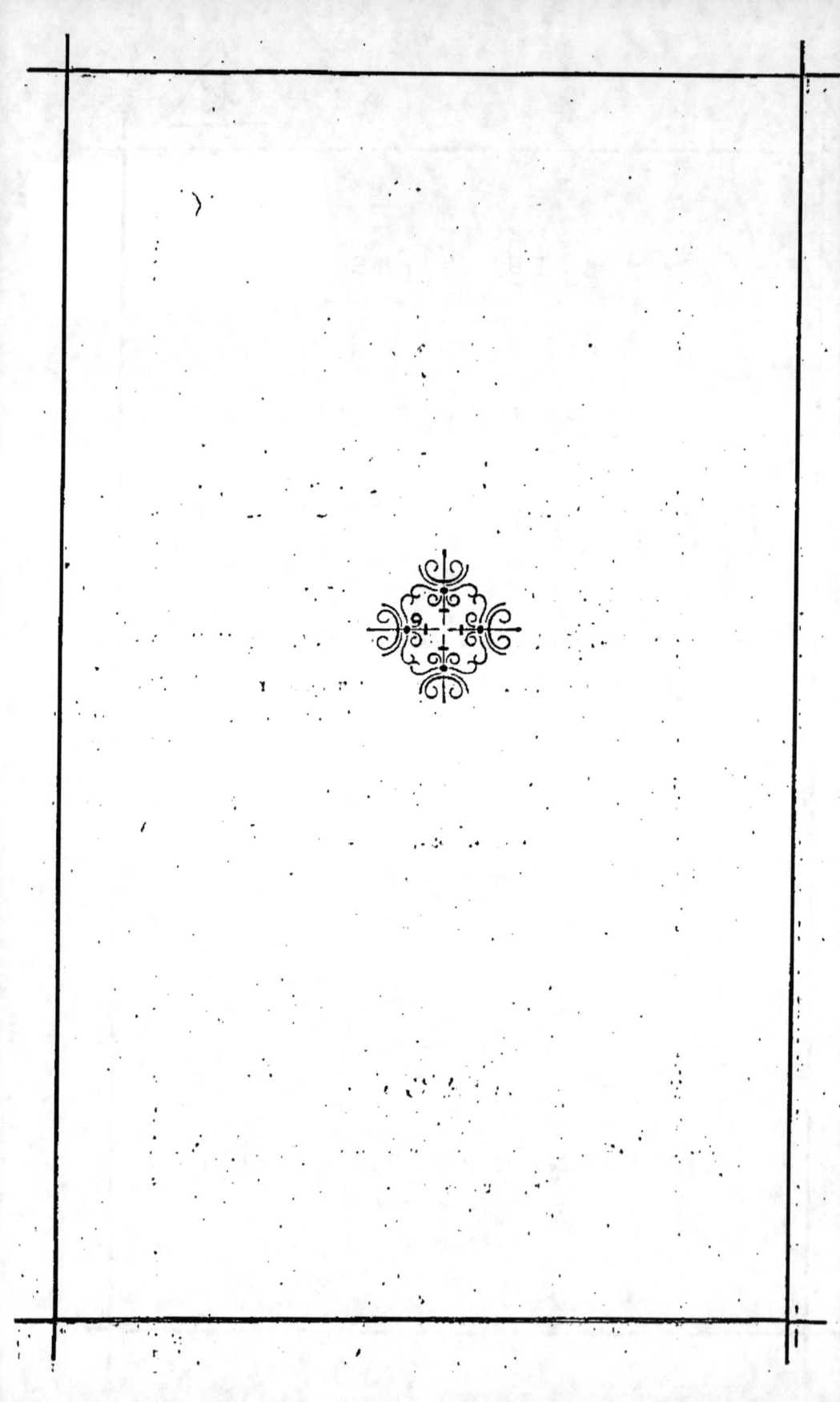

PETITE

BIBLIOTHÈQUE DE LUXE

—

*SEPTIÈME VOLUME*

—

ÉDITION

A

CENT EXEMPLAIRES NUMÉROTÉS

SUR PAPIER DU JAPON

~~~~~~~

*Exemplaire N°* 92

## VOLUMES PARUS

BERNARDIN DE SAINT-PIERRE. — *Paul et Virginie.*

BENJAMIN CONSTANT. — *Adolphe.*

M<sup>me</sup> DE LA FAYETTE. — *La Princesse de Clèves.*

CAZOTTE. — *Le Diable amoureux.*

M<sup>me</sup> DE KRÜDENER. — *Valérie.*

L'ABBÉ PRÉVOST. — *Manon Lescaut.*

# LE
# ROMAN BOURGEOIS

A. FURETIÈRE

# PRÉFACE

Le *Roman bourgeois* parut en 1666, quinze ans après le *Roman comique*, quarante-quatre ans après l'*Histoire comique de Francion*.

Chacune de ces œuvres marque une étape de réaction contre les bergerades, inaugurées en 1610 par d'Urfé, et continuées par Gomberville, La Calprenède et Madeleine de Scudéry.

L'*Histoire comique de Francion* procède tout à la fois de *Lazarille de Tormes* et du *Moyen de parvenir*. Mais c'est plus qu'un roman picaresque, assaisonné de gravelures. C'est même, entre temps, une étude de mœurs prise sur le vif. Si Charles Sorel aime à faire courir la prétantaine à son « héros », parfois il se recueille et dépeint avec autant de verve que de vérité les milieux qu'il lui fait traverser, — le monde des procureurs où l'on apprend l'art de gonfler les rôles et le monde des « beaux-esprits » où l'on prend sur le fait les larrons de renommée. N'oublions pas un précieux croquis de la vie de collège.

Scarron a écrit, comme Sorel, un roman d'aventures, avec un parti pris d'observation non moins justifié. Les « héros » du *Roman comique*, toujours vaguant par les routes et les auberges, ne sont pas seulement des personnages pleins de vie, mais encore des types nettement tranchés.

Quant à l'auteur du *Roman bourgeois*, il a tout à fait rompu avec l'imitation espagnole. Il le déclare tout d'abord : « Je vous raconterai sincèrement et avec fidélité, dit-il, plusieurs historiettes ou galanteries arrivées entre des personnes *qui ne sont ni des héros ni des héroïnes, qui ne dresseront point d'armée, ni ne renverseront point de royaumes, mais qui seront de ces bonnes gens de médiocre condition, qui vont tout doucement leur grand che-*

min, dont les uns seront beaux et les autres laids, les uns sages et les autres sots; et ceux-ci ont bien la mine de composer le plus grand nombre. Cela n'empêchera pas que quelques gens de la plus haute volée ne s'y puissent reconnoître, et ne profitent de l'exemple de plusieurs ridicules dont ils pensent être fort éloignés. Pour éviter encore davantage le chemin battu des autres, je veux que la scène de mon roman soit mobile, c'est-à-dire tantôt en un quartier et tantôt en un autre de la ville; et je commencerai par celui qui est le plus bourgeois, qu'on appelle communément la place Maubert. » N'est-ce pas là prendre le taureau par les cornes? Le quartier de la place Maubert! quelle plus digne entrée en matières pour un roman qui se qualifie de bourgeois! De plus on voit tout de suite que ce n'est que de la petite bourgeoisie qu'il s'agit. On est en plein pays de chicane et de ladrerie.

Pourtant il y a un certain apparat au début. La scène se passe dans une église de la rue de la Montagne-Sainte-Geneviève, où se célèbre une solennité quelconque avec accompagnement de « vingt-quatre violons de la grande bande ». On voit arriver « sur le midi une caravane de demoiselles à fleur de corde[1], dont les mères, il y a dix ans, portoient le chaperon, qui étoit la vraie marque et le caractère de la bourgeoisie, mais qu'elles ont tellement rogné petit à petit qu'il s'est évanoui tout à fait. Il n'est pas besoin de dire qu'il y venoit aussi des muguets et des galants, car la conséquence en est assez naturelle : chacune avoit sa suite plus ou moins nombreuse, selon que sa beauté ou son bonheur les y attiroit. » Dans la chaire minaude un de ces abbés « sans abbaye », frisés, parlant gras et « faisant recette », en conviant par lettres à leurs sermons les gens de qualité et en choisissant pour quêteuse la plus agréable fille de la paroisse. La quêteuse du jour est le gracieux produit d'un immonde procureur qui répond au nom de Vollichon et qui n'est autre que le Rolet de Boileau. C'est une in-

---

1. Expression tirée du vocabulaire du jeu de paume. Cela se dit d'une balle qui a frisé la corde et a failli être lancée dehors.

génue compliquée d'un grain de vanité, car, non contente d'avoir « emprunté des diamants, elle avoit aussi un laquais d'emprunt qui lui portoit la queue ». Et, au premier choc des jolis yeux de Javotte, voilà Nicodème enamouré. Ce Nicodème est une manière d'amphibie, battant le pavé du Palais, le matin, sous la robe d'avocat, et, le soir, courant le guilledou, avec « les grands canons et les galans d'or ».

Furetière excelle dans le portrait. Notons, en passant, quelques échantillons de sa galerie. Voici Lucrèce, qui n'a rien de commun avec l'illustre Romaine, — une délurée dont la tante, qui lui sert de mère, tient une sorte de tripot et qui n'est vêtue que de « discrétions »; — après, c'est Villeflatin, un procureur de l'officialité, visqueux d'allure et toujours en quête d'affaires véreuses; — puis Jean Bedout, gros garçon, trapu et quelque peu camus, « fils d'un marchand bonnetier qui étoit devenu fort riche à force d'épargner ses écus, et fort barbu à force d'épargner sa barbe »; — enfin « un certain auteur, nommé

Charrosélles, assez fameux en sa jeunesse, mais décrié à tel point qu'il ne pouvoit plus trouver de libraires pour imprimer ses ouvrages ». Charrosselles est l'anagramme fort transparente de Charles Sorel. On ne sait pourquoi Furetière s'est complu à brocarder l'auteur de *Francion*, qui s'est vengé, avec une placidité de dédain singulière, par cet avis au lecteur, inséré en 1667 dans sa *Bibliothèque françoise :* « Voilà qu'on nous donne un livre appelé *le Roman bourgeois*, dont il y a déjà quelque temps qu'on a ouï parler et qui doit être fort divertissant selon l'opinion de diverses personnes... »

Furetière avait un vrai tempérament de satiriste, et de satiriste à outrance[1]. C'est ce qui a perdu le lexicographe dont il était doublé.

Mais, avant d'entamer le chapitre de la guerre sans trêve et sans merci qu'on lui a

---

[1]. La pièce sur la perruque de Chapelain, qui fit un si beau tapage et qui a été insérée dans les *Œuvres* de Boileau, n'était pas de ce dernier, ou il n'y eut que peu de part. «C'est Furetière, a-t-il écrit à Brossette, qui est proprement le vrai et l'unique auteur de cette parodie...» *Œuvres* de Boileau (1747), t. II, p. 446.

faite et qu'il a soutenue avec une âpreté non moins ardente, disons un mot de ses origines. Antoine Furetière est né en 1620, à Paris, près de l'église des Carmes, — de la veuve d'un apothicaire mariée en secondes noces à un *ancien laquais* devenu clerc d'un conseiller. — C'est du moins ce qu'a prétendu un académicien qui n'a pas eu le courage de son affirmation (car il ne l'a pas signée) et qui n'a fourni d'autre preuve que son propre dire. Quoi qu'il en soit, on peut induire d'une anecdote recueillie par Tallemant des Réaux, et qui avait été contée par Furetière lui-même, qu'il n'était que de petite extraction. Son père, à qui il demandait de l'argent pour acheter un livre, lui répondit par cette naïve question : « Sais-tu seulement tout ce qu'il y a dans le volume que tu as acheté l'autre jour? » C'était d'un dictionnaire qu'il s'agissait. Voilà qui témoigne sans doute d'une insuffisante culture intellectuelle, mais la paternité d'antichambre pourrait bien n'être qu'une hyperbole.

Furetière consacra sa jeunesse à un travail opiniâtre, divisé entre l'étude des langues et l'étude du droit. Il devint tout à la fois un savant légiste et un linguiste hors de pair pour l'époque, car sa science s'étendait jusqu'aux langues orientales. Quand vint l'heure d'entrer dans la vie active, il acheta la charge de procureur-fiscal de Saint-Germain-des-Prés, qu'il paya six mille livres, *escroquées* à sa mère. C'est ce qu'affirme le même académicien anonyme dans l'écœurant *Dialogue de M. D. (Despréaux) de l'Académie et de M. L. M. (Lemaître), avocat en parlement*. Et lorsque, accusé et *convaincu* d'avoir *vendu la justice aux demoiselles et aux filous*, en collaboration avec un certain capitaine Beausoleil, Furetière fut contraint de résigner sa charge, il ne l'abandonna qu'après en avoir tiré un dernier profit : un jeune abbé, dont il convoitait le bénéfice et qui « hantoit une fille de mauvaise vie », fut surpris en flagrant délit et acculé à cette extrémité, d'encourir le scandale d'un procès ou de céder gratuitement ce bénéfice. Et voilà comment Furetière serait devenu abbé de Chalivoy !

Celui qui a imaginé et propagé toutes ces infamies n'est autre que « le gros Charpentier » de Boileau. En attendant qu'il guerroyât contre les Anciens, François Charpentier se faisait l'exécuteur des basses œuvres de l'Académie, exaspérée de ce qu'un de ses membres avait osé entreprendre et eu l'impertinence de terminer tout seul une besogne qu'en rassemblant toutes ses forces elle craignait de ne pouvoir jamais finir. Hélas! rien de plus laborieux que cette parturition, tant et si justement raillée par Bois-Robert :

> Depuis six mois, dessus l'F on travaille,
> Et le destin m'auroit fort obligé,
> S'il m'avait dit : Tu vivras jusqu'au G.

« Toute la séance du 13 octobre 1683, dit Furetière, s'est passée à condamner cette phrase : *le pôle du Nord* et celle-ci : *aller au Nord...* Toute l'après-dînée du 18 novembre 1684 se passa à examiner ce que c'étoit *avoir la puce à l'oreille...* M. Patru, qui étoit une des lumières de l'Académie, s'en bannit volontairement longtemps avant sa mort, parce qu'il fut scandalisé de la longueur énorme du temps qu'on fut à disputer si la lettre A devoit être qualifiée simplement voyelle ou si c'étoit un substantif masculin [1]. »

Furetière était formellement accusé d'avoir détroussé ses collègues.

Et d'abord il fut traduit devant le conseil privé du roi, pour avoir contrevenu aux prérogatives des Quarante : Perrault et Charpentier avaient arraché au chancelier d'Aligre un privilège exorbitant, qui attribuait à l'Académie le droit exclusif de publier un dictionnaire, — avec défense à tous de faire concurrence à l'œuvre « de l'illustre corps », avant l'expiration des vingt années qui suivraient l'apparition de celle-ci.

Or Richelet, en 1680, et Rochefort, en 1684, avaient pu, sans provoquer les moindres poursuites, commettre le même délit que Furetière. Et Furetière était comme eux couvert par un privilège spécial. Mais il ne *jouissait* pas de la même obscurité.

Et, de plus, il était accusé d'abus de con-

---

[1]. *Recueil des Factums de Furetière*, édition Poulet-Malassis, t. Ier, p. 186 *bis* et suiv.

fiance : membre de l'Académie (depuis 1662), il avait manifestement profité de son travail. « De la manière, dit-il, que ces messieurs crient contre mon ouvrage, il semble que je sois un sacrilège qui a volé le Trésor de Saint-Denis, quoiqu'il ne s'agisse que de quelques phrases communes et proverbiales... C'est vouloir faire le procès à ceux qui prennent de l'eau à la rivière ou du sable sur les rivages de la mer[1]. »

Dès 1679, un écrivain modeste, qui refusa la place de gouverneur du duc du Maine, que lui offrait Bossuet, Étienne Pavillon, avait écrit à Furetière une lettre qui contenait cet avertissement, véritable prophétie : « Vos confrères vous donneront de l'émulation à continuer vos explications des mots de la langue, tant qu'ils croiront qu'elles seront réunies aux remarques des autres académiciens et que le dictionnaire des Quarante ne sera que l'ouvrage d'une seule tête; mais sitôt que vous séparerez le vôtre dans l'intention

---

[1]. *Recueil des Factums*, t. I<sup>er</sup>, p. 14 et 17.

de le mettre sous votre nom, les suffrages qui vous ont été si honnêtement accordés vous seront refusés. On fera plus : on voudra peut-être vous accuser de vous être emparé trop facilement de ce qui vous aura coûté si cher [1]. »

Furetière se défendit pied à pied, avec une verve endiablée qui faisait dire : « Il faut qu'il ait bien tort! » Ses *Factums* ont un avant-goût des *Mémoires* de Beaumarchais, comme son *Dictionnaire universel* fait pressentir l'*Encyclopédie*. L'esprit d'un seul triompha de l'esprit de corps. Furetière eut les rieurs de son côté, — mais la misère aussi.

Exclu de l'Académie le 22 janvier 1685, il traîna jusqu'au 14 janvier 1688 une existence excédée par la lutte.

Il mourut paralytique dans une chambre de l'Archevêché, où l'avait recueilli un collègue, François de Harlay.

D'autres encore, tels que Boileau, Bossuet, Bussy-Rabutin et Pélisson, par des témoi-

---

1. *Œuvres* de Pavillon (édition d'Amsterdam, 1750), I<sup>re</sup> partie, p. 140.

gnages de sympathie persévérants, l'avaient consolé de l'abandon d'un ancien ami, La Fontaine.

En outre, le roi s'était opposé à ce qu'on le remplaçât de son vivant, et un ministre l'avait empêché de jeter au feu le manuscrit de son Dictionnaire, qui ne fut imprimé que deux ans après sa mort (mais quatre ans avant celui de l'Académie).

Ajoutons, pour tout résumer, que, si Molière pouvait répondre à ceux qui l'accusaient de plagiat qu'il prenait son bien où il le trouvait, Furetière avait le droit de dire qu'il *reprenait* le sien. Bien plus, dans l'espèce, comme l'on dit au Palais, si quelqu'un fut volé, ce fut lui, — par les Pères de Trévoux[1].

---

1. Les jésuites réimprimèrent dans cette ville, en 1704, le Dictionnaire de Furetière, — en supprimant son nom.

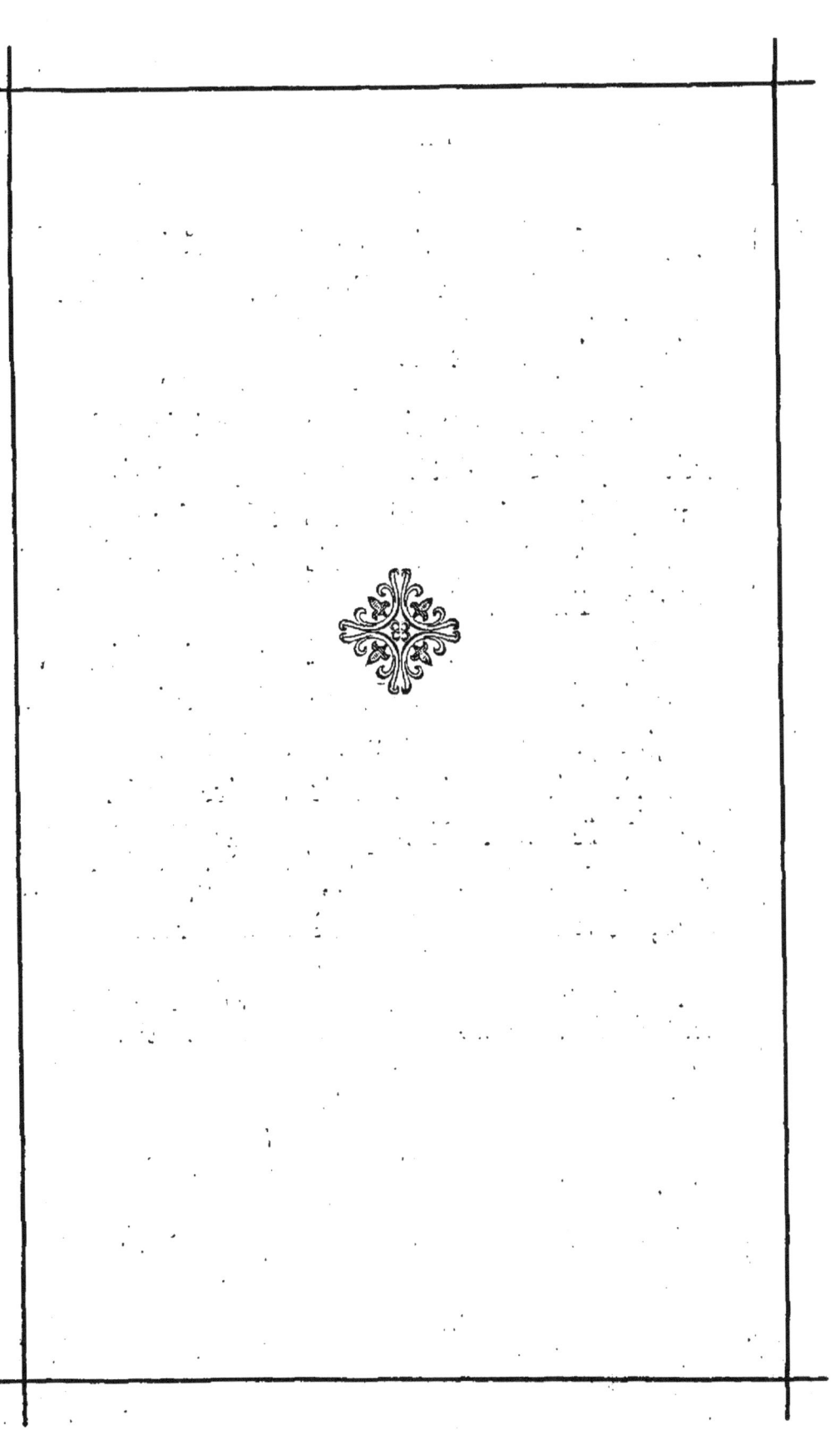

# LE

# ROMAN BOURGEOIS

OUVRAGE COMIQUE

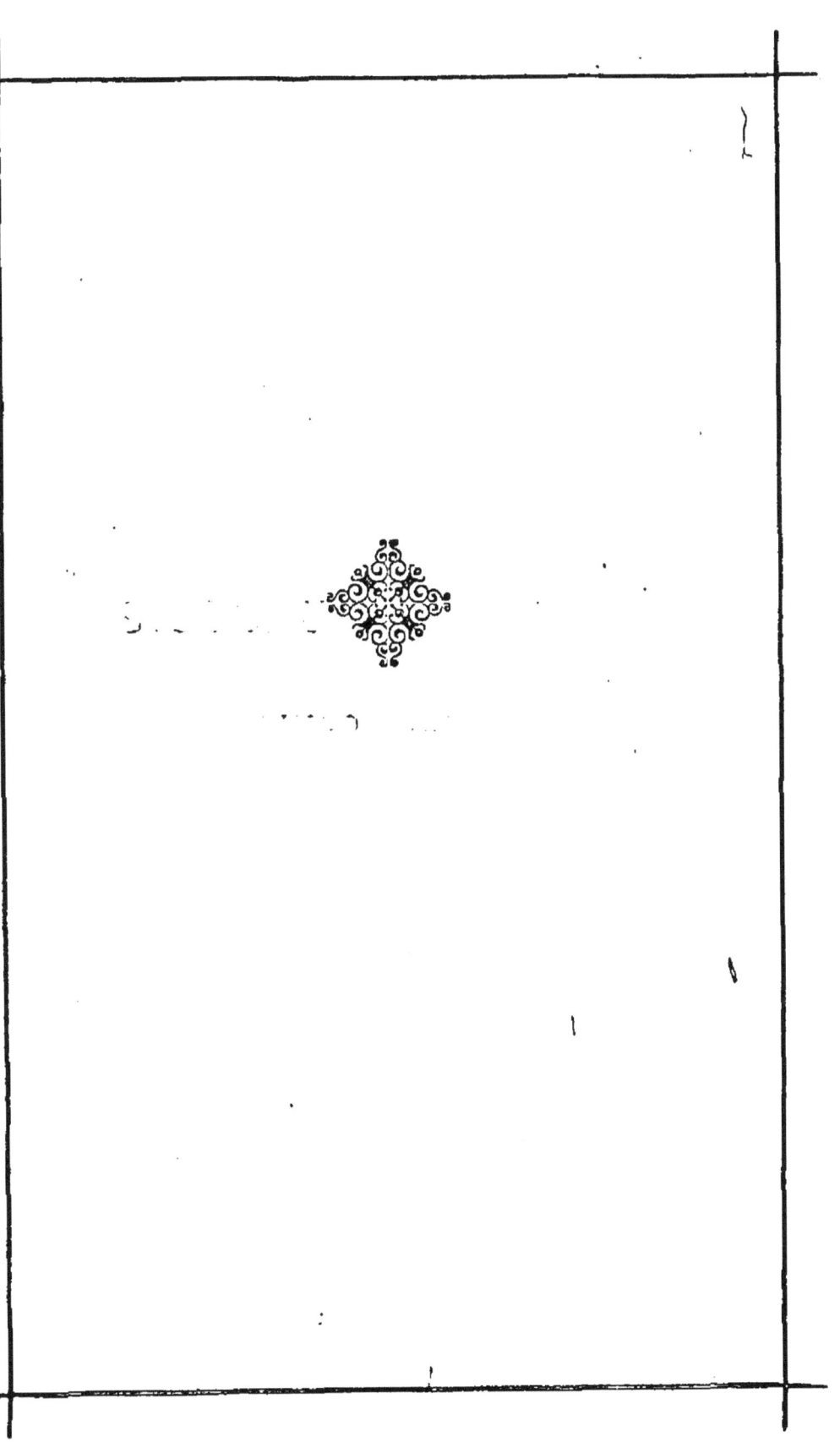

Pour Monsieur Maucroix

Par Son tres humble serviteur
Furetiere

# AVERTISSEMENT

## DU LIBRAIRE AU LECTEUR.

Ami lecteur, quoique tu n'achètes et ne lises ce livre que pour ton plaisir, si néanmoins tu n'y trouvois autre chose, tu devrois avoir regret à ton temps et à ton argent. Aussi je te puis assurer qu'il n'a pas été fait seulement pour divertir, mais que son premier dessein a été d'instruire. Comme il y a des médecins qui purgent avec des potions agréables, il y a aussi des livres plaisants qui donnent des avertissements fort utiles. On sait combien la morale dogmatique est infructueuse; on a beau prêcher les bonnes maximes, on les suit encore avec plus de peine qu'on ne les écoute. Mais quand nous voyons le vice tourné en ridicule, nous nous en corrigeons, de peur d'être les objets de la risée publique. Ce qu'on pourroit trouver à redire au présent que je te fais, c'est qu'il n'y est parlé que de bagatelles, et qu'il n'instruit que de choses peu importantes. Mais il faut considérer qu'il n'y a que trop de prédicateurs qui exhortent aux grandes vertus et qui crient contre les grands vices, et il y en a très peu qui reprennent les défauts ordinaires, qui sont d'autant plus dangereux qu'ils sont plus fréquents; car on y tombe par habitude, et personne presque ne s'en donne de garde. Ne voit-on pas tous les jours une infinité d'esprits bourrus, d'importuns, d'avares, de chicaneurs, de fanfarons, de coquets et de coquettes? Cependant y a-t-il quelqu'un qui les ose avertir de leurs défauts et de leurs sottises, si ce n'est la comédie ou la satire? Celles-ci, laissant aux docteurs et aux magistrats le soin de combattre les crimes, s'arrêtent à corriger les indécences et les ridiculités, s'il est permis d'user de ce mot. Elles ne sont pas moins nécessaires, et sont souvent plus utiles que tous les discours sérieux. Et, comme il y a plusieurs personnes qui se passent de professeurs de philosophie, qui n'ont pu se passer de maîtres d'écoles, de même on a plus de besoin de censeurs des petites fautes, où tout le monde est sujet, que des grandes, où ne tombent que les scélérats. Le plaisir que nous prenons à railler les autres est ce qui fait avaler doucement cette médecine qui nous est si salutaire. Il faut pour cela que la nature des histoires et les caractères des personnes soient tellement appliqués à nos mœurs, que nous croyions y reconnoître les gens que nous voyons tous les jours. Et comme un excellent portrait nous demande de l'admiration, quoique nous n'en ayons point pour la personne dépeinte, de même on peut dire que des histoires fabuleuses, bien décrites et sous des noms empruntés, font plus d'impression sur notre esprit que les vrais noms et les vraies aventures ne sauroient faire. C'est ainsi que celui qui contrefait le bossu devant un autre bossu lui fait bien mieux sentir son fardeau que la vue d'un autre homme qui auroit une pareille incommodité. C'est ainsi que l'histoire fabuleuse de Lucrèce, que tu verras dans ce livre, a guéri, à ce qu'on m'a assuré, une fille fort considérable de la ville de l'amour qu'elle avoit pour un marquis, dont la conclusion, selon toutes les apparences, eût été semblable. Voilà comment, Lecteur, je te donne des drogues éprouvées. Toute la grâce que je te demande, c'est qu'après t'avoir bien averti qu'il n'y a rien que de fabuleux dans ce livre, tu n'ailles point rechercher vainement quelle est la personne dont tu croiras reconnoître le portrait ou l'histoire, pour l'appliquer à monsieur un tel ou à mademoiselle une telle, sous prétexte que tu y trouveras un nom approchant ou quelque caractère semblable. Je sais bien que le premier soin que tu auras en lisant ce roman, ce sera d'en chercher la clef; mais elle ne te servira de rien, car la serrure est mêlée. Si tu crois voir le portrait de l'un, tu trouveras les aventures de l'autre : il n'y a point de peintre qui, en faisant un tableau avec le seul secours de son imagination, n'y fasse des visages qui auront de l'air de quelqu'un que nous connoissons, quoiqu'il n'ait eu dessein que de peindre des héros fabuleux. Ainsi, quand tu apercevrois dans ces personnages dépeints quelques caractères de quelqu'un de ta connoissance, ne fais point un jugement téméraire pour dire que ce soit lui; prends plutôt garde que, comme il y a ici les portraits de plusieurs sortes de sots, tu n'y rencontres le tien : car il n'y a presque personne qui ait le privilège d'en être exempt, et qui n'y puisse remarquer quelque trait de son visage, moralement parlant. Tu diras peut-être que je ne parle point en libraire, mais en auteur; aussi la vérité est-elle que tout ce que je t'ai dit a été tiré d'une longue préface que l'auteur même avoit mise au-devant du livre. Mais le malheur a voulu qu'ayant été fait il y a longtemps par un homme qui s'est diverti à le composer en sa plus grande jeunesse, il lui est arrivé tous les accidents à quoi les premiers feuillets d'une vieille copie sont sujets. Et, comme maintenant ses occupations sont plus sérieuses, cet ouvrage n'auroit jamais vu le jour si l'infidélité de quelques-uns à qui il l'avoit confié ne l'avoit fait tomber entre mes mains. C'est pourquoi je ne t'ai pu donner la préface entière; j'en ai tiré ce que j'ai pu, aussi bien que de plusieurs autres endroits du livre, que j'ai fait accommoder à ma manière. J'en ai fait ôter ce que j'y ai trouvé de trop vieux, j'y ai fait ajouter quelque chose de nouveau pour le mettre à la mode. Si tu y trouves du goût, je ferai rajuster de même la suite, dont je te ferai un pareil présent, si tu as agréable de le bien payer.

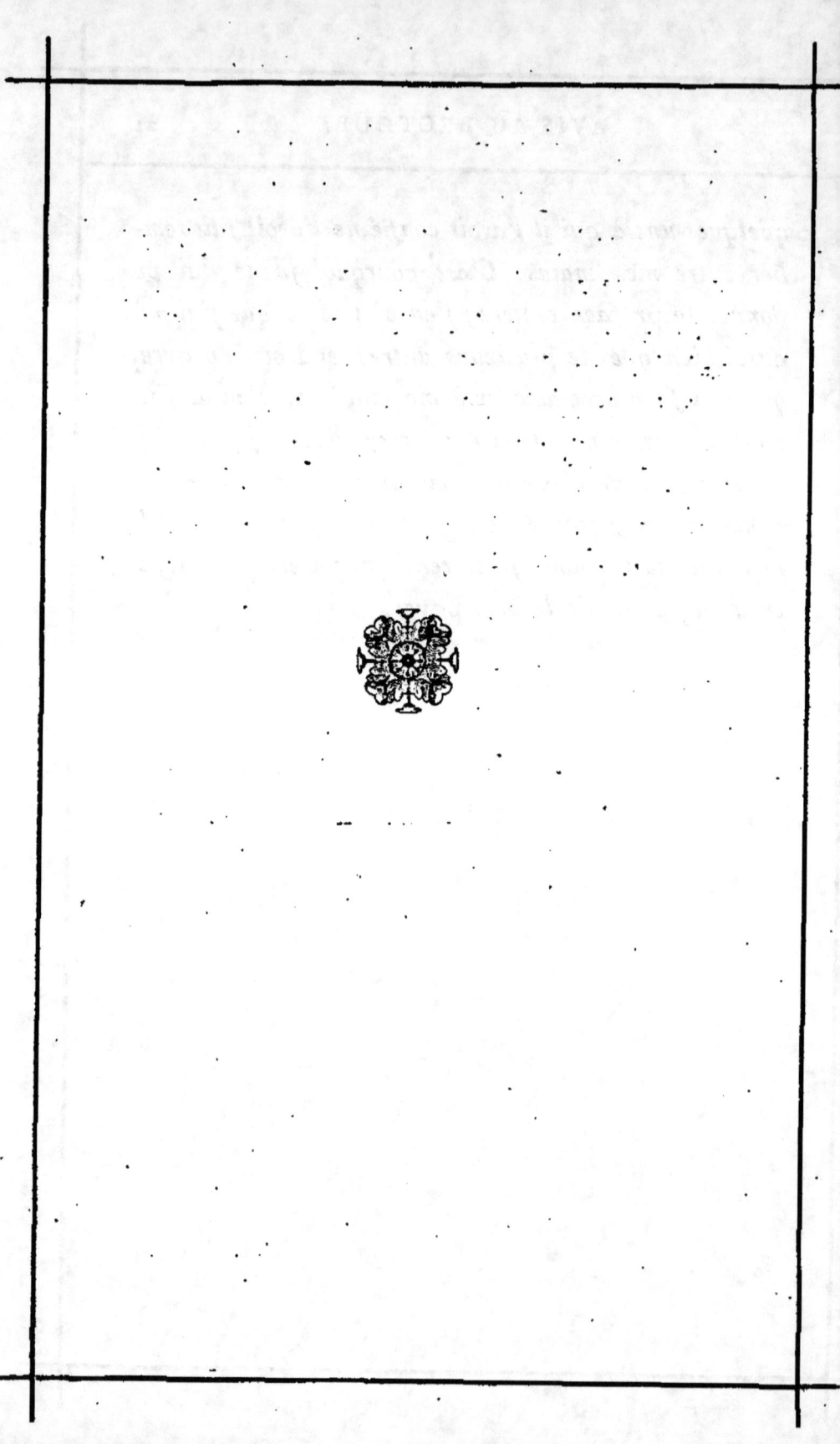

# LE
# ROMAN BOURGEOIS

## LIVRE PREMIER

Je chante les amours et les aventures de plusieurs bourgeois de Paris, de l'un et de l'autre sexe; et ce qui est de plus merveilleux, c'est que je les chante, et si[1] je ne sais pas la musique. Mais puisqu'un roman n'est rien qu'une poésie en prose, je croirois mal débuter si je ne suivois l'exemple de mes maîtres, et si je faisois un autre exorde : car, depuis que feu Virgile a chanté Énée et ses armes, et que le Tasse, de poétique mémoire, a distingué son ouvrage par chants, leurs successeurs, qui n'étoient pas meilleurs musiciens que moi, ont tous répété la même chanson, et ont commencé d'entonner sur la même note. Cependant je ne pousserai

---

[1]: Pourtant.

pas bien loin mon imitation; car je ne ferai point d'abord une invocation des Muses, comme font tous les poëtes au commencement de leurs ouvrages, ce qu'ils tiennent si nécessaire, qu'ils n'osent entreprendre le moindre poëme sans leur faire une prière, qui n'est guère souvent exaucée. Je ne veux point faire aussi de fictions poétiques, ni écorcher l'anguille par la queue, c'est-à-dire commencer mon histoire par la fin, comme font tous ces messieurs, qui croyent avoir bien raffiné pour trouver le merveilleux et le surprenant quand ils font de cette sorte le récit de quelque aventure. C'est ce qui leur fait faire le plus souvent un long galimatias, qui dure jusqu'à ce que quelque charitable écuyer ou confidente viennent éclaircir le lecteur des choses précédentes qu'il faut qu'il sache, ou qu'il suppose, pour l'intelligence de l'histoire.

Au lieu de vous tromper par ces vaines subtilités, je vous raconterai sincèrement et avec fidélité plusieurs historiettes ou galanteries arrivées entre des personnes qui ne seront ni héros ni héroïnes, qui ne dresseront point d'armées, ni ne renverseront point de royaumes, mais qui seront de ces bonnes gens de médiocre condition, qui vont tout doucement leur grand chemin, dont les uns seront beaux et les autres laids, les uns sages et les autres sots; et ceux-ci ont bien la mine de composer le plus grand nombre. Cela n'empêchera pas que quelques gens de la plus haute volée ne s'y puissent reconnoître, et ne profitent de l'exemple de plusieurs ridicules dont ils pensent être fort éloignés. Pour éviter encore davantage le chemin battu des autres, je veux que la scène de mon roman soit mobile, c'est-à-dire tantôt en un quartier et tantôt en un autre de la ville ; et je commencerai par celui qui est le plus bourgeois, qu'on appelle communément la place Maubert.

Un autre auteur moins sincère, et qui voudroit paroître éloquent, ne manqueroit jamais de faire ici une description magnifique de cette place. Il commenceroit son éloge par l'origine de son nom ; il diroit qu'elle a été anoblie par ce fameux docteur Albert le Grand, qui y tenoit son école, et qu'elle fut appelée autrefois la place de Me Albert, et, par succession de temps, la place Maubert[1]. Que si, par

---

[1]. Jaillot croit qu'il faut « en attribuer l'origine à Aubert, second abbé de Sainte-Geneviève. Cette place étoit dans la censive et justice de cette abbaye ; ce ne fut que dans le xiie siècle qu'on bâtit des maisons entre la montagne et la rivière ; et l'abbé Aubert permit de construire des étaux de boucherie en cet endroit, au lieu que l'évêque Madalbert étoit mort vers le milieu du viiie siècle, et par conséquent plus de 400 ans avant que ce terrain fût couvert d'édifices. » *Recherches... sur la ville de Paris* (édition de 1775), t. IV, Ire partie, p. 90.

occasion, il écrivoit la vie et les ouvrages de son illustre parrain, il ne seroit pas le premier qui auroit fait une digression aussi peu à propos. Après cela il la bâtiroit superbement selon la dépense qu'y voudroit faire son imagination. Le dessin de la place Royale ne le contenteroit pas; il faudroit du moins qu'elle fût aussi belle que celle où se faisoient les carrousels, dans la galante et romanesque ville de Grenade. N'ayez pas peur qu'il allât vous dire (comme il est vrai) que c'est une place triangulaire, entourée de maisons fort communes pour loger de la bourgeoisie; il se pendroit plutôt qu'il ne la fît carrée, qu'il ne changeât toutes les boutiques en porches et galeries, tous les auvents en balcons, et toutes les chaînes de pierre de taille en beaux pilastres. Mais quand il viendroit à décrire l'église des Carmes, ce seroit lors que l'architecture joueroit son jeu, et auroit peut-être beaucoup à souffrir. Il vous feroit voir un temple aussi beau que celui de Diane d'Éphèse; il le feroit soutenir par cent colonnes corinthiennes; il rempliroit les niches de statues faites de la main de Phidias ou de Praxitèle; il raconteroit les histoires figurées dans les bas-reliefs; il feroit l'autel de jaspe et de porphyre, et, s'il lui en prenoit fantaisie, tout l'édifice: car, dans le pays des romans, les pierres précieuses ne coûtent pas plus que la brique et que le moellon. Encore il ne manqueroit pas de barbouiller cette description de métopes, trigliphes, volutes, stilobates et autres termes inconnus qu'il auroit trouvés dans les tables de Vitruve ou de Vignoles, pour faire accroire à beaucoup de gens qu'il seroit fort expert en architecture. C'est aussi ce qui rend les auteurs si friands de telles descriptions, qu'ils ne laissent passer aucune occasion d'en faire ; et ils les tirent tellement par les cheveux, que, même pour loger un corsaire qui est vagabond et qui porte tout son bien avec soi, ils lui bâtissent un palais plus beau que le Louvre, ni que le Sérail.

Grâce à ma naïveté, je suis déchargé de toutes ces peines, et quoique toutes ces belles choses se fassent pour la décoration du théâtre à fort peu de frais, j'aime mieux faire jouer cette pièce sans pompe et sans appareil ; comme ces comédies qui se jouent chez le bourgeois avec un simple paravent. De sorte que je ne veux pas même vous dire comme est faite cette église, quoique assez célèbre : car ceux qui ne l'ont point vue la peuvent aller voir, si bon leur semble, ou la bâtir dans leur imagination comme il leur plaira. Je dirai seulement que c'est le centre de toute la galanterie bourgeoise du quartier, et qu'elle est très fréquentée, à cause que la licence de causer y est assez grande. C'est là que, sur le midi, arrive une caravane de demoiselles à fleur de corde[1], dont les mères, il y a dix ans, portoient le chaperon[2], qui étoit la vraie marque et le caractère de bourgeoisie, mais qu'elles ont tellement rogné petit à petit, qu'il s'est évanoui tout à fait. Il n'est pas besoin de dire qu'il y venoit aussi des muguets et des galants, car la conséquence en est assez naturelle : chacune avoit sa suite plus ou moins nombreuse, selon que sa beauté ou son bonheur les y attiroit.

Cette assemblée fut bien plus grande que de coutume un jour d'une grande fête qu'on y solennisoit. Outre qu'on s'y empressoit par dévotion, les amoureux de la symphonie y étoient aussi attirés par un concert de vingt-quatre violons de la grande bande; d'autres y couroient pour entendre un prédicateur poli. C'étoit un jeune abbé[3] sans abbaye, c'est-à-

---

1. *A fleur de corde*, c'est-à-dire presque. « L'infidélité dont je vous parle n'est qu'un amusement qui ne va pas à fleur de corde du véritable engagement. » (THÉAT.-ITAL., *Thèse des Dames.*) — « *Demoiselle*, fille ou femme de gentilhomme. » *Dictionnaire* de Furetière.

2. Bande de velours, de satin ou de camelot, qui se mettait sur le bonnet.

3. Sans doute l'abbé Cassaigne, qui n'avait que trente ans à l'époque où parut le *Roman bourgeois*. Le nom de Cotin

dire un tonsuré de bonne famille, où l'un des enfants est toujours abbé de son nom. Il avoit un surplis ou rochet bordé de dentelle, bien plissé et bien empesé; il avoit la barbe bien retroussée, ses cheveux étoient fort frisés, afin qu'ils parussent plus courts, et il affectoit de parler un peu gras, pour avoir le langage plus mignard. Il vouloit qu'on jugeât de l'excellence de son sermon par les chaises, qui y étoient louées deux sous marqués. Aussi avoit-il fait tout son possible pour mendier des auditeurs, et particulièrement des gens à carrosse. Il avoit envoyé chez tous ses amis les prier d'y assister, ayant fait pour cela des billets, semblables à ceux d'un enterrement, hormis qu'ils n'étoient pas imprimés.

Une belle fille qui devoit y quêter ce jour-là y avoit encore attiré force monde, et tous les polis qui vouloient avoir quelque part en ses bonnes grâces y étoient accourus exprès pour lui donner quelque grosse pièce dans sa tasse: car c'étoit une pierre de touche pour connoître la beauté d'une fille ou l'amour d'un homme que cette quête. Celui qui donnoit la plus grosse pièce étoit estimé le plus amoureux, et

se présente aussi à l'esprit; mais il ne peut être question ici de cette autre victime de Boileau, car l'abbé Cotin avait alors passé la soixantaine.

la demoiselle qui avoit fait la plus grosse somme étoit estimée la plus belle. De sorte que, comme autrefois, pour soutenir la beauté d'une maîtresse, la preuve cavalière étoit de se présenter la lance à la main en un tournoi contre tous venants, de même la preuve bourgeoise étoit en ces derniers temps de faire présenter sa maîtresse la tasse à la main en une quête contre tous les galants.

Certainement la quêteuse étoit belle, et si elle eût été née hors la bourgeoisie, je veux dire si elle eût été élevée parmi le beau monde, elle pouvoit donner beaucoup d'amour à un honnête homme. N'attendez pas pourtant que je vous la décrive ici, comme on a coutume de faire en ces occasions; car, quand je vous aurois dit qu'elle étoit de la riche taille, qu'elle avoit les yeux bleus et bien fendus, les cheveux blonds et bien frisés, et plusieurs autres particularités de sa personne, vous ne la reconnoîtriez pas pour cela, et ce ne seroit pas à dire qu'elle fût entièrement belle; car elle pourroit avoir des taches de rousseur ou des marques de petite vérole. Témoin plusieurs héros et héroïnes, qui sont beaux et blancs en papier et sous le masque de roman, qui sont bien laids et bien basanés en chair et en os et à découvert. J'aurois bien plus tôt fait de vous la faire peindre au devant du livre, si le libraire en

vouloit faire la dépense. Cela seroit bien aussi nécessaire que tant de figures, tant de combats, de temples et de navires, qui ne servent de rien qu'à faire acheter plus cher les livres. Ce n'est pas que je veuille blâmer les images, car on diroit que je voudrois reprendre les plus beaux endroits de nos ouvrages modernes.

Je reviens à ma belle quêteuse, et pour l'amour d'elle je veux passer sous silence (du moins jusqu'à une autre fois) toutes les autres aventures qui arrivèrent cette journée-là dans cette grande assemblée de gens enrôlés sous les étendards de la galanterie. Cette fille étoit pour lors dans son lustre; s'étant parée de tout son possible, et ayant été coiffée par une demoiselle suivante du voisinage, qui avoit appris immédiatement de la prime. Elle ne s'étoit pas contentée d'emprunter des diamants; elle avoit aussi un laquais d'emprunt qui lui portoit la queue, afin de paroître davantage. Or, quoique cela ne fût pas de sa condition, néanmoins elle fut bien aise de ménager cette occasion de contenter sa vanité; car on ne doit point trouver à redire à tout ce qui se fait pour le service et l'avantage de l'église. Quant à son meneur, c'était le maître clerc du logis qu'elle avoit pris par nécessité autant que par ostentation; car le moyen sans cela de traverser l'église sur des chaises, sur lesquelles on entendoit le sermon, à moins que d'avoir une assurance de danseur de corde? Avec ces avantages, elle fit fort bien le profit de la sacristie; mais, avant que je la quitte, je suis encore obligé de vous dire qu'elle étoit fort jeune, car cela est nécessaire à l'histoire, comme aussi que son esprit avoit alors beaucoup d'innocence, d'ingénuité ou de sottise, je n'ose dire assurément laquelle elle avoit de ces trois belles qualités; vous en jugerez vous-même par la suite.

A cette solennité se trouva un homme amphibie qui étoit le matin avocat et le soir courtisan; il portoit le matin la robe au palais pour plaider ou pour écouter, et le soir il portoit les grands canons[1] et les galans[2] d'or pour aller cajoler les dames. C'étoit un de ces jeunes bourgeois qui, malgré leur naissance et leur éducation, veulent passer pour des gens du bel air, et qui croyent, quand ils sont vêtus

---

1. « Les tailleurs appellent *canons* les deux tuyaux du haut-de-chausses où on met les cuisses, et le haut des bas de laine ou de soie, qui s'élargit en sorte qu'on y peut mettre les cuisses. *Canon* est aussi le haut d'un grand bas fort large, et souvent orné de dentelle ou de rubans, qu'on attachoit au bas des hauts-de-chausses. » *Dict. de Furetière.*

2. On appelait *galans* des nœuds de rubans.

à la mode et qu'ils méprisent ou raillent leur parenté, qu'ils ont acquis un grand degré d'élévation au-dessus de leurs semblables. Celui-ci n'étoit pas reconnoissable quand il avoit changé d'habit. Ses cheveux, assez courts, qu'on lui voyoit le matin au palais, étoient couverts le soir d'une belle perruque blonde très fréquemment visitée par un peigne qu'il avoit plus souvent à la main que dans sa poche. Son chapeau avoit pour elle un si grand respect, qu'il n'osoit presque jamais lui toucher. Son collet de manteau étoit bien poudré, sa garniture fort enflée, son linge orné de dentelle; et ce qui le paroit le plus étoit que, par bonheur, il avoit un porreau au bas de la joue, qui lui donnoit un honnête prétexte d'y mettre une mouche. Enfin il étoit ajusté de manière qu'un provincial n'auroit jamais manqué de le prendre pour modèle pour se bien mettre. Mais j'ai eu tort de dire qu'il n'étoit pas reconnoissable : sa mine, son geste, sa contenance et son entretien le faisoient assez connoître, car il est bien plus difficile d'en changer que de vêtement, et toutes ses grimaces et affectations faisoient voir qu'il n'imitoit les gens de la cour qu'en ce qu'ils avoient de défectueux et de ridicule. C'est ce qu'on peut dire, en passant, qui arrive à tous les imitateurs, en quelque genre que ce soit.

Cet homme donc n'eut pas si tôt jeté les yeux sur Javotte (tel étoit le nom de la demoiselle charitable qui quêtoit) qu'il en devint fort passionné, chose pour lui fort peu extraordinaire; car c'étoit, à vrai dire, un amoureux universel. Néanmoins, pour cette fois, l'Amour banda son arc plus fort, ou le tira de plus près; de sorte que la flèche enfonça plus avant dans son cœur qu'elle n'avoit accoutumé. Je ne vous saurois dire précisément quelle fut l'émotion que son cœur sentit à l'approche de cette belle (car personne pour lors ne lui tâta le pouls), mais je sais bien que ce fut ce jour-là précisément qu'il fit un vœu solennel de lui rendre service. Bientôt après, une heureuse occasion s'en présenta tout à propos. Elle vint quêter à un jeune homme qui étoit auprès de lui. C'étoit un autre petit clerc du logis, très malicieux, qui étoit en colère contre elle parce qu'elle avoit retiré les clefs de la cave des mains d'une servante qui lui donnoit du vin. Comme il vit qu'elle faisoit vanité de faire voir que sa tasse étoit pleine d'or et de grosses pièces blanches, il tira de sa poche une poignée de deniers; il en arrosa sa tasse pour lui faire dépit, et couvrit toutes les pièces qu'elle étaloit en parade. La quêteuse en rougit de honte, et du doigt écarta le plus qu'elle put cette menue monnoie, qui malgré toute son adresse, ne parut encore que trop. Ce fut alors que Nicodème (ainsi s'appeloit le nouveau blessé), lui présentant une pistole, feignit de lui en demander la monnoye; mais il ne fit que retirer de la tasse les deniers, et il lui donna le reste en pur don.

Cette nouvelle sorte de galanterie fut remarquée par Javotte, qui en son âme en eut de la joie, et qui crut en effet lui en avoir de l'obligation. Ce qui fit qu'au sortir de l'église, elle souffrit qu'il l'abordât avec un compliment qu'il avoit médité pendant tout le temps qu'il l'avoit attendue. Cette occasion lui fut fort favorable; car Javotte ne sortoit jamais sans sa mère, qui la faisoit vivre avec une si grande retenue qu'elle ne la laissoit jamais parler à aucun homme, ni en public, ni à la maison. Sans cela cet abord n'eût pas été fort difficile pour lui, car, comme Javotte étoit fille d'un procureur et Nicodème étoit avocat, ils étoient de ces conditions qui ont ensemble une grande affinité et sympathie, de sorte qu'elles souffrent une aussi prompte connoissance que celle d'une suivante avec un valet de chambre.

Dès que l'office fut dit et qu'il la put joindre, il lui dit, comme une très fine galanterie : Mademoiselle, à ce que je puis juger, vous n'avez pu manquer de faire une heureuse quête, avec tant de mérite et tant de beauté. Hélas, Monsieur (repartit Javotte avec une grande ingénuité), vous m'excuserez; je viens de la compter avec le père sacristain : je n'ai fait que soixante et quatre livres cinq sous ; Mlle Henriette fit bien dernièrement quatre-vingt-dix livres ; il est vrai qu'elle quêta tout le long des prières de quarante heures[1], et que c'étoit en un lieu où il y avoit un paradis le plus beau qui se puisse jamais voir. Quand je parle du bonheur de votre quête (dit Nicodème), je ne parle pas seulement des charités que vous avez recueillies pour les pauvres ou pour l'église; j'entends aussi parler du profit que vous avez fait pour vous. Ah! Monsieur (reprit Javotte), je vous assure que je n'y en ai point fait ; il n'y avoit pas un denier davantage que ce que je vous ai dit; et puis croyez-vous que je voulusse ferrer la mule en cette occasion? Ce seroit un gros péché d'y penser. Je n'entends pas (dit Nicodème) parler ni d'or ni d'argent, mais je veux dire seulement qu'il n'y a personne qui, en vous donnant l'aumône, ne vous ait en même temps donné son cœur. Je ne sais (repartit Javotte) ce que vous voulez dire de cœurs ; je n'en ai trouvé pas un seul dans ma tasse. J'en-

---

1. « Dans les grandes dévotions, on fait des prières de *quarante heure* devant le Saint-Sacrement. » *Dict.* de Furetière.

tends (ajouta Nicodème) qu'il n'y a personne à qui vous vous soyez arrêtée qui, ayant vu tant de beauté, n'ait fait vœu de vous aimer et de vous servir, et qui ne vous ait donné son cœur. En mon particulier, il m'a été impossible de vous refuser le mien. Javotte lui repartit naïvement : Eh bien, Monsieur, si vous me l'avez donné, je vous ai en même temps répondu : Dieu vous le rende. Quoi ! (reprit Nicodème un peu en colère) agissant si sérieusement, faut-il se railler de moi ? et faut-il ainsi traiter le plus passionné de tous vos amoureux ? A ce mot, Javotte répondit en rougissant : Monsieur, prenez garde comme vous parlez ; je suis honnête fille : je n'ai point d'amoureux ; maman m'a bien défendu d'en avoir. Je n'ai rien dit qui vous puisse choquer (repartit Nicodème), et la passion que j'ai pour vous est toute honnête et toute pure, n'ayant pour but qu'une recherche légitime. C'est donc, Monsieur (répliqua Javotte), que vous me voulez épouser ? Il faut pour cela vous adresser à mon papa et à maman : car aussi bien je ne sais pas ce qu'ils me veulent donner en mariage. Nous n'en sommes pas encore à ces conditions (reprit Nicodème) ; il faut que je sois auparavant assuré de votre estime, et que je sache si vous agréerez que j'aie l'honneur de vous servir. Monsieur (dit Javotte), je me sers bien moi-même, et je sais faire tout ce qu'il me faut.

Cette réponse bourgeoise déferra fort ce galant, qui vouloit faire l'amour en style poli. Assurément il alloit débiter la fleurette avec profusion, s'il eût trouvé une personne qui lui eût voulu tenir tête. Il fut bien surpris de ce que, dès les premières offres de service, on l'avoit fait expliquer en faveur d'une recherche légitime. Mais il avoit tort de s'en étonner, car c'est le défaut ordinaire des filles de cette condition, qui veulent qu'un homme soit amoureux d'elles sitôt qu'il leur a dit une petite douceur, et que sitôt qu'il en est amoureux, il aille chez des notaires ou devant un curé, pour rendre les témoignages de sa passion plus assurés. Elles ne savent ce que c'est de lier de ces douces amitiés et intelligences qui font passer si agréablement une partie de la jeunesse, et qui peuvent subsister avec la vertu la plus sévère. Elles ne se soucient point de connoître pleinement les bonnes ou les mauvaises qualités de ceux qui leur font des offres de service, ni de commencer par l'estime pour aller ensuite à l'amitié ou à l'amour. La peur qu'elles ont de demeurer filles les fait aussitôt aller au solide, et prendre aveuglément celui qui a le premier conclu. C'est aussi la cause de cette grande différence qui est entre les gens de la cour et la bourgeoisie : car la noblesse faisant une profession ouverte de galanterie, et s'accoutumant à voir les dames dès la plus tendre jeunesse, se forme certaine habitude de civilité et de politesse qui dure toute la vie. Au lieu que les gens du commun ne peuvent jamais attraper ce bel air, parce qu'ils n'étudient point cet art de plaire qui ne s'apprend qu'auprès des dames, et qu'après être touché de quelque belle passion. Ils ne font jamais l'amour qu'en passant et dans une posture forcée, n'ayant autre but que de se mettre vitement en ménage. Il ne faut pas s'étonner après cela si le reste de leur vie ils ont une humeur rustique et bourrue qui est à charge à leur famille et odieuse à tous ceux qui les fréquentent. Notre demi-courtisan auroit bien voulu faire l'amour dans les formes ; il n'auroit pas voulu oublier une des manières qu'il avoit trouvées dans ses livres ; car il avoit fait son cours exprès dans Cyrus et dans Clélie. Il auroit volontiers envoyé des poulets, donné des cadeaux et fait des vers, qui pis est ; mais le moyen de jouer une belle partie de paume avec une personne qui met à tous les coups sous la corde[1] ?

Il n'eut pas sitôt ramené sa maîtresse jusqu'à sa

---

1. On tendait au milieu du jeu une corde qui servait à marquer les fautes que l'on faisait en mettant dessous.

porte, qu'avec une profonde révérence elle le quitta, lui disant qu'il falloit qu'elle allât songer aux affaires du ménage, et qu'aussi bien sa maman la crieroit si elle la voyoit causer avec des garçons. Il fut donc obligé de prendre congé d'elle, en résolution de la venir bientôt revoir. Mais la difficulté étoit d'avoir entrée dans la maison, car personne n'y étoit reçu s'il n'y avoit bien affaire; encore n'entroit-on que dans l'étude du procureur, car si quelqu'un fût venu pour rendre visite à Javotte, la mère seroit venue sur la porte lui demander : Qu'est-ce que vous avez à dire à ma fille? La nécessité obligea donc Nicodème de chercher à faire connoissance avec Vollichon[1] (le père de Javotte s'appeloit ainsi), ce qui ne fut pas difficile, car il le connoissoit déjà de vue pour l'avoir rencontré au Châtelet, où il étoit procureur, et où Nicodème alloit plaider quelquefois. Il feignit de lui consulter quelque difficulté de pratique, puis il lui dit qu'il le vouloit charger d'un exploit pour un de ses amis. En effet, il lui en porta un chez lui ; mais cela ne fit que l'introduire dans l'étude comme les autres : car l'appartement des femmes fut pour lui fermé, comme si c'eût été un petit sérail. Il

---

1. Le Rolet de Boileau, — un procureur d'une friponnerie notoire et qui devait, en 1681, être condamné comme escroc au bannissement.

s'avisa d'une ruse pour les voir : il feignit qu'il avoit une excellente garenne à la campagne, d'où on lui envoyoit souvent des lapins. Il dit à Vollichon qu'il lui en enverroit deux, et qu'il les iroit manger avec lui, dans la pensée qu'il verroit, pour le moins pendant le dîner, sa femme et sa fille. Il en fit donc acheter deux à la Vallée de Misère[1]; mais ce fut de l'argent perdu, non pas à cause que c'étoient des lapins de clapier (car le procureur ne les trouva encore que trop bons), mais parce que cela ne lui donna point occasion de voir sa maîtresse, qui, ce jour-là, ne dîna point à la grande table, peut-être à cause qu'elle n'étoit pas habillée, ou qu'elle faisoit quelque affaire du ménage. Il poussa donc plus loin ses inventions : il fit partie avec Vollichon pour aller jouer à la boule[2], qui est le plus grand régal qu'on puisse faire à un procureur, et le plus puissant aimant pour l'attirer hors de son étude. Cela les rendit bientôt bons amis, et ce qui y contribua beaucoup, c'est que Nicodème se laissa d'abord gagner quelque

---

[1]. Le marché à la volaille et au gibier se tenait alors dans la partie du quai de la Mégisserie qui portait le nom de *Vallée de Misère*, et qui était comprise entre l'abreuvoir Popin et la rue Saint-Leufroi. Ce ne fut qu'en 1679, qu'il fut transporté au quai des Grands-Augustins.

[2]. Ce jeu était très en vogue à cette époque. Boileau y excellait.

argent; mais il n'oublioit point de jouer pour la dernière partie un chapon, qui se mangeoit aussitôt chez le procureur.

Ce fut au quatrième ou cinquième chapon que Nicodème eut le plaisir de voir sa maîtresse à table avec lui; mais ce plaisir fut de peu de durée, car elle ne parut que longtemps après que les autres furent assis, et elle se leva sitôt qu'on apporta le dessert, après avoir plié sa serviette et emporté son assiette elle-même. Encore durant le repas elle ne proféra pas un mot et ne leva pas presque les yeux, montrant avec sa grande modestie qu'elle savoit bien pratiquer tout ce qui étoit dans sa *Civilité puérile*. Elle s'alla aussitôt renfermer dans sa chambre avec sa mère, pour travailler à quelque dentelle ou tapisserie. Enfin jamais il n'y eut demoiselle avec qui il fût plus difficile de nouer conversation : car au logis elle étoit tenue de court, et dehors elle ne sortoit qu'avec sa mère, ainsi qu'il a été dit; de sorte que sans le hasard de la quête, qui lui donna un moment de liberté et lui permit de retourner seule chez elle, jamais Nicodème n'auroit trouvé occasion de l'accoster. L'amitié de Vollichon lui étoit presque inutile; cependant elle s'augmentoit de jour en jour, et, pour en connoitre un peu mieux les fondements, il est bon de dire quelque chose du caractère de ce procureur, qui étoit encore un original, mais d'une autre espèce.

C'étoit un petit homme trapu grisonnant, et qui étoit de même âge que sa calotte. Il avoit vieilli avec elle sous un bonnet gras et enfoncé qui avoit plus couvert de méchancetés qu'il n'en auroit pu tenir dans cent autres têtes et sous cent autres bonnets: car la chicane s'étoit emparée du corps de ce petit homme, de la même manière que le démon se saisit du corps d'un possédé. On avoit sans doute grand tort de l'appeler, comme on faisoit, âme damnée, car il le falloit plutôt appeler âme damnante, parce qu'en effet il faisoit damner tous ceux qui avoient à faire à lui, soit comme ses clients ou comme ses parties adverses. Il avoit la bouche bien fendue, ce qui n'est pas un petit avantage pour un homme qui gagne sa vie à clabauder, et dont une des bonnes qualités, c'est d'être fort en gueule. Ses yeux étoient fins et éveillés, son oreille étoit excellente, car elle entendoit le son d'un quart d'écu de cinq cents pas, et son esprit étoit prompt, pourvu qu'il ne le fallût pas appliquer à faire du bien. Jamais il n'y eut ardeur pareille à la sienne, je ne dis pas tant à servir ses parties comme à les voler. Il regardoit le bien d'autrui comme les chats regardent un oiseau dans une cage, à qui ils tâchent, en sautant autour, de donner quelque coup de griffe. Ce n'est pas qu'il ne fît quelquefois le généreux, car s'il voyoit quelque pauvre personne qui ne sût pas les affaires, il lui dressoit une requête volontiers, et lui disoit hautement qu'il n'en vouloit rien prendre ; mais il lui faisoit payer la signification plus que ne valoit la vacation de l'huissier et la sienne ensemble. Il avoit une antipathie naturelle contre la vérité : car jamais pas une n'eût osé approcher de lui (quand même elle eût été à son avantage) sans se mettre en danger d'être combattue.

On peut juger qu'avec ces belles qualités il n'avoit pas manqué de devenir riche, et en même temps d'être tout à fait décrié : ce qui avoit fait dire à un galant homme fort à propos, en parlant de ce chicaneur, que c'étoit un homme dont tout le bien étoit mal acquis, à la réserve de sa réputation. Il en demeuroit même quelquefois d'accord ; mais il assuroit qu'il étoit beaucoup changé, et il disoit un jour à Nicodème, pour l'exciter à suivre le chemin de la vertu, qu'il avoit plus gagné depuis un an qu'il étoit devenu honnête homme qu'en dix ans auparavant, qu'il avoit vécu en fripon. Peut-être avoit-il quelque raison de parler ainsi : car il est vrai que les amendes et les interdictions dont on avoit puni quelques-unes de ses friponneries, qui avoient été découvertes, lui avoient coûté fort cher. J'en ai appris une entr'autres qu'il n'est pas hors de propos de réciter, parce qu'elle marque assez bien son caractère. Il avoit coutume d'occuper pour deux ou trois parties en même procès, sous le nom de différents procureurs de ses amis. Un jour qu'il ne pouvoit plus différer la condamnation d'un débiteur fuyard, il suscita un intervenant qui mit le procès hors d'état d'être jugé; mais comme celui qui le poursuivoit s'en plaignit, Vollichon, pour ôter la pensée que ce fût lui, dressa des écritures pour cet intervenant, où il déclama de tout son possible contre lui-même; il soutenoit que Vollichon étoit l'auteur de toute la chicane du procès; que c'étoit un homme connu dans le présidial pour ses friponneries; qu'il avoit été plusieurs fois pour cela noté et interdit; et, après s'être dit force injures, il laissa à un clerc le soin de les décrire et de les faire signifier. Le clerc, paresseux de les copier et encore plus de les lire, les donna à signifier comme elles étoient écrites de la main de Vollichon. Elles vinrent ainsi entre les mains de sa partie adverse, et de là en celles des juges, qui en éclatèrent de rire, mais qui ne laissèrent pas de l'en punir rigoureusement.

Tel étoit donc le génie de Vollichon, qui vint à ce point de décri que le bourreau même, dont il étoit le procureur, le révoqua, sur ce qu'il ne le trouva pas assez honnête homme pour se servir de lui. Je laisse maintenant à penser si Nicodème, qui n'étoit pas fort avare, mais qui étoit très amoureux, pouvoit bientôt gagner les bonnes grâces d'un homme aussi affamé que Vollichon. Il lui faisoit des écritures à dix sous par rôle; il s'abonnoit avec lui pour plaider ses causes à vil prix, moyennant certaine somme par an; il lui faisoit des présents; il lui donnoit à manger, et généralement par tous les moyens s'efforçoit de gagner son amitié. Il y avoit encore une chose dans la conversation qui les attachoit puissamment, c'est que Nicodème étoit un grand diseur de beaux mots, de pointes, de phœbus et de galimatias, et Vollichon un grand diseur de proverbes et de quolibets; et comme ils s'applaudissoient souvent l'un à l'autre, leur entretien étoit fort divertissant.

Nonobstant cette grande amitié qui donnoit désormais une libre entrée à Nicodème dans la maison, elle ne lui servoit de rien pour entretenir Javotte; car, ou elle se retiroit dans une autre chambre en le voyant venir, ou, si elle y demeuroit, elle ne lui disoit pas un mot, tant elle avoit de retenue en présence de sa mère, qui étoit toujours auprès d'elle. Il fallut donc qu'à la fin il devînt amant déclaré, pour lui pouvoir parler à son aise. Ce qui le porta encore plutôt à la demander en mariage, ce fut cette considération, que c'est toujours un parti sortable pour un avocat que la fille d'un procureur. Car Vollichon étoit riche et avoit une fort bonne étude, qu'on devoit bien plutôt appeler boutique, parce qu'on y vendoit les parties. D'autre côté Vollichon ne vouloit avoir pour gendre qu'un homme de sac et de corde. C'est ainsi qu'il appeloit en sa langue celui que nous dirions en la nôtre qui est fort attaché au Palais, et qui ne se plaît qu'à voir des papiers. Il ne se soucioit pas qu'il fût beau, poli ou galant, pourvu qu'il fût laborieux et bon ménager. Il ne comptoit même pour rien la rare beauté de Javotte, et il ne s'attendoit pas qu'elle lui fît faire fortune. Peut-être même qu'en ceci il ne manquoit pas de raison; car il arrive la plupart du temps que ceux qui comptent là-dessus se trouvent attrapés, et que ces fortunes que les bourgeoises font pour leur beauté aboutissent bien souvent à une question de rapt que font les parents du jeune homme qui les épouse, ou à une séparation de biens que demande la nouvelle mariée à un fanfaron ruiné.

Cette disposition favorable fut cause que Nicodème, pressé d'ailleurs de son amour, fit une belle déclaration et une demande précise au nom de mariage au père de Javotte, qui, ayant reçu cette proposition avec la civilité dont un homme de l'humeur de Vollichon étoit capable, s'enquit exactement de la quantité de son bien, s'il n'étoit point embrouillé, et s'il n'avoit point fait de débauches ni de dettes. La seule difficulté qu'il y trouvoit étoit que ce marié étoit trop beau, c'est-à-dire qu'il étoit trop bien mis et trop coquet. Car, à vrai dire, la propreté qui plaît à tous les honnêtes gens est ce qui choque le plus ces barbons. Il disoit que le temps qu'on employoit à s'habiller ainsi proprement étoit perdu, et que cependant on auroit fait cinq ou six rôles d'écritures. Il se plaignoit aussi que telle pièce d'ajustement coûtoit la valeur de plus de vingt plaidoyers. Néanmoins l'estime qu'il avoit conçue pour Nicodème effaçoit tout ce dégoût; et, devenant indulgent en sa faveur, il disoit qu'il falloit que la jeunesse se passât; mais, ne croyant pas qu'elle s'étendît au delà du temps qu'il falloit pour rechercher une fille, il espéroit dans trois mois de le voir aussi crasseux que lui.

Enfin, après qu'il eut examiné l'inventaire, les partages et tous les titres de la famille, dressé et contesté tous les articles du mariage, le contrat en fut passé, et on permit alors à Nicodème de voir sa maîtresse un peu plus librement, c'est-à-dire en un bout de la chambre, en présence de sa mère, qui étoit un peu à quartier occupée à quelque travail. Ce bonheur ne lui dura pas longtemps, car peu de jours après Vollichon voulut qu'on se préparât pour les fiançailles, et même il fit publier les bans à l'église.

Je ne doute pas qu'il n'y aura pas un lecteur (tant soit-il bénévole) qui ne dise ici en lui-même : Voici un méchant Romaniste ! Cette histoire n'est pas fort longue ni fort intriguée. Comment ! il conclut d'abord un mariage, et on n'a coutume de les faire qu'à la fin du dixième tome [1] ? Mais il me pardonnera, s'il lui plaît, si j'abrège et si je cours en poste à la conclusion. Il me doit même avoir beaucoup d'obligation de ce que je le guéris de cette impatience qu'ont beaucoup de lecteurs de voir durer si longtemps une histoire amoureuse, sans pouvoir deviner quelle en sera la fin. Néanmoins, s'il est d'humeur patiente, il peut savoir qu'il arrive, comme on dit, beaucoup de choses entre la bouche et le verre. Ce mariage n'est pas si avancé qu'on diroit bien et qu'il se l'imagine.

Il ne tiendroit qu'à moi de faire ici une héroïne qu'on enlèveroit autant de fois que je voudrois faire

1. Allusions aux interminables romans de Madeleine de Scudéry, de La Calprenède et autres grands faiseurs.

de volumes. C'est un malheur aussi ordinaire aux héros, quand ils pensent tenir leur maîtresse, de n'embrasser qu'une nue, comme de malheureux Ixions, qui gobent du vent, tandis qu'un de leurs confidents la leur enlève sur la moustache. Mais comme l'on ne joue pas ici la grande pièce des machines, et comme j'ai promis une histoire véritable, je vous confesserai ingénument que ce mariage fut seulement empêché par une opposition formée à la publication des bans, sous le nom d'une fille nommée Lucrèce, qui prétendoit avoir de Nicodème une promesse de mariage, ce qui le perdit de réputation chez les parents de Javotte, qui le tinrent pour un débauché, et qui ne voulurent plus le voir ni le souffrir. Or, pour vous dire d'où venoit cette opposition (car je crois que vous en avez curiosité), il faut remonter un peu plus haut, et vous réciter une autre histoire ; mais tandis que je vous la conterai, n'oubliez pas celle que je viens de vous apprendre, car vous en aurez encore tantôt besoin.

# HISTOIRE
## DE LUCRÈCE LA BOURGEOISE

CETTE Lucrèce, que j'ai appelée la Bourgeoise, pour la distinguer de la Romaine, qui se poignarda, et qui étoit d'une humeur fort différente de celle-ci, étoit une fille grande et bien faite, qui avoit de l'esprit et du courage, mais de la vanité plus que tout le reste. C'est dommage qu'elle n'avoit point été nourrie à la Cour ou chez des gens de qualité, car elle eût été guérie de plusieurs grimaces et affectations bourgeoises qui faisoient tort à son bel esprit, et qui faisoient bien deviner le lieu où elle avoit été élevée.

Elle étoit fille d'un référendaire en la chancellerie, et avoit été laissée en bas âge, avec peu de bien, sous la conduite d'une tante, femme d'un avocat du tiers ordre, c'est-à-dire qui n'était ni fameux ni sans emploi. Ce pauvre homme, qui était moins docte que laborieux, étoit tout le jour enfermé dans son étude, et gagnoit sa vie à faire des rôles d'écritures assez mal payés. Il ne prenoit point garde à tout ce qui se passoit dans sa maison. Sa femme étoit d'un côté une grande ménagère, car elle eût crié deux jours si elle eût vu que quelque bout de chandelle n'eût pas été mis à profit, ou si on eût jeté une allumette avant que d'avoir servi par les deux bouts ; mais d'autre part c'étoit une grande joueuse, et qui hantoit, à son dire, le grand monde, ou, pour mieux parler, qui voyoit beaucoup de gens. De sorte que toutes les après-dînées on mettoit sur le tapis deux jeux de cartes et un trictrac, et aussitôt arrivoient force jeunes gens de toutes conditions, qui y étoient plutôt attirés pour voir Lucrèce que pour divertir l'avocate. Quand elle avoit gagné au jeu, elle faisoit l'honorable, et faisoit venir une tourte et un poupelin [1], avec une tasse de confitures faites à la maison, dont elle donnoit la collation à la compagnie, ce qui tenoit lieu de souper à elle et à sa nièce, et parfois aussi au mari, qui n'en tâtoit pas, parce qu'elle ne songeoit pas à lui préparer à manger, quand elle n'avoit pas faim. Elle passoit par ce moyen dans le voisinage pour être fort splendide ; sa maison étoit appelée une maison de bouteilles [2] et de grande chère, et il me souvient d'avoir

1. Gâteau léger que l'on avait l'habitude de servir avec la tourte.
2. On lit dans les *Historiettes de Tallemant des Réaux*,

ouï une greffière du quartier qui disoit d'elle en enrageant : Il n'appartient qu'à ces avocates à faire les magnifiques.

Lucrèce fut donc élevée en une maison conduite de cette sorte, qui est un poste très dangereux pour une fille qui a quelques nécessités, et qui est obligée à souffrir toutes sortes de galants. Il auroit fallu que son cœur eût été ferré à glace pour se bien tenir dans un chemin si glissant. Toute sa fortune étoit fondée sur les conquêtes de ses yeux et de ses charmes, fondement fort frêle et fort délicat, et qui ne sert qu'à faire vieillir les filles ou à les faire marier à l'officialité. Elle portoit cependant un état de fille de condition, quoique, comme j'ai dit, elle eût peu de bien ou plutôt point du tout. Elle passoit pour un parti qui avoit, disoit-on, quinze mille écus ; mais ils étoient assignés sur les brouillards de la rivière de Loire, qui sont des effets à la vérité fort liquides, mais qui ne sont pas bien clairs. Sur cette fausse supposition, Lucrèce ne laissoit pas de bâtir de grandes espérances, et quand on lui proposoit pour mari un avocat, elle disoit en secouant la

article Bassompierre : « Quand il acheta Chaillot, la reine-mère lui dit : « Hé ! pourquoi avez-vous acheté cette maison ? « C'est une maison de bouteilles. — Madame, dit-il, je suis « Allemand. »

tête : Fi, je n'aime point cette bourgeoisie ! Elle prétendoit au moins d'avoir un auditeur des comptes ou un trésorier de France : car elle avoit trouvé que cela étoit dû à ses prétendus quinze mille écus, dans le tarif des partis sortables.

Cette citation, lecteur, vous surprend sans doute : car vous n'avez peut-être jamais entendu parler de ce tarif. Je veux bien vous l'expliquer, et, pour l'amour de vous, faire une petite digression. Sachez donc que, la corruption du siècle ayant introduit de marier un sac d'argent avec un autre sac d'argent, en mariant une fille avec un garçon, comme il s'étoit fait un tarif lors du décri des monnaies pour l'évaluation des espèces, aussi, lors du décri du mérite et de la vertu, il fut fait un tarif pour l'évaluation des hommes et pour l'assortiment des partis. Voici la table qui en fut dressée, dont je vous veux faire part.

### TARIF OU ÉVALUATION DES PARTIS SORTABLES
#### POUR FAIRE FACILEMENT LES MARIAGES

| | |
|---|---|
| Pour une fille qui a deux mille en mariage, ou environ, jusqu'à six mille livres. | Il lui faut un marchand du Palais, ou un petit commis, sergent, ou solliciteur de procès. |

| | |
|---|---|
| Pour celle qui a six mille livres et au-dessus, jusqu'à douze mille livres. | Un marchand de soie, drapier, mouleur de bois, procureur du Châtelet, maître d'hôtel, et secrétaire de grand seigneur. |
| Pour celle qui a douze mille livres et au-dessus, jusqu'à vingt mille livres. | Un procureur en parlement, huissier, notaire ou greffier. |
| Pour celle qui a vingt mille livres et au-dessus, jusqu'à trente mille livres. | Un avocat, conseiller du trésor ou des eaux et forêts, substitut du parquet, et général des monnaies. |
| Pour celle qui a depuis trente mille livres jusqu'à quarante-cinq mille livres. | Un auditeur des comptes, trésorier de France ou payeur des rentes. |
| Pour celle qui a depuis quinze mille jusqu'à vingt-cinq mille écus. | Un conseiller de la cour des aides, ou conseiller du grand conseil. |
| Pour celle qui a depuis vingt-cinq jusqu'à cinquante mille écus. | Un conseiller au parlement, ou un maître des comptes. |
| Pour celle qui a depuis cinquante jusqu'à cent mille écus. | Un maître des requêtes, intendant des finances, greffier et secrétaire du conseil, président aux enquêtes. |
| Pour celle qui a depuis cent mille écus jusqu'à deux cent mille écus. | Un président au mortier, vrai marquis, surintendant, duc et pair. |

On trouvera peut-être que ce tarif est trop succinct, vu le grand nombre de charges qui sont créées en ce royaume, dont il n'est fait ici aucune mention; mais, en ce cas, il faudra seulement avoir un extrait du registre qui est aux parties casuelles, de l'évaluation des offices, car, sur ce pied, on en peut faire aisément la réduction à quelqu'une de ces classes. La plus grande difficulté est pour les hommes qui vivent de leurs rentes, dont on ne fait ici aucun état, comme de gens inutiles, et qui ne doivent songer qu'au célibat. Car ce n'est pas mal à propos qu'un de nos auteurs a dit qu'une charge étoit le chausse-pied du mariage; ce qui a rendu nos François (naturellement galants et amoureux) si friands de charges, qu'ils en veulent avoir à quelque prix que ce soit, jusqu'à acheter chèrement des charges de mouleur de bois, de porteur de sel et de charbon. Toutefois, s'il arrive par malheur qu'une vieille fille marchande quelqu'un de ces rentiers, ils sont d'ordinaire évalués au denier six, comme les rentes sur la ville et autres telles denrées; c'est-à-dire qu'une fille qui a dix mille écus doit trouver un homme qui en ait soixante mille, et ainsi à proportion.

Il y en aura encore qui eussent souhaité que ce tarif eût été porté plus avant; mais cela ne s'est pu faire, n'y ayant au delà que confusion, parce que les filles qui ont au delà de deux cent mille écus sont d'ordinaire des filles de financiers ou de gens d'affaires qui sont venus de la lie du peuple, et de condition servile. Or, elles ne sont pas vendues à l'enchère comme les autres, mais délivrées au rabais; c'est-à-dire qu'au lieu qu'une autre fille qui aura trente mille livres de bien est vendue à un homme qui aura un office qui en vaudra deux fois autant, celles-ci, au contraire, qui auront deux cent mille écus de bien, seront livrées à un homme qui en aura la moitié moins; et elles seront encore trop heureuses de trouver un homme de naissance et de condition qui en veuille.

La seule observation qu'il faut faire, de peur de s'y tromper, est qu'il arrive quelquefois que le mérite et la beauté d'une fille la peut faire monter d'une classe, et celle de trente mille livres avoir la fortune d'une de quarante; mais il n'en est pas de même d'un homme, dont le mérite et la vertu sont toujours comptés pour rien. On ne regarde qu'à sa condition et à sa charge, et il ne fait point de fortune en mariage, si ce n'est en des lieux où il trouve beaucoup d'années mêlées avec de l'argent, et qu'il achète le tout en tâche et en bloc.

Mais c'est assez parlé de mariage : il faut revenir

à Lucrèce, que je perdois presque de vue. Ses charmes ne la laissoient point manquer de serviteurs. Elle n'avoit pas seulement des galants à la douzaine, mais encore à quarterons et à milliers; car, dans ces maisons où on tient un honnête brelan ou académie de jeu, il s'en tient aussi une d'amour, qui d'abord est honnête, mais qui ne l'est pas trop à la fin; ce qui me fait souvenir de ce qu'un galant homme disoit, que c'étoit presque mettre un bouchon, pour faire voir qu'il y avoit quelque bonne pièce prête à mettre en perce.

Ils venoient, comme j'ai dit, plutôt pour voir Lucrèce que pour jouer; cependant il falloit jouer pour la voir. Tel, après avoir joué quelque temps, donnoit son jeu à tenir à quelqu'autre pour venir causer avec elle; et tel disoit qu'il étoit de moitié avec sa tante. Elle faisoit de son côté la même chose, et étoit de moitié avec quelqu'un qu'elle avoit embarqué au jeu; mais, après avoir rangé son monde en bataille, elle alloit par la salle entretenir la compagnie, et savoit si bien contenter ses galants, par l'égalité qu'elle apportoit à leur parler, qu'on eût dit qu'elle eût eu un sable pour régler tous ses discours.

Elle tiroit un grand avantage du jeu, car elle partageoit le gain qui se faisoit, et ne payoit rien de la perte qui arrivoit. Surtout elle trouvoit bien son compte quand il tomboit entre ses mains certains badauds qui faisoient consister la belle galanterie à se laisser gagner au jeu par les filles, pour leur faire par ce moyen accepter sans honte les présents qu'ils avoient dessein de leur faire. Erreur grande du temps jadis, et dont, par la grâce de Dieu, les gens de cour et les fins galants sont bien dédupés. Il est vrai que les coquettes rusées sont fort aises de gagner au jeu; mais, comme elles appellent conquête un effet qu'elles attribuent à leur adresse ou à leur bonne fortune, elles n'en ont point d'obligation au pauvre sot qui se laisse perdre, qu'elles nomment leur dupe, et qu'elles n'abandonnent point qu'après lui avoir tiré la dernière plume. Et lors il n'est plus temps de commencer une autre galanterie; car elles n'ont jamais d'estime pour un homme qui a fait le fat, quoiqu'à leur profit. Aussi bien, à quoi bon chercher tant de détours? ne fait-on pas mieux aujourd'hui de jouer avec les femmes à la rigueur, et de ne leur pardonner rien, et, si on leur veut faire des présents, de leur donner sans cérémonie? En voit-on quantité qui les refusent et qui les renvoient? Cela étoit bon au temps passé, quand on ne savoit pas vivre. Je crois même, pour peu que nous allions en avant, comme on se raffine tous les jours, qu'on pratiquera la coutume qui s'observe déjà en quelques endroits, de bien faire son marché, et de dire : Je vous envoie tel présent pour telle faveur, et d'en prendre des assurances : car, en effet, les femmes sont fort trompeuses.

Mais, en parlant de jeu, j'avois presque écarté Lucrèce, qui aimoit, sur tous les galants, les joueurs de discrétions[1] : car, dans sa perte, elle payoit d'un sifflet ou d'un ruban; et, dans le gain, elle se faisoit donner de beaux bijoux et de bonnes nippes. Elle n'étoit vêtue que des bonnes fortunes du jeu ou de la sottise de ses amants. Le bas de soie qu'elle avoit aux jambes étoit une discrétion ; sa cravate de point de Gênes, autre discrétion ; son collier et même sa jupe, encore autre discrétion ; enfin, depuis les pieds jusqu'à la tête, ce n'étoit que discrétion. Cependant elle joüa tant de fois des discrétions, qu'elle perdit à la fin la sienne, comme vous entendrez ci-après. Je vous en avertis de bonne heure, car je ne vous veux point surprendre, comme font certains auteurs malicieux qui ne visent à autre chose.

Entre tous ces amants dont la jeune ferveur adoroit Lucrèce, se trouva un jeune marquis ; mais c'est peu de dire marquis, si on n'ajoute de quarante, de

---

1. La discrétion, ce pari dont l'enjeu est indéterminé et laissé à la volonté du perdant, était très en vogue alors.

cinquante ou de soixante mille livres de rente : car il y en a tant d'inconnus et de la nouvelle fabrique, qu'on n'en fera plus de cas, s'ils ne font porter à leur marquisat le nom de leur revenu; comme fit autrefois celui qui se faisoit nommer seigneur de dix-sept cent mille écus. On n'avoit pas compté avec celui-ci, mais il faisoit grande dépense et changeoit tous les jours d'habits, de plumes et de garnitures. C'est la marque la plus ordinaire à quoi on connoît dans Paris les gens de qualité, bien que cette marque soit fort trompeuse. Il avoit vu Lucrèce dans cette église (j'ai failli à dire : que j'ai déjà décrite) où il étoit allé le jour de cette solennité dont j'ai parlé, pour toute autre affaire que pour prier Dieu. D'abord qu'il la vit il en fut charmé, et quand elle sortit il commanda à son page de la suivre pour savoir qui elle étoit; mais, devant que le page fût de retour, il avoit déjà tout su d'un Suisse françois qui chasse les chiens et loue les chaises dans l'église, et qui gagne plus à savoir les intrigues des femmes du quartier qu'à ses deux autres métiers ensemble. Une pièce blanche lui avoit donc appris le nom, la demeure, la qualité de Lucrèce, celle de sa tante, ses exercices ordinaires et les noms de la plupart de ceux qui la fréquentoient; enfin mille choses qu'en une maison privée on n'auroit découvertes qu'avec bien du temps;

ce qui fait juger que celles où on se gouverne de la sorte commencent à passer pour publiques. Il songea, comme il étoit assez discret, à chercher quelqu'un qui le pût introduire chez elle ; en tout cas, il se résolvoit de se servir du prétexte du jeu, qui est le grand passe-partout pour avoir entrée dans de telles compagnies ; il n'eut besoin de l'une ni de l'autre, car dès le lendemain, passant en carrosse dans la rue de Lucrèce, il la vit de loin sur le pas de sa porte. L'impatience qu'elle avoit de voir que personne n'étoit encore venu l'y avoit portée, et dès qu'elle entendit le bruit d'un carrosse, elle tourna la tête de ce côté-là, pensant que c'étoit quelqu'un qui venoit chez elle. Le marquis se mit à la portière pour la saluer et tâcher à nouer conversation.

Voici une malheureuse occasion qui lui fut favorable : un petit valet de maquignon poussoit à toute bride un cheval qu'il piquoit avec un éperon rouillé, attaché à son soulier gauche ; et comme la rue étoit étroite et le ruisseau large, il couvrit de boue le carrosse, le marquis et la demoiselle. Le marquis voulut jurer, mais le respect du sexe le retint ; il voulut faire courir après, mais le piqueur étoit si bien monté qu'on ne lui pouvoit faire de mal, si on ne le tiroit en volant. Il descendit, tout crotté qu'il étoit, pour consoler Lucrèce et lui dit en l'abordant :

Mademoiselle, j'ai été puni de ma témérité de vous avoir voulu voir de trop près ; mais je ne suis pas si fâché de me voir en cet état que je le suis de vous voir partager avec moi ce vilain présent. Lucrèce, honteuse de se voir ainsi ajustée, et qui n'avoit point de compliment prêt pour un accident si inopiné, se contenta de lui offrir civilement la salle pour se venir nettoyer, ou pour attendre qu'il eût envoyé quérir d'autre linge, et elle prit aussitôt congé de lui pour en aller changer de son côté. Mais elle revint peu après avec d'autre linge et un autre habit, et ce ne fut pas un sujet de petite vanité pour une personne de sa sorte de montrer qu'elle avoit plusieurs paires d'habits et de rapporter en si peu de temps un point de Sedan qui eût pu faire honte à un point de Gênes qu'elle venoit de quitter.

La première chose que fit le marquis, ce fut d'envoyer son page en diligence chez lui, pour lui apporter aussi un autre habit et d'autre linge, espérant qu'on lui prêteroit quelque garde-robe où il pourroit changer de tout. Mais le page revint tout en sueur lui dire que le valet de chambre avoit emporté la clef de la garde-robe, et que, depuis le matin qu'il avoit habillé son maître, il ne revenoit à la maison que le soir, suivant la coutume de tous ces fainéants, que leurs maîtres laissent jouer, ivrogner et filouter tout le jour, faute de leur donner de l'emploi, croyant déroger à leur grandeur, s'ils les employoient à plus d'un office. Il fallut donc qu'il prît, comme on dit, patience en enrageant, et qu'il condamnât son peu de prévoyance de n'avoir pas mis dans la voiture une carte où il y eût une garniture de linge, puisque le cocher avoit bien le soin d'y mettre un marteau et des clous pour rattacher les fers des chevaux quand ils venoient à se déferrer. Tout ce qu'il put faire, ce fut de se placer dans le coin de la salle le plus obscur et de se mettre encore contre le jour, afin de cacher ses plaies le mieux qu'il pourroit. Il a juré depuis (et ce n'est pas ce qui doit obliger à le croire, car il juroit quelquefois assez légèrement, mais j'ai vu des experts en galanterie qui disoient que cela pouvoit être vrai) que, dans toutes ses aventures amoureuses, il n'a jamais souffert un plus grand ennui, ni de plus cuisantes douleurs, qu'avoir été obligé de paroître en ce mauvais état la première fois qu'il aborda sa maîtresse; aussi, quoique la violence de son amour le pressât plusieurs fois de lui déclarer sa passion, et qu'il s'en trouvât même des occasions favorables, il resserra tous ses compliments, et, s'imaginant qu'autant de crottes qu'il avoit sur son habit étoient autant de taches à son honneur, il étoit merveilleusement humilié, et il ressembloit au paon, qui, après avoir regardé ses pieds, baisse incontinent la queue.

Pour comble de malheur, dès qu'il fut assis, il arriva chez Lucrèce plusieurs filles du voisinage, dont les unes étoient ses amies et les autres non : car elles alloient en cet endroit comme en un rendez-vous général de galants, et elles y alloient chercher un parti comme on iroit au bureau d'adresse[1] chercher un laquais ou un valet de chambre. Les unes se mirent à jouer avec de jeunes gens qui y étoient aussi fraîchement arrivés, les autres allèrent causer avec Lucrèce. Elles ne connoissoient point le marquis, et ainsi elles le prirent pour quelque misérable provincial. Comme les bourgeoises commencent à railler des gens de province aussi bien que les

---

1. Le premier bureau de renseignements a été établi par le médecin et journaliste Théophraste Renaudot, s'inspirant sans doute de ce curieux passage de Montaigne : « Feu mon père, pour n'estre aydé que de l'expérience et du naturel d'un jugement bien net, m'a dit autrefois qu'il avait désiré mettre en train qu'il y eust ez villes certain lieu désigné, auquel ceux qui auroient besoing de quelque chose se peussent rendre, et faire enregistrer leur affaire à un officier estably pour cet effet comme : « Je cherche à vendre « des perles ; je cherche des perles à vendre ; tel veult « compaignie pour aller à Paris ; tel s'enquiert d'un ser- « viteur de telle qualité ; tel d'un maistre ; tel demande « un ouvrier ; qui cecy, qui cela, chacun selon son besoing. » *Essais*, ch. XXXIV.

femmes de la cour, elles ne manquèrent pas de lui donner chacune son lardon. L'une lui disoit : Vraiment, monsieur est bien galant aujourd'hui ; il ne manque pas de mouches. L'autre disoit : Mais est-ce la mode d'en mettre aussi sur le linge ? La troisième ajoutoit : Monsieur avoit manqué ce matin de prendre de l'eau bénite, mais quelque personne charitable lui a donné de l'aspergès. Et la dernière, franche bourgeoise, répliquoit : Voilà bien de quoi ! ce ne sera que de la poudre à la Saint-Jean.

Le marquis d'abord souffroit patiemment tous ces brocards assez communs, et, pressé du remords de sa conscience, n'osoit se défendre d'une accusation dont il se sentoit fort bien convaincu. Enfin, on le poussa tant là-dessus qu'il fut contraint de repartir : Je vois bien, mesdemoiselles, que vous me voulez obliger à défendre les gens mal propres, mais je ne sais si je pourrai bien m'en acquitter, car jusqu'ici j'ai songé si peu à m'exercer sur cette matière, que je ne croyois pas avoir jamais besoin d'en parler pour moi, sans le malheur qui m'est arrivé aujourd'hui. Vous en serez moins suspect (reprit Lucrèce) si vous n'avez pas grand intérêt en la cause ; il y a en récompense beaucoup de personnes à qui vous ferez grand plaisir de la bien plaider. Je ne suis point (dit le marquis) de profession à faire des plaidoyers ni des apologies, mais je dirai, puisqu'il s'en présente occasion, que je trouve étrange qu'en la plupart des compagnies on n'estime point un homme, et qu'on ait même de la peine à le souffrir s'il n'est dans une excessive propreté, et souvent encore s'il n'est magnifique. On n'examine point son mérite; on en juge seulement par l'extérieur et par des qualités qu'il peut aller prendre à tous moments à la rue aux Fers ou à la Friperie. Cela est vrai (dit en l'interrompant la franche bourgeoise dont j'ai parlé), et si Paris est tellement rempli de crottes, qu'on ne s'en sauroit sauver.

J'éprouve bien aujourd'hui (reprit le marquis) qu'on s'en sauve avec bien de la peine, puisque le carrosse ne m'en a pu garantir; et je me range à l'opinion de ceux qui soutiennent qu'il faut aller en chaise pour être propre. L'ancien proverbe qui, pour expliquer un homme propre, dit qu'il semble sortir d'une boîte, se trouve bien vrai maintenant; et c'est peut-être lui qui a donné lieu à l'invention de ces boîtes portatives. Mais (interrompit encore la bourgeoise) tout le monde ne s'y peut pas faire porter, car les porteurs vous rançonnent, et il en coûte trop d'argent. Je ne m'y suis voulu faire porter qu'une fois à cause qu'il pleuvoit, et ils me demandoient un écu pour aller jusqu'à Notre-Dame. Il est vrai (dit le marquis) que la dépense en est grande et ne peut pas être supportée par ceux qui sont dans les fortunes basses ou médiocres, comme sont la plupart des personnes d'esprit et de savoir ; et c'est ce qui fait qu'ils sont réduits à ne voir que leurs voisins, comme dans les petites villes, et ils n'ont pas l'avantage que Paris fournit d'ailleurs, car on y pourroit choisir pour faire une petite société les personnes les plus illustres et les plus agréables, si ce n'étoit que le hasard et les affaires les dispersent en plusieurs quartiers fort éloignés les uns des autres.

Il n'y a que peu de jours qu'un des plus illustres me fit une fort agréable doléance sur un pareil accident qui lui étoit arrivé. Il étoit (dit-il) parti du faubourg Saint-Germain pour aller au Marais, fort propre en linge et en habits, avec des galoches fort justes et en un temps assez beau. Il s'étoit heureusement sauvé des boues à la faveur des boutiques et des allées, où il s'étoit enfoncé fort judicieusement au moindre bruit qu'il entendoit d'un cheval ou d'un carrosse. Enfin, grâce à son adresse et au long détour qu'il avoit pris pour choisir le beau chemin, il étoit prêt d'arriver au port désiré quand un malautru baudet, qui alloit modestement son petit pas sans songer en apparence à la malice, mit le pied dans un trou, qui étoit presque le seul qui fût dans la rue, et le crotta aussi copieusement qu'auroit pu faire le cheval le plus fringant d'un manège. Cela fit qu'il n'osa continuer le dessein de sa visite, et qu'il s'en retourna honteusement chez lui le nez dans son manteau. Ainsi il fut privé des plaisirs qu'il espéroit trouver en cette visite, et celles qui la devoient recevoir perdirent les douceurs de sa conversation. Cet accident, au reste, l'a tellement dégoûté de faire des visites éloignées, qu'il a perdu toutes les habitudes qu'il avoit hors de son quartier. Votre ami (dit alors Lucrèce) étoit un peu scrupuleux ; s'il eût bien fait, il se seroit contenté de faire d'abord quelque compliment en faveur de ses canons crottés, quelque invective contre les désordres de la ville et contre les directeurs du nettoiement des boues, et un petit mot d'imprécation contre cet âne hypocrite, auteur du scandale. Cela eût été, ce me semble, suffisant pour le mettre à couvert de tout reproche. Je trouve (interrompit Hippolyte, qui étoit une véritable coquette, et qui avoit fait la première raillerie) qu'il fit prudemment de s'en retourner, car, s'il y eût eu là quelqu'un de mon humeur, il n'eût pas manqué d'avoir quelque attaque. Quoi (reprit Lucrèce)! y avoit-il de sa faute? N'avez-vous pas remarqué toutes les précautions qu'il avoit prises? Quoi! tout le temps et les pas qu'il avoit perdus en s'enfonçant dans les boutiques et dans les allées ne lui seront-ils comptés pour rien ? Non (dit l'Hippolyte), tout cela n'importe ; que ne venoit-il en chaise ?

Vous ne demandez pas s'il avoit moyen de la payer (reprit le marquis) ; mais vous n'êtes pas seule de votre humeur, et je prévois que, si le luxe et la délicatesse du siècle continuent, il faudra enfin que quelques grands seigneurs, à l'exemple de ceux qui ont fondé des chaises de théologie, de médecine et de mathématique, fondent des chaises de Souscarrière[1], pour faire porter proprement les illustres dans les ruelles et les mettre en état d'être admis dans les belles conversations. Ce seroit, dit Lucrèce, une belle fondation, et qui donneroit bien du lustre aux gens de lettres ; mais elle coûteroit beaucoup, car il y a bien des illustres prétendus. Il faudroit au moins les restreindre à ceux de l'Académie, et alors

---

1. Chaises à porteurs, ainsi appelées du nom de Montbrun de Souscarrière, qui les avait introduites en France. « De nos jours, dit Sauval, le marquis de Montbrun, fils légitimé du duc de Bellegarde, a apporté d'Angleterre l'invention des chaises couvertes, et portées par deux hommes, dont le public s'est si bien trouvé qu'on ne les a pas quittées depuis. » (*Antiq. de Paris*, t. Ier, p. 192.) Le privilège accordé à ce sujet fut commun à Souscarrière et à Mme de Cavoye.

on ne trouveroit point étrange qu'on en briguât les
places si fortement. Cette fondation, dit le marquis,
ne se fera peut-être pas sitôt, et je la souhaite plus
que je ne l'espère en faveur de mademoiselle (dit-il),
en montrant Hippolyte, dont il ne savoit pas le nom,
afin qu'elle n'ait point le déplaisir de converser avec
des gens crottés. Le marquis dit ces paroles avec
assez d'aigreur, étant animé de ce qu'elle l'avoit
raillé d'abord; et, pour lui rendre le change, il
ajouta un peu librement : Encore je souffrirois plus
volontiers que des femmes de condition, qui ont des
appartements magnifiques, et qui ne voient que des
polis et des parfumés, eussent de la peine et du
dégoût à souffrir d'autres gens ; mais je trouve
étrange que des bourgeoises les veuillent imiter, elles
qui iront le matin au marché avec une écharpe[1] et
des souliers de vache retournée, et qui, pour les
nécessités de la maison, recevront plusieurs pieds
plats dans leur chambre, où il n'y a rien à risquer
qu'un peu d'exercice pour les bras de la servante
qui frotte le plancher ; cependant ce sont elles qui
sont les plus délicates sur la propreté, quand elles

---

1. « Espèce de vêtement que les femmes mettent sur
leurs épaules, quand elles sortent en habit négligé. — Elle
n'étoit pas habillée, elle est sortie en *écharpe*. » (*Dict.* de
Furetière.)

ont mis leurs souliers brodés et leur belle jupe.

Certes (dit alors Lucrèce) monsieur a grande raison, et, pour être de la cour, il ne laisse pas de connoître admirablement les gens de la ville. Je connois des personnes qui ne sont guère loin d'ici, qui sont si difficiles à contenter sur ce point qu'elles en sont insupportables, et je crois qu'elles aimeroient mieux qu'un homme apportât dix sottises en conversation que la moindre irrégularité en l'ajustement. Je pense même qu'elles ne veulent voir des gens bien mis qu'afin de se pouvoir vanter de voir le beau monde. Mais (dit Hippolyte), approuvez-vous la conduite de certains illustrés, qui, sous ombre de quelque capacité qu'ils ont au dedans, négligent tout à fait le dehors. Par exemple, nous avons en notre voisinage un homme de robe fort riche et fort avare, qui a une calotte qui lui vient jusqu'au menton, et quand il auroit des oreilles d'âne comme Midas, elle seroit assez grande pour les cacher. Et j'en sais un autre dont le manteau et les aiguillettes sont tellement effilées que je voudrois qu'il tombât dans l'eau à cause du grand besoin qu'elles ont d'être rafraîchies. Voudriez-vous défendre ces chichetés et ces extravagances, et faudroit-il empêcher une honnête compagnie où ils voudroient s'introduire d'en faire des railleries ? Je ne crois pas (répliqua le marquis) que personne ait jamais loué ces vicieuses affectations; au contraire, on voit avec mépris et indignation ces barbons, ces gens de collège, dont les habits sont aussi ridicules que les mœurs. Mais il faut avoir quelque indulgence pour les personnes de mérite qui, étant le plus souvent occupées à des choses plus agréables, n'ont ni le loisir ni le moyen de songer à se parer. Ce n'est pas que je loue ceux qui, par négligence ou par avarice, demeurent en un état qui fait mal au cœur ou qui blesse la vue. Car ce sont deux vices qu'il faut également blâmer. Mais combien y en a-t-il qui, quelque soin qu'ils prennent à s'ajuster et à cacher leur pauvreté, ne peuvent empêcher qu'elle ne paroisse toujours à quelque chapeau qui baisse l'oreille, quelque manteau pelé, quelque chausse rompue, ou quelque autre plaie dont il ne faut accuser que la fortune?

Votre sentiment (dit Lucrèce) est très raisonnable, et j'ai toujours fort combattu ces délicatesses; mais encore ce seroit beaucoup s'il ne falloit qu'être propre, qui est une qualité nécessaire à un honnête homme; il faut aussi avoir dans ses vêtements de la diversité et de la magnificence : car on donne aujourd'hui presque partout aux hommes le rang selon leur habit; on met celui qui est vêtu de soie au-dessus de celui qui n'est vêtu que de camelot, et celui qui est vêtu de camelot au-dessus de celui qui n'est vêtu que de serge. Comme aussi on juge du mérite des hommes à proportion de la hauteur de la dentelle qui est à leur linge, et on les élève par degrés depuis le pontignac[1] jusqu'au point de Gênes. Il est vrai qu'on en use ainsi, dit Hippolyte, et je trouve qu'on a raison. Car comment jugerez-vous d'un homme qui entre en une compagnie si ce n'est par l'extérieur ? S'il est richement vêtu, on croit que c'est un homme de condition, qui a été bien nourri et élevé, et qui, par conséquent, a de meilleures qualités. Vous auriez grande raison (reprit le marquis) si vous n'en usiez ainsi qu'envers les inconnus : car j'excuserois volontiers l'honneur qu'on fait à un faquin qui passe pour un homme de condition à la faveur de son habit ; puisque vous ne feriez qu'honorer la noblesse que vous croiriez être en lui ; mais on en use de même envers ceux qui sont les mieux connus, et j'ai vu beaucoup de femmes qui n'estimoient les hommes que par le changement des habits, des plumes et des garnitures[2]. J'en ai vu qui, au

[1] Pontignac, corruption de l'italien *puntinara*, formé lui-même de *punto in aria*, espèce de point coupé. (*Dict. de Ménage.*)
[2] Les rubans et les nœuds que Mascarille appelait sa petite oie.

sortir d'un bal, ou d'une visite, ne s'entretenoient
d'autre chose. L'une disoit : Monsieur le comte avoit
une garniture de huit cents livres; je n'en ai point vu
de plus riche; l'autre : Monsieur le baron étoit vêtu
d'une étoffe que je n'avois point encore vue, et qui
est tout à fait jolie; une troisième disoit : Ce gros
piffre [1] de chevalier est toujours vêtu comme un gouverneur de Lyon; il n'oseroit changer d'habits, il a
peur qu'on le méconnoisse. Cependant il est souvent arrivé que le gros piffre a battu la belle garniture portée par un poltron, et que celui qui avoit
l'étoffe fort jolie n'aura dit que des fadaises. J'en ai
vu même une assez sotte pour loüer l'extravagance
d'un certain galant de ma connoissance, qui, pour
porter le deuil de sa maîtresse, avoit fait faire exprès
une garniture de rubans noirs et blancs, avec des
figures de têtes de morts et de larmes, comme celles
qui sont aux parements d'église le jour d'un enterrement. Je crois (interrompit Lucrèce) qu'on doit
plutôt dire qu'il portoit le deuil de sa raison qui
étoit morte. Vous dités vrai (répliqua le marquis);
mais il n'en devoit porter que le petit deuil, car il y

---

1. *Un gros piffre*, un gros homme, enflé de ventre et de
visage. Le mot est corrompu de *pfeiffer*, allemand qui
signifie un joueur de flûte, un flûteur. (*Curiozitez françoises*
d'Oudin.)

avoit longtemps qu'elle étoit défunte. Vous attaquez de fort bonne grâce (dit Lucrèce) des personnes qui m'ont toujours fort déplu ; à dire vrai, je n'attendois pas de tels sentiments d'un homme de la Cour, et qui a la mine de se piquer d'être propre et magnifique.

Je vous avoue (dit le marquis) que ma condition m'oblige à faire dépense en habits, parce que le goût du siècle le veut ainsi ; et pour ne pas avoir la tache d'avarice ou de rusticité, je suis les modes et j'en invente quelquefois ; mais c'est contre mon inclination, et je voudrois qu'il me fût permis de convertir ces folles dépenses en de pures libéralités envers d'honnêtes gens qui en ont besoin. Surtout j'ai toujours blâmé l'excès où l'on porte toutes ces choses, car c'est un grand malheur lorsqu'on tombe entre les mains de ces coquettes fieffées qui sont de loisir, et qui ne savent s'entretenir d'autres choses. Elles examineront un homme comme un criminel sur la sellette, depuis les pieds jusqu'à la tête, et quelque soin qu'il ait pris à se bien mettre, elles ne laisseront pas de lui faire son procès. Je me suis trouvé souvent engagé en ces conférences de bagatelles où j'ai vu agiter fort sérieusement plusieurs questions très ridicules. J'y vis une fois un sot de qualité qu'on avoit pris au collet ; une femme

lui dit que son rabat n'étoit pas bien mis, l'autre dit
qu'il n'étoit pas bien empesé, et la troisième soutint
que son défaut venoit de l'échancrure; mais il se
défendit bravement en disant qu'il venoit de la
bonne faiseuse, qui prend un écu de façon de la
pièce. Le rabat fut déclaré bien fait au seul nom de
cette illustre; je dis illustre, et ne vous en étonnez
pas, car le siècle est si fertile en illustres qu'il y en
a qui ont acquis ce titre à faire des mouches. Cette
autorité (dit Lucrèce) étoit décisive, et la question
après cela n'étoit plus problématique; aussi il faut
demeurer d'accord que le rabat est la plus difficile
et la plus importante des pièces de l'ajustement; que
c'est la première marque à laquelle on connoît si un
homme est bien mis; et qu'on n'y peut employer trop
de temps et trop de soins, comme j'ai ouï dire d'une
présidente[1], qu'elle est une heure entière à mettre
ses manchettes, et elle soutient publiquement qu'on
ne les peut bien mettre en moins de temps. Après
que ce rabat fut bien examiné (ajouta le marquis),
on descendit sur les chausses à la Candale[2]; on

1. Mme Tambonneau. Selon Tallemant des Réaux (t. VII,
p. 82, de l'édition Paulin Paris), il fallait une heure et
demie à la femme de chambre de la présidente, pour lui
« ajuster » convenablement ses manchettes.

2. Le duc de Candale était cité pour l'élégance de ses
manières.

regarda si elles étoient trop plissées en devant ou en arrière, et ce fut encore un sujet sur lequel les opinions furent partagées. Ensuite on vint à parler du bas de soie, et alors on traita une question fort grande et fort nouvelle, n'étant encore décidée par aucun auteur : si le bas de soie est mieux mis quand on le tire tout droit que quand il est plié sur le gras de la jambe. Et après avoir employé deux heures à ce ridicule entretien, comme je vis qu'elles alloient examiner tout le reste article par article, comme si c'eût été un compte, je rompis la conversation en me retirant; et je vis qu'elles remirent à une autre fois à parler du reste ; car, pour juger un procès si important, elles y employèrent plusieurs vacations.

Vous raillez si agréablement (dit Lucrèce) ces personnes qui vous ont déplu, qu'il faut bien prendre garde à l'entretien qu'on a avec vous, et je ne sais si vous n'en direz point autant de celui que nous avons aujourd'hui ensemble. Je respecte trop (dit le marquis) tout ce qui vient d'une si belle bouche, et je vous ai vu des sentiments si justes et si éloignés de ceux que nous venons de railler, que vous n'avez rien à craindre de ce côté-là. En effet (reprit Lucrèce), je n'approuve point qu'on s'entretienne de ces bagatelles, ni qu'on aille pointiller sur le moindre défaut qu'on trouve en une personne; il suffit qu'elle n'ait rien qui choque la vue. Aussi bien je sais que, quelque soin qu'on prenne à s'ajuster, particulièrement pour les gens de la ville, on y trouvera toujours à redire : car, comme la mode change tous les jours, et que ces jours ne sont pas des fêtes marquées dans le calendrier, il faudroit avoir des amis et des espions à la cour, qui vous avertissent à tous moments des changements qui s'y font; autrement on est en danger de passer pour bourgeois ou pour provincial.

Vous avez grande raison (ajouta le marquis), cette difficulté que vous proposez est presque invincible, à moins qu'il y eût un bureau d'adresses établi ou un gazetier de modes qui tînt un journal de tout ce qui s'y passeroit de nouveau. Ce dessein (dit Hippolyte) seroit fort joli, et je crois qu'on vendroit bien autant de ces gazettes que des autres.[1]

Puisque vous vous plaisez à ces desseins (dit le marquis), je vous en veux réciter un bien plus beau, que j'ouïs dire ces jours passés à un avocat, qui cherchoit un partisan pour traiter avec lui de cet avis; et ne vous étonnez pas si j'ai commerce avec les gens du Palais, et si je me sers parfois de leurs

---

[1]. Brantôme forme le même vœu. Voy. les *Dames galantes*. C'est en Angleterre qu'a paru le premier journal de modes.

termes, car deux malheureux procès qui m'ont obligé de les fréquenter m'en ont fait apprendre à mes dépens plus que je n'en voulois savoir. Il disoit qu'il seroit très important de créer en ce royaume un grand conseil de modes, et qu'il y seroit aisé de trouver des officiers pour le remplir : car premièrement, des six corps des marchands on tireroit des procureurs de modes, qui en inventent tous les jours de nouvelles pour avoir du débit ; du corps des tailleurs on tireroit des auditeurs de modes, qui, sur leurs bureaux ou établis, les mettroient en état d'être jugées et en feroient le rapport ; pour juges on prendroit les plus légers et les plus extravagants de la cour, de l'un et de l'autre sexe, qui auroient pouvoir de les arrêter et vérifier, et de leur donner autorité et crédit. Il y auroit aussi des huissiers porteurs de modes, exploitant partout le royaume de France. Il y auroit enfin des correcteurs de modes, qui seroient de bons prud'hommes qui mettroient des bornes à leur extravagance, et qui empêcheroient, par exemple, que les formes des chapeaux ne devinssent hautes comme des pots à beurre ou plates comme des cales, chose qui est fort à craindre lorsque chacun les veut hausser ou aplatir à l'envi de son compagnon, durant le flux et reflux de la mode des chapeaux ; ils auroient soin aussi de procurer la réformation des habits, et les décris nécessaires, comme celui des rubans, lorsque les garnitures croissent tellement qu'il semble qu'elles soient montées en graine et viennent jusqu'aux pochettes. Enfin il y auroit un greffe ou un bureau établi, avec un étalon et toutes sortes de mesures, pour régler les différends qui se formeroient dans la juridiction, avec une figure vêtue selon la dernière mode, comme ces poupées[1] qu'on envoie pour ce sujet dans les provinces. Tous les tailleurs seroient obligés de se servir de ces modèles, comme les appareilleurs vont prendre les mesures sur les plans des édifices qu'on leur donne à faire. Il y auroit pareillement en ce greffe une pancarte ou tableau où seroient spécifiées par le menu les manières et les règles pour s'habiller, avec les longueurs des chausses, des manches et des manteaux, les qualités des étoffes, garnitures,

---

1. Voyez page 16 de *la Journée des Madrigaux*, que nous avons publiée (chez Aubry 1856). Le *Chroniqueur du Samedy* (Pélisson) parle des « deux magnifiques statuës de la grande et de la petite Pandore, dont les fables disent que chacune des déesses leur a fait un présent et qu'elles ont esté habillées de la main des Graces. » C'étaient deux poupées d'inégale grandeur, et sur lesquelles les précieuses essayaient les ajustements nouveaux, décrétés dans le cénacle de M$^{lle}$ de Scudéry. Ces poupées étaient ensuite expédiées en province, pour y propager, dans les cercles, les modes officielles.

dentelles et autres ornements des habits, le tout de la même forme que les devis de maçonnerie et de charpenterie. Et voici le grand avantage que le public en retireroit : c'est qu'il arrive souvent qu'un riche bourgeois, et surtout un provincial, ou un Allemand, aura prodigué beaucoup d'argent pour se vêtir le mieux qu'il lui aura été possible, et il n'y aura pas réussi, quelque consultation qu'il ait faite de toute sorte d'officiers qu'il aura pu assembler pour résoudre toutes ces difficultés. Car il se trouvera souvent que, si l'habit est bien fait, il n'en sera pas de même des bas ou du chapeau ; enfin il vivra toujours dans l'ignorance et dans l'incertitude. Au lieu que, s'il est en doute, par exemple, si la forme de son chapeau est bien faite, il n'aura qu'à la porter au bureau des modes, pour la faire jauger et mesurer, comme on fait les litrons et les boisseaux qu'on marque à l'Hôtel de Ville. Ainsi, se faisant étalonner et examiner depuis les pieds jusqu'à la tête, et en ayant tiré bon certificat, il auroit sa conscience en repos de ce côté-là, et son honneur seroit à couvert de tous les reproches que lui pourroit faire la coquette la plus critique.

C'est dommage (dit Lucrèce) que vous n'êtes associé avec cet homme qui a inventé ce parti : vous le feriez bien valoir. Je crois qu'il y a beaucoup d'officiers en France moins utiles que ceux-là, et beaucoup de règlements moins nécessaires que ceux qu'ils feroient. J'ai même ouï dire à des savants qu'il y avoit de certains pays où étoient établis de certains officiers expressément pour faire régler les habits; mais comme je ne suis pas savante, je ne vous puis dire quels ils sont.

Lucrèce n'avoit pas encore achevé quand sa tante rompit le jeu, et même un cornet qu'elle tenoit à la main, à cause d'un ambezas[1] qui lui étoit venu le plus mal à propos du monde. Cela rompit aussi cette conversation, car elle s'en vint avec un grand cri annoncer le coup de malheur qui lui étoit arrivé, qu'elle plaignit avec des termes aussi pathétiques que s'il y fût allé de la ruine de l'État. Cela troubla tout ce petit peloton; quelques-uns par complaisance lui aidèrent à pester contre ce malheureux ambezas qui étoit venu sans qu'on l'eût mandé; d'autres la consolèrent sur l'inconstance de la fortune et lui promirent de sa part un sonnet[2] pour

---

1. Expression tirée du jeu de trictrac : coup de dé qui amène deux as (*ambo asses*).

2. Cela se dit lorsqu'au trictrac le coup de dé amène les deux six :

> Tu voyais tous les biens au sort abandonnés
> Devenir le jouet d'un pique ou d'un *sonnez*.
> BOILEAU.

une autre fois. Et cependant le marquis, qui ne cherchoit qu'une occasion de se retirer, prit congé de Lucrèce, non sans lui dire en particulier qu'il espéroit de venir chez elle, le lendemain, en meilleur ordre, lui demandant la permission de continuer ses visites. Mais en sortant il pensa lui arriver encore le même accident, car les maquignons sont très fréquents en ce quartier-là. Il ne put battre celui-ci non plus que l'autre, à cause de sa fuite ; mais son page l'en vengea, et n'étant pas dans sa colère si raisonnable que son maître, il la déchargea sur un autre maquignon qui étoit à pied sur le pas de sa porte. Et comme ce pauvre homme lui disoit : Ha, monsieur, je ne crotte personne ! Eh bien, c'est pour ceux que tu as crottés et que tu crotteras. Action de justice et châtiment remarquable, qui devroit faire honte à nos officiers de police.

A peine le marquis étoit-il remonté dans son carrosse que ses laquais, à l'exemple du maître et du page, animés contre les crotteurs de gens, virent passer des meuniers sur la croupe de leurs mulets accouplés trois à trois, qui faisoient aussi belle diligence que des courriers extraordinaires. Le grand laquais jeta un gros pavé qu'il trouva dans sa main à l'un de ces meuniers avec une telle force que cela eût été capable de rompre les reins de tout autre ;

mais ce rustre, hochant la tête et le regardant par
dessus l'épaule, lui dit avec un rire badin : Ha oui,
je t'enjôle. Et, piquant la croupe de sa monture
avec le bout de la poignée de son fouet, il se vit
bientôt hors de la portée des pavés. Dès le lendemain, le marquis vint voir Lucrèce en un équipage
qui fit bien connoître que ce n'étoit pas pour lui
qu'il avoit fait l'apologie du jour précédent.

Je crois que ce fut en cette visite qu'il lui découvrit sa passion ; on n'en sait pourtant rien au vrai.
Il se pourroit faire qu'il n'en auroit parlé que les
jours suivants, car tous ces deux amants étoient fort
discrets, et ils ne parloient de leur amour qu'en
particulier. Par malheur pour cette histoire, Lucrèce
n'avoit point de confidente, ni le marquis d'écuyer,
à qui ils répétassent en propres termes leurs plus
secrètes conversations. C'est une chose qui n'a jamais manqué aux héros et aux héroïnes. Le moyen,
sans-cela, d'écrire leurs aventures? Le moyen qu'on
pût savoir tous leurs entretiens, leurs plus secrètes
pensées ? qu'on pût avoir copie de tous leurs vers et
des billets doux qu'ils se sont envoyés, et toutes les
autres choses nécessaires pour bâtir une intrigue?
Nos amants n'étoient point de condition à avoir de
tels officiers, de sorte que je n'en ai rien pu apprendre que ce qui en a paru en public ; encore ne

l'ai-je pas tout su d'une même personne, parce qu'elle n'auroit pas eu assez bonne mémoire pour me répéter mot à mot tous leurs entretiens; mais j'en ai appris un peu de l'un et un peu de l'autre, et, à n'en point mentir, j'y ai mis aussi un peu du mien. Que si vous êtes si désireux de voir comme on découvre sa passion, je vous en indiquerai plusieurs moyens qui sont dans l'Amadis, dans l'Astrée, dans Cyrus et dans tous les autres romans que je n'ai pas le loisir ni le dessein de copier ni de dérober, comme ont fait la plupart des auteurs, qui se sont servis des inventions de ceux qui avoient écrit auparavant eux. Je ne veux pas même prendre la peine de vous en citer les endroits et les pages ; mais vous ne pouvez manquer d'en trouver à l'ouverture de ces livres. Vous verrez seulement que c'est toujours la même chose, et comme on sait assez le refrain d'une chanson quand on en écrit le premier mot avec un etc., c'est assez de vous dire maintenant que notre marquis fut amoureux de Lucrèce, etc. Vous devinerez ou suppléerez aisément ce qu'il lui dit ou ce qu'il lui pouvoit dire pour la toucher.

Il est seulement besoin que je vous déclare quel fut le succès de son amour ; car vous serez sans doute curieux de savoir si Lucrèce fut douce ou cruelle, parce que l'un pouvoit arriver aussitôt que l'autre. Sachez donc qu'en peu de temps le marquis fit de grands progrès ; mais ce ne fut point son esprit et sa bonne mine qui lui acquirent le cœur de Lucrèce. Quoique ce fût un gentilhomme des mieux faits de France et un des plus spirituels, qu'il eût l'air galant et l'âme passionnée, cela n'étoit pas ce qui faisoit le plus d'impression sur son esprit : elle faisoit grand cas de toutes ces belles qualités ; mais elle ne vouloit point engager son cœur qu'en établissant sa fortune. Le marquis fut donc obligé de lui faire plus de promesses qu'il ne lui en vouloit tenir, quelque honnête homme qu'il fût : car qu'est-ce que ne promet point un amant quand il est bien touché ? Et qu'y a-t-il dont ne se dispense un gentilhomme quand il est question de se déshonorer par une indigne alliance ? Il avoit commencé d'acquérir l'estime de Lucrèce en faisant grande dépense pour elle ; il lui laissa même gagner quelque argent, en faisant voir néanmoins qu'il ne perdoit pas par sottise, ni faute de savoir le jeu. Après, il s'accoutuma à lui faire des présents en forme, qu'elle reçut volontiers, quoiqu'elle eût assez de cœur ; mais elle étoit obligée d'en user ainsi, car elle avoit moins de bien que de vanité. Elle vouloit paroître, et ne le pouvoit faire qu'aux dépens de ses amis. Les cadeaux n'étoient pas non plus épargnés; les promenades à Saint-Cloud [1], à Meudon et à Vaugirard étoient fort fréquentes, qui sont les grands chemins par où l'honneur bourgeois va droit à Versailles [2], comme parlent les bonnes gens. Toutes ces choses néanmoins ne concluoient rien; Lucrèce ne donnoit encore que de petites douceurs qu'il falloit que le marquis prît pour argent comptant. Il fut donc enfin contraint, vaincu de sa passion, de lui faire une promesse de l'épouser, signée de sa main et écrite de son sang, pour la rendre plus authentique. C'est là une puissante mine pour renverser l'honneur d'une pauvre fille, et il n'y a guère de place qui ne se rende sitôt qu'on la fait jouer. Lucrèce ne s'en défendit pas mieux qu'une autre; elle ne feignit point de donner son cœur au marquis et de lui vouer un amour et une foi réciproque. Ils vécurent depuis en parfaite intelligence, sans avoir pourtant le dernier engagement. Ils se flattèrent tous deux de la plus douce espérance du monde: le marquis de l'espérance de posséder sa maîtresse, et Lucrèce de l'espérance d'être marquise. Mais ce n'étoit pas le

---

1. C'était surtout à Saint-Cloud, chez la Du Ryer que ces rencontres galantes avaient lieu.
2. Jeu de mots consigné dans les *Curiozités françoises* d'Oudin : « Aller à Versailles, se renverser, être renversé. »

compte de cet amant impatient ; sa passion étoit trop forte pour attendre plus longtemps les dernières faveurs.

D'ailleurs il y avoit un obstacle invincible à l'exécution de sa promesse de mariage, supposé qu'il eût eu dessein de l'exécuter. Il étoit encore mineur, et il avoit une mère et un oncle qui possédoient de grands biens, sur lesquels toute la grandeur de sa maison étoit fondée. L'un et l'autre n'y auroient jamais donné leur consentement ; au contraire, il étoit en danger d'être déshérité ou même de voir casser son mariage s'il eût été fait. Il redoubla donc son empressement auprès de Lucrèce, et il trouva enfin une occasion favorable dans une de ces malheureuses promenades qu'ils faisoient ensemble.

Ce n'est pas que Lucrèce n'y allât toujours avec sa tante et quelques autres filles du voisinage accompagnées de leurs mères ; mais ces bonnes dames croyoient que leurs filles étoient en sûreté pourvu qu'elles fussent sorties du logis avec elles, et qu'elles y revinssent en même temps. Il y en a plusieurs attrapées à ce piège ; car, comme la campagne donne quelque espèce de liberté, à cause que les témoins et les espions y sont moins fréquents et qu'il y a plus d'espace pour s'écarter, il s'y rencontre souvent une occasion de faire succomber une maîtresse, et c'est proprement l'heure du berger[1]. D'ailleurs, les gens de cour ne meurent pas de faim faute de demander leurs nécessités; ils prennent des avantages sur une bourgeoise coquette qu'ils n'oseroient pas prendre sur une personne de condition dont ils respecteroient la qualité. Enfin, notre assiégeant somma tant de fois la place de se rendre et il la serra de si près qu'il la prit un jour au dépourvu et éloignée de tout secours, car la tante étoit alors en affaire, et occupée à une importante partie de trictrac qu'elle faillit gagner à bredouille.

Lucrèce se rendit donc; je suis fâché de le dire, mais il est vrai. Je voudrois seulement pour son honneur savoir les paroles pathétiques que lui dit son amant passionné pour la toucher. Elles furent plus heureuses que toutes les autres qu'il lui avoit dites jusque-là. Je crois qu'il lui fit bien valoir le safran qu'il avoit sur le visage; car, en effet, il étoit devenu tout jaune de souci. Je crois aussi qu'il tira un poignard de sa poche pour se percer le cœur en sa présence, puisque son amour ne l'avoit pu en-

---

1. « C'est-à-dire l'occasion et le moment favorable pour obtenir d'une belle ou de quelque maîtresse une faveur particulière. (*Dict. comique* de Leroux.)

core faire mourir. Il ne manqua pas non plus de la faire ressouvenir de la promesse de mariage qu'il lui avoit donnée, et de lui faire là-dessus plusieurs serments pour la confirmer. Mais, par malheur, on ne sait rien de tout cela, parce que la chose se passa en secret; ce qui serviroit pourtant beaucoup pour la décharge de cette demoiselle. Seulement il faut croire qu'il y fit de grands efforts; car, en effet, Lucrèce étoit une fille d'honneur et de vertu, et elle le montra bien, ayant été fort longtemps à tenir bon, bien que, de la manière dont elle avoit été élevée, ce dût être une bicoque à être emportée facilement. Quoi qu'il en soit, elle songea plutôt à établir sa fortune qu'à contenter son amour. Elle ne crut pas pouvoir mener d'abord le marquis chez un notaire ou devant un curé, qui auroient été peut-être des causeurs capables de divulguer l'affaire et de donner occasion aux parents de son amant de la rompre. Elle crut qu'il falloit qu'il y eût quelque engagement précédent, et elle aima mieux hasarder quelque chose du sien que de manquer une occasion d'être grande dame. Ce n'est point la faute de Lucrèce si le marquis n'a point tenu sa parole; qu'elle avait ouï dire inviolable chez les gentilshommes. Et certes, il y en a beaucoup qui ne se moqueront pas d'elle, parce qu'elles y ont été aussi attrapées. Leur

amour dura encore longtemps avec plus de familiarité qu'auparavant, sans qu'il y arrivât rien de mé-
morable; car il n'y eut point de rival qui contestât
au marquis la place qu'il avoit gagnée, ou qui en-
voyât à sa maîtresse de fausses lettres. Il n'y eut
point de portrait, ni de montre, ni de bracelet de
cheveux qui fût pris ou égaré, ou qui eût passé en
d'autres mains, point d'absence ni de fausse nouvelle
de mort ou de changement d'amour, point de rivale
jalouse qui fît faire quelque fausse vision ou équi-
voque, qui sont toutes les choses nécessaires et les
matériaux les plus communs pour bâtir des intrigues
de romans, inventions qu'on a mises en tant de
formes et qu'on a repassées si souvent qu'elles sont
toutes usées.

Je ne puis donc raconter autre chose de cette
histoire; car toutes les particularités que j'en pourrois savoir, si j'en étois curieux, ce seroit d'apprendre combien un tel jour on a mangé de dindons
à Saint-Cloud chez la Durier[1], combien de plats de
petits pois ou de fraises on a consommés au logis de
*petit Maure* à Vaugirard, parce qu'on pourroit encore trouver les parties de ces collations chez les

1. C'était l'ancienne maîtresse du duc de La Meilleraye,
qui tenait le cabaret renommé dont nous avons déjà parlé
plus haut.

hôtes où elles ont été faites, quoiqu'elles aient été acquittées peu de temps après par le marquis, qui payoit si bien que cela faisoit tort à la noblesse. Ils furent même si discrets qu'on ne s'avisa point qu'il y eût plus de privauté qu'auparavant, et cela n'empêcha pas qu'il n'y eût plusieurs personnes du second ordre qui entretinssent Lucrèce et qui en fissent les amoureux et les passionnés. Mais c'étoit toujours avec quelque espèce de respect pour le marquis, et sous son bon plaisir. Ils prenoient leur avantage quand il n'y étoit pas, et ils lui cédoient la place quand il arrivoit; car chacun sait que ces nobles sont un peu redoutables aux bourgeois, et par conséquent nuisent beaucoup aux filles, à cause qu'ils écartent les bons partis.

Lucrèce avoit accoutumé son amant à souffrir qu'elle entretînt, comme elle avoit toujours fait, tous ceux qui viendroient chez elle. Particulièrement depuis sa faute, que le remords de sa conscience lui faisoit encore plus publique qu'elle n'étoit, elle les traita encore plus favorablement. Peut-être aussi que par adresse elle en usoit de la sorte; car, quoiqu'elle se flattât toujours de l'espérance d'être M$^{me}$ la marquise, néanmoins comme la chose n'étoit pas faite et qu'il n'y a rien de si assuré qui ne puisse manquer, elle étoit bien aise d'avoir encore quelques autres personnes en main pour s'en servir en cas de nécessité; outre qu'il est fort naturel aux coquettes d'aimer à se faire dire des douceurs par toutes sortes de gens, quoiqu'elles n'aient pour eux ni amour ni estime.

Parmi ce corps de réserve de galants assez nombreux se trouva Nicodème, qui étoit un grand diseur de fleurettes, et, comme j'ai dit, un amoureux universel. Il s'engagea si avant dans cet amour, qu'un jour, après avoir prôné sa passion avec les plus belles Marguerites françoises[1] qu'il put trouver, Lucrèce, pour s'en défaire, dit qu'elle n'ajoutoit point de foi à ses paroles, et qu'elle en voudroit voir de plus puissants témoignages. Il lui répondit sérieusement qu'il lui en donneroit de telle nature qu'elle voudroit; elle lui répliqua qu'elle se rapportoit à lui de les choisir. Aussitôt Nicodème, pour lui montrer qu'il la vouloit aimer toute sa vie, lui dit qu'il lui en donneroit tout à l'heure une promesse par écrit. Tout en riant, elle l'en défia, et un peu de temps après, Nicodème s'étant retiré expressément dans une antichambre, lui apporta en effet une promesse de mariage qu'il lui mit en main. Elle

---

1. Les *Marguerites de la Marguerite des princesses, très illustre reine de Navarre*, dont la première édition parut à Lyon en 1547.

la prit, en continuant sa raillerie, et lui demanda
seulement : Le quantième est-ce d'aujourd'hui ? (Car
c'étoit un homme sujet à de telles faiblesses.) En
même temps, pour montrer qu'elle n'en faisoit pas
grand état, elle s'en servit à envelopper une orange
de Portugal qu'elle tenoit en sa main. Néanmoins
elle ne laissa pas de la serrer proprement pour les
besoins qu'elle en pourroit avoir, quand ce n'eût été
que pour faire voir un jour qu'elle avoit eu des
amants.

Cela s'étoit passé auparavant que Nicodème fût
engagé avec Javotte. Quelque temps après, il arriva
qu'un procureur de l'officialité, nommé Villeflatin,
qui étoit ami et voisin de l'oncle de Lucrèce, le vint
voir et le trouva dans sa chambre au coin du feu.
Par hasard, Lucrèce étoit à fouiller dans un buffet
qu'elle avoit dans la même chambre. Comme c'est la
première cajolerie des vieillards de demander aux
jeunes filles quand elles seront mariées, ce fut aussi
le premier compliment de ce procureur. Eh bien, lui
dit-il, mademoiselle, quand est-ce que nous danse-
rons à votre noce? Je ne sais pas quand ce sera,
répondit Lucrèce en riant; au moins ce ne sera pas
faute de serviteurs : voilà une promesse; si j'en
veux, il ne tient qu'à moi de l'accepter. Elle dit cela
en montrant un papier plié, qui étoit cette promesse

qu'elle avoit trouvée fortuitement sous sa main, sur quoi néanmoins elle ne faisoit pas grand fondement, car elle mettoit toutes ses espérances en celle du marquis, dont elle n'avoit garde de faire alors mention. Le procureur, par curiosité, jeta la main dessus sans qu'elle y prît garde, et, faisant semblant de la vouloir arracher, elle fut obligée de la lâcher de peur de la rompre. Il la lut exactement, et il lui dit qu'il connoissoit celui qui l'avoit souscrite, qu'il avoit du bien; il n'en fit point d'autre éloge, car il croyoit bien par ce mot avoir dit tout ce qui s'en pouvoit dire. Il lui demanda si la promesse étoit réciproque, et si elle en avoit donné une autre; mais Lucrèce, sans dire ni oui ni non, lui répondit toujours en bouffonnant. Il lui recommanda sérieusement de la bien garder, lui offrant de la servir en cette occasion et de faire une exacte enquête du bien que Nicodème pouvoit avoir.

A quelques jours de là, il advint que Villeflatin, étant allé au Châtelet pour quelques affaires, y trouva Vollichon, père de Javotte; et comme il le connoissoit de longue main, Vollichon lui fit part de la joyeuse nouvelle du mariage prochain de sa fille. Villeflatin s'en réjouit d'abord avec lui, disant qu'il faisoit fort bien de la marier ainsi jeune; qu'une fille est de grande garde; qu'un père en est déchargé et n'est plus responsable de ses fredaines quand elle est entre les mains d'un mari qui est obligé d'en avoir le soin. Qu'à la vérité sa petite Javotte étoit bien sage; mais que le siècle étoit si corrompu, et la jeunesse si dépravée, qu'on ne faisoit non plus de scrupule de surprendre une pauvre innocente que de boire un verre d'eau. Et après d'autres discours de cette nature que j'omets à dessein, non pas faute de les savoir (car je les ai ouï dire mille fois), il lui demanda qui étoit celui qu'il avoit choisi pour faire entrer en son alliance, et quand se feroit la solennité du mariage. Vollichon lui répondit que les bans étoient déjà jetés à Saint-Nicolas et à Saint-Séverin, les paroisses des futurs époux; que les fiançailles se devoient faire dans deux jours, et que c'étoit Nicodème qui devoit être son gendre. Comment! (s'écria Villeflatin) et on disoit qu'il devoit épouser M$^{lle}$ Lucrèce, notre voisine! J'ai vu, lu et tenu une promesse de mariage à son profit, et qui est bien signée de lui. Vous me surprenez (dit Vollichon), je vous prie de m'en faire savoir des nouvelles certaines, et de me dire s'il... Et, sans achever, il le quitta avec furie, en criant: Qui appelle Vollichon? C'étoit le guichetier de la porte du présidial, qui appeloit Vollichon pour venir parler sur la montée à une partie qu'on ne vouloit pas laisser entrer. Son avidité, qui ne vouloit rien laisser perdre, ne lui permit pas de faire réflexion qu'il quittoit une affaire très importante pour une autre qui étoit peut-être de néant, comme elle étoit en effet. Sitôt qu'il eut expédié cette partie, il retourna au lieu où il avoit laissé Villeflatin, pour lui demander s'il se souvenoit des termes auxquels la promesse de mariage étoit conçue, puisqu'il l'avoit eue entre ses mains ; mais il ne le trouva plus : car, comme celui-ci étoit fort zélé pour le service de Lucrèce et de toute sa famille, voyant le brusque départ de Vollichon, il s'imagina qu'il étoit allé promptement faire avertir sa femme et sa fille qu'on vouloit aller sur son marché et qu'une autre personne avoit surpris une promesse de mariage de Nicodème. Enfin il crut qu'il étoit allé donner ordre d'achever le mariage avant qu'on y pût former opposition, de peur de laisser échapper ce parti qui, en effet, lui étoit avantageux. Il eut peur que ce qu'il avoit découvert à Vollichon ne le poussât encore plus tôt à précipiter l'affaire. C'est ce qui l'obligea d'aller tout de ce pas et de son propre mouvement (sans parler de rien à Lucrèce, ni à son oncle, ni à sa tante), afin de ne perdre point de temps, former une opposition au mariage entre les mains des curés de Saint-Nicolas et de Saint-Séverin. Et, non content de cela, il obtint du lieutenant civil et de l'official des défenses de passer outre, qu'il fît signifier aux mêmes curés et à Vollichon, car, quant à Nicodème, il ne savoit où il demeuroit. Puis il vint tout en sueur, sur les trois heures après-midi, dire à Lucrèce qu'il y avoit bien des nouvelles, qu'elle lui avoit bien de l'obligation, qu'il n'avoit ni bu ni mangé de tout le jour, qu'il avoit toujours couru pour son service. Et après plusieurs autres prologues, il lui raconta la rencontre qu'il avoit faite de Vollichon et tous les exploits qu'il avoit faits depuis.

Lucrèce fut fort surprise de ce récit, et il lui monta au visage une rougeur plus forte qu'aucune qu'elle eût jamais eue. Pour tout remerciement de la bonne volonté de ce procureur, elle lui dit qu'il la servoit vraiment avec beaucoup de chaleur, puisqu'il n'avoit pas même pris le temps d'en parler à son oncle ni à sa tante; qu'en son particulier, elle n'avoit point dessein d'épouser Nicodème, et encore moins par l'ordre de la justice. Ah! ah (dit alors le procureur!) il faut apprendre à cette jeunesse éventée à ne se moquer pas des filles d'honneur : nous avons sa signature, il faudra au moins qu'il paye des dommages et intérêts; laissez-moi seulement faire. Et avec un « Nous nous verrons tantôt plus amplement; je n'ai ni bu ni mangé d'aujourd'hui », il enfila l'escalier, et tira la porte de la chambre après lui; il la ferma même à double tour pour empêcher qu'on ne courût après lui pour le reconduire.

Lucrèce, que par bonheur il avoit trouvée seule, demeura en grande perplexité. Son marquis s'en étoit allé il y avoit quelque temps et lui avoit laissé des marques de son amour. Peu avant son départ, elle s'étoit aperçue d'un certain mal qui avoit la mine de lui gâter bientôt la taille. Cela même l'avoit obligée de le presser de l'épouser; mais lorsqu'elle le conjuroit si vivement qu'il ne s'en pouvoit presque plus défendre, il lui vint un ordre de la cour d'aller joindre son régiment : à quoi il obéit en apparence avec regret, et en lui faisant de grandes protestations de revenir au plus tôt satisfaire à sa promesse. Il partit bien, mais je ne sais quel terme il prit pour son retour, tant y a qu'il n'est point encore revenu. Lucrèce lui écrivit force lettres, mais elle n'en reçut point de réponse. Elle vit bien alors, mais trop tard, qu'elle étoit abusée, et ce qui la confirma dans cette pensée, c'est que, depuis le départ du marquis, elle n'avoit plus trouvé la promesse de mariage qu'il lui avoit donnée. Elle ne pouvoit pas même s'imaginer comme elle l'avoit perdue, vu le grand soin qu'elle avoit eu de la serrer dans son cabinet. Or, voici comme la chose étoit arrivée :

La passion du marquis étant un peu refroidie par la jouissance, il fit réflexion sur la sottise qu'il alloit faire s'il exécutoit la parole qu'il avoit donnée à Lucrèce. Outre le tort qu'il faisoit à sa maison en se mésalliant, il voyoit tous ses parents animés contre lui, qui lui feroient perdre les grands biens sans lesquels il ne pouvoit soutenir l'éclat de sa naissance. Il voyoit, d'un autre côté, que, si Lucrèce plaidoit contre lui en vertu de sa promesse de mariage, cela lui feroit une très fâcheuse affaire : car, outre que ces sortes de procès laissent toujours quelque tache à l'honneur d'un honnête homme, à cause qu'il est accusé en public de trahison et de manquement de parole, les événements en sont quelquefois douteux, et avec quelque avantage qu'on en sorte, ils coûtent toujours très cher. Il se résolut donc d'user de stratagème pour se tirer de ce mauvais pas où son amour trop violent l'avoit engagé. Pour cet effet il mena sa maîtresse à la foire Saint-Germain, et, lui disant qu'il lui vouloit donner le plus beau cabinet d'ébène qui s'y trouveroit, il la pria de le choisir et d'en faire le prix. Elle fit l'un et l'autre, et de plus elle le remercia de sa libéralité. Le marquis prit le soin de le lui faire porter chez elle ; mais auparavant il commanda secrètement au marchand d'y faire des clefs doubles, dont il garda les unes par-devers lui et il fit livrer les autres à Lucrèce avec le cabinet. Soudain qu'elle eut ce présent, elle y serra avec joie ses plus précieux bijoux, et ne manqua pas surtout d'y mettre sa promesse de mariage qu'elle avoit du marquis.

Quand il fut sur son départ, ayant dessein de retirer sa promesse, il alla chez Lucrèce à une heure où il savoit qu'elle n'étoit pas au logis; il y entra familièrement comme il avoit accoutumé, et, feignant d'avoir quelque chose d'importance à lui dire, il demanda permission de l'attendre dans sa chambre. Étant là, il se trouva bientôt seul, et alors, avec la clef qu'il avoit par-devers lui, il ouvrit le cabinet, et, trouvant la promesse, s'en saisit, sans que Lucrèce, quand elle fut arrivée, s'aperçût d'aucune chose. Elle n'avoit même reconnu ce vol que peu de jours avant ce procès que venoit de former Villeflatin contre Nicodème, et n'en avoit pas encore soupçonné le marquis; mais quand elle vit que son absence duroit, qu'il ne lui écrivoit point et que sa promesse étoit perdue, elle ne douta plus de sa perfidie. Dans son déplaisir, elle ne trouva point de meilleur remède à son affliction que d'entretenir avec plus de soin ses autres conquêtes. Or, comme il falloit qu'elle se mariât avant qu'on s'aperçût de ce qu'elle avoit tant de sujet de cacher, elle commença à s'affliger moins du zèle indiscret de son voisin, qui lui cherchoit un mari malgré elle par les voies de la justice.

Elle attendit donc avec patience le succès de cette affaire, raisonnant ainsi en elle-même que, si elle gagnoit sa cause, elle gagnoit un mari dont elle avoit grand besoin, et si elle la perdoit, elle pourroit dire (comme il étoit vrai) qu'elle n'avoit point approuvé cette procédure et qu'on l'avoit commencée à son insu, ce qu'elle croyoit être suffisant pour mettre son honneur à couvert. Aussi bien il n'étoit plus temps de délibérer; la promptitude du procureur avoit fait tout le mal qui en pouvoit arriver; la matière étoit déjà donnée aux caquets et aux railleries; il falloit voir seulement où cela aboutiroit. Villeflatin, la revenant voir le soir, lui dit qu'elle lui donnât sa promesse. La honte ne l'ayant pas encore fait résoudre, elle fit semblant de l'avoir égarée et lui dit même qu'elle craignoit qu'elle ne fût perdue. Vous auriez fait là (reprit-il) une belle affaire. Or sus, trouvez-la au plus tôt, cependant que ce mariage est arrêté; il ne peut passer outre au préjudice de nos défenses; mais la faudra bien avoir pour la faire reconnoître. Dites-moi cependant: n'a-t-il point eu d'autres privautés avec vous, n'y a-t-il point eu de copule? Dites hardiment; cela peut servir à votre cause. Dame, en ces occasions il faut tout dire; on n'y seroit pas reçu par après.

Lucrèce rougit alors avec une confusion qui n'est pas imaginable et qui l'empêcha de faire aucune réponse. Elle fut tellement surprise de cette grosse parole, qu'elle fut toute prête à lui avouer son malheur, dont elle croyoit qu'il se fût déjà aperçu, de la sorte qu'il la traitoit. Elle l'alloit prier en même temps de s'entremettre auprès de son oncle et de sa tante pour obtenir le pardon de sa faute. Villeflatin crut que sa rougeur venoit de ce qu'il lui avoit demandé assez crûment une chose dont un homme plus civil que lui se seroit informé avec plus d'honnêteté; de sorte que, sans la presser davantage, il la loua de sa pudeur, lui disant : Soyez aussi sage à l'avenir comme vous avez été jusqu'ici, et vous reposez sur moi de cette affaire.

Cependant Nicodème, qui ne savoit rien de ces nouveaux incidents, alla le soir même voir Javotte, sa vraie maîtresse, et ayant mis des canons blancs, s'étant bien frisé et bien poudré, il y arriva en chaise, fort gai, retroussant sa moustache et gringottant un air nouveau. Il rencontra dans la salle la mère et la fille, toutes deux bourgeoisement occupées à ourler quelque linge pour achever le trousseau de l'accordée. Le froid accueil qu'elles lui firent le

surprit un peu, et, commençant la conversation par
l'ouvrage qu'elles tenoient : Certes, ma bonne maman,
lui dit-il, votre fille vous aura bien de l'obligation,
car je me doute bien que ce linge à quoi vous tra-
vaillez est pour elle. La prétendue belle-mère lui
répondit assez brusquement : Oui, monsieur, c'est
pour elle ; mais il vous passera bien loin du nez, je
vous trouve bien hardi de venir encore céans, après
nous avoir voulu affronter. Là, là, ma fille est jeune
et ne manquera pas de partis ; nous ne sommes pas
des personnes à aller plaider à l'officialité pour avoir
un gendre. Allez trouver votre maîtresse à qui vous
avez promis mariage ; nous ne voulons pas être cause
qu'elle soit déshonorée. Nicodème, encore plus
étonné, jura qu'il n'avoit aucun engagement qu'avec
sa fille. Vraiment (reprit aussitôt la procureuse), il
nous en feroit bien accroire si nous n'avions de quoi
le convaincre ; et, appelant la servante, elle lui dit :
Julienne, allez querir un papier là-haut sur le manteau de la cheminée, que je lui fasse voir son bec
jaune. Quand il fut apporté : Tenez (dit-elle), voyez
si je parle par cœur ! Nicodème pensa tomber de son
haut en le lisant, car il connoissoit le cœur de
Lucrèce, et il ne pouvoit concevoir qu'une si fière
personne voulût plaider à l'officialité pour avoir un
mari. Il savoit qu'elle n'avoit reçu la promesse qu'en

riant et sans fonder sur cela aucune espérance ni dessein de mariage ; aussi n'en avoit-elle point parlé depuis, de sorte qu'il s'imagina que cela n'étoit point fait par son ordre ; il dit donc à sa belle-mère : Voilà une pièce que quelque ennemi me joue ; s'il ne tient qu'à cela, je vous apporte dès demain une main levée de cette opposition par-devant notaires.

Je n'ai que faire (répondit-elle) de notaires ni d'avocats ; je ne veux point donner ma fille à ces débauchés et à ces amoureux des onze mille vierges. Je veux un homme qui soit bon mari et qui gagne bien sa vie.

Nicodème, qui ne trouvoit pas là grande satisfaction, d'ailleurs impatient de savoir la cause de cette brouillerie, prit congé d'elle peu de temps après. Il ne fut pas assez hardi pour saluer, en sortant, sa maîtresse de la manière qu'il est permis aux amants déclarés. Pour Javotte, elle se contenta de lui faire une révérence muette ; mais en se levant elle laissa tomber un peloton de fil et ses ciseaux, qui étoient sur sa jupe. Nicodème se jette aussitôt avec précipitation à ses pieds pour les relever ; Javotte se baisse, de son côté, pour le prévenir ; et, se relevant tous deux en même temps, leurs deux fronts se heurtèrent avec telle violence, qu'ils se firent chacun une bosse. Nicodème, au désespoir de ce malheur, voulut se retirer promptement ; mais il ne prit pas garde à un buffet boiteux qui étoit derrière lui, qu'il choqua si rudement qu'il en fit tomber une belle porcelaine, qui étoit une fille unique fort estimée dans la maison. Là-dessus, la mère éclate en injures contre lui. Il fait mille excuses et en veut ramasser les morceaux pour en renvoyer une pareille ; mais, en marchant brusquement avec des souliers neufs sur un plancher bien frotté et tel qu'il devoit être pour des fiançailles, le pied lui glissa, et comme en ces occasions on tâche à se retenir à ce qu'on trouve, il se prit aux houppes des cordons qui tenoient le miroir attaché ; or, le poids de son corps les ayant rompus, Nicodème et le miroir tombèrent en même temps. Le plus blessé des deux, néanmoins, ce fut le miroir, car il se cassa en mille pièces, Nicodème en fut quitte pour deux contusions assez légères. La procureuse, s'écriant plus fort qu'auparavant, lui dit : Qui m'amène ici ce ruine-maison, ce brise-tout ? et se met en état de le chasser avec le manche du balai. Nicodème, tout honteux, gagne la porte de la salle ; mais, étant en colère, il l'ouvrit avec tant de violence, qu'elle alla donner contre un théorbe qu'un voisin avoit laissé contre la muraille, qui fut entièrement brisé. Bien lui en prit qu'il étoit tard, car en plein jour, au bruit que faisoit la procureuse, la huée auroit fait courir les petits enfants après lui. Il s'en alla donc également rouge de honte et de colère ; et, à cause de l'heure, ne pouvant rien faire ce soir-là, il se résolut d'attendre au jour d'après à voir Lucrèce.

Le lendemain donc, voulant y aller en bon ordre, il demanda sa belle garniture de dentelle, qui lui fut apportée, à la réserve du rabat, qui se trouva manquer. Il envoya son laquais pour le chercher chez sa blanchisseuse, qui répondit par ce trucheman qu'elle ne l'avoit point. Comme Nicodème étoit bon bourgeois et bon ménager, il alla le chercher lui-même ; il fouilla et renversa tout son linge sale, et il trouva à la fin ce qu'il cherchoit et même ce qu'il ne cherchoit pas. Car il faut savoir que cette blanchisseuse, nommé dame Roberte, blanchissoit auss la maison de Lucrèce et y étoit fort familière. Or, comme il remuoit ce linge sale, voyant une chemise de femme assez haute en couleur, il lui demanda en riant si c'étoit une chemise de M$^{lle}$ Lucrèce. Dame Roberte lui répondit avec une grande naïveté : Vraiment nenni, ce n'en est pas ; M$^{lle}$ Lucrèce est maintenant la plus propre fille qu'il y ait à Paris ; depuis plus de trois mois je ne vois pas la moindre tache à son linge, il est presque aussi blanc quand je le prends que quand je le reporte. Et comment se porte-t-elle ?

lui dit Nicodème. Dame Roberte lui répondit avec
la même ingénuité : La pauvre fille est toute mal
bâtie ; quand je vais chez elle le matin, je la trouve
qui a des vomissements et de si grands maux de cœur
et d'estomac, qu'elle ne peut durer lacée dans son
corps de jupe ; elle est toujours avec ses brassières
de satin blanc. Toutefois cette pauvre fille ne se
plaint pas et cache si bien son mal, qu'on ne sait
pas même au logis qu'elle soit malade ; l'après-dînée
elle reçoit son monde comme si de rien n'étoit : c'est
la meilleure âme et la plus patiente créature qui se
puisse voir. Nicodème remarqua ces paroles ingénues,
et, changeant de dessein, au lieu d'aller voir Lucrèce,
il alla consulter un médecin et un de ses amis du
barreau ; enfin il se douta de la vérité, et son imagination alla encore au delà ; car il s'imagina que,
pour remédier au mal de Lucrèce, ses parents avoient
formé cette action afin de la lui faire épouser. Il crut
aussi que, pour couvrir sa faute, elle leur avoit fait
entendre qu'il avoit abusé d'elle sous la promesse de
mariage qu'il lui avoit sottement donnée. Il avoit
appris de ses amis qu'il avoit consultés, et il le pouvoit savoir lui-même, puisque c'étoit son métier,
que son affaire étoit mauvaise ; qu'une fille enceinte,
fondée en promesse de mariage, seroit plutôt crue
en justice que lui, et que, quelques serments qu'il

fît du contraire, il ne détruiroit point la présomption qu'on auroit que ce ne fût de ses œuvres. D'ailleurs Lucrèce étoit belle et avoit beaucoup d'amis de gens de robe, qui lui pouvoient faire gagner sa cause, quelque mauvaise qu'elle fût, outre qu'elle étoit si discrète en apparence qu'il ne la pouvoit pas convaincre d'aucune débauche, quoique sa coquetterie fût publique. Il résolut donc de sortir de cette affaire à quelque prix que ce fût avant qu'elle éclatât tout à fait; car il s'imaginoit que sitôt qu'il auroit conjuré cet orage et levé cette opposition, il renouerait aisément avec les parents de Javotte, de laquelle il étoit amoureux au dernier point, et certainement, si on eût connu son foible, il lui en eût coûté bon. Il employa quelque temps à chercher des connoissances pour faire parler sous main à l'oncle de Lucrèce, n'osant pas y aller en personne, de peur d'un *amené sans scandale*. Il y trouva quelque accès par le moyen d'un ami qui connoissoit Villeflatin, le plénipotentiaire et le grand directeur de cette affaire, qui écouta volontiers ses propositions.

Cependant Lucrèce étoit demeurée dans un grand embarras; elle craignoit tous les jours de plus en plus que son mal secret ne devînt public, et, voyant bien qu'il ne falloit plus avoir d'espérance au mar-

quis, elle se résolut tout de bon de ménager l'affaire
que le hasard et la promptitude de ce procureur lui
avoient préparée. Ce qui la fit encore plus tôt résoudre,
c'est qu'elle avoit prêté l'oreille à une consultation
qui s'étoit faite chez son oncle sur une pareille
espèce, où l'affaire avoit été décidée en faveur d'une
fille qui étoit en une semblable agonie. Elle prit
donc en main sa promesse pour la porter à son oncle,
et le prier, en lui demandant pardon de sa faute,
de lui faire réparer son honneur. Mais, hélas! en ce
moment, elle avoit deux étranges répugnances:
l'une de découvrir sa faute, et l'autre d'en charger
un innocent, ce qui étoit pourtant nécessaire en
cette occasion.

Trois fois elle monta en la chambre de son oncle,
et trois fois elle en descendit sans rien faire. Enfin,
y étant retournée avec une bonne résolution, elle
commença à lui dire : Mon oncle... et, se repentant
d'avoir commencé, elle s'arrêta aussitôt. Son oncle
lui ayant demandé ce qu'elle désiroit, elle lui demanda
s'il n'avoit point vu ses ciseaux, qu'elle avoit laissés
sur la table. A la fin pourtant, après avoir longue-
ment tournoyé, elle lui dit tout de bon : Mon oncle,
je voudrois bien vous entretenir d'une affaire en
laquelle je vous prie de m'être favorable. Mais
comme elle commençoit à s'expliquer et en même

temps à rougir, on vint dire à son oncle qu'on le demandoit en bas pour une affaire fort pressée. Il descendit promptement et un peu après envoya querir ses gants et son manteau. Lucrèce alors tint à bonheur de n'avoir pas commencé le récit de son aventure, car elle auroit été fâchée de s'y voir interrompue. Or cette affaire étoit que Villeflatin avoit envoyé querir cet oncle, pour lui parler de l'affaire qu'il avoit poursuivie à son insu et de son propre mouvement, dans la confiance qu'il avoit qu'il ne seroit point désavoué, à cause du grand soin qu'il prenoit des intérêts de toute la famille. Ce bon homme fut fort surpris de cette nouvelle et dit qu'il s'étonnoit fort de ce que sa nièce ne lui en avoit rien dit. Mais il fut encore plus surpris quand Villeflatin, lui ayant fait le récit de tout ce qui s'y étoit passé dans le peu de jours que l'affaire avoit duré, lui dit que le procès étoit terminé s'il vouloit; qu'on lui offroit de gros dommages et intérêts, et qu'en effet, l'entremetteur de Nicodème étoit chez lui, qui faisoit une proposition de donner deux mille écus d'argent comptant à Lucrèce, à la charge de terminer l'affaire sur-le-champ. Il leur faisoit entendre que Nicodème ne craignoit pas l'événement de cette opposition en justice, et qu'il montreroit bien qu'elle étoit sans fondement, mais qu'il vouloit seulement lever l'ombrage qu'elle donnoit aux parents de Javotte, qu'il étoit prêt d'épouser et particulièrement à cause que l'Avent qui approchoit ne lui permettoit pas de laisser tirer l'affaire en longueur; qu'enfin il sacrifioit cette somme d'argent à son plaisir, afin de ne perdre point de temps, ce qu'il n'eût pas fait en autre saison. Villeflatin, à qui on avoit promis en particulier une bonne paraguante[1], sut si bien cajoler le bonhomme, qu'il le fit résoudre d'accepter cette proposition, dans la menace qui leur étoit faite de révoquer le lendemain ces offres pour en plaider tout de bon. Et ce qui l'y porta encore plus tôt fut que Villeflatin lui dit que Lucrèce avoit égaré la promesse qu'il falloit produire; ce qui la mettoit en danger d'être déboutée au premier jour de sa demande. Il lui fit considérer aussi que, n'y ayant qu'une simple promesse de mariage, sans autre suite ni engagement avec Lucrèce, et y ayant d'ailleurs un contrat solennel fait avec Javotte, cette action ne se pourroit résoudre qu'en quelques dommages et intérêts, qu'on n'arbitre pas toujours fort grands, et qui dépendent purement du caprice des juges.

Il passa donc aussitôt une transaction, en laquelle

1. C'est-à-dire un pot-de-vin.

il ne fut pas besoin de faire parler Lucrèce, qui étoit mineure, et dont l'oncle, qui étoit son tuteur, crut bien procurer l'avantage. Il reçut donc les deux mille écus, qui lui servirent bien depuis. Aussitôt on vint annoncer cette bonne nouvelle à Lucrèce, et Villeflatin lui cria dès la porte : Ne vous avois-je pas bien dit que je vous ferois avoir des dommages et intérêts ? Tenez, voilà deux mille écus que j'en ai tirés, et si je n'avois pas la promesse en main, regardez ce que c'eût été si vous ne l'eussiez point perdue. Eh bien, si on vous eût crue, vous alliez laisser tout perdre. Vous m'en remercierez si vous voulez, mais c'est comme si je vous les donnois en pur don.

Lucrèce, surprise de ce compliment et encore plus de cet accord qu'elle n'avoit été du commencement du procès, ne répondit qu'avec une action qui témoignoit un généreux mépris des richesses. Elle feignit qu'elle n'attendoit pas à vivre après cela, et qu'elle n'avoit jamais approuvé tout ce procédé. Elle le remercia pourtant de la bonne volonté qu'il avoit témoignée pour elle. Dès le soir elle lui envoya une somme d'argent pour le payer de ses peines, qu'il refusa généreusement, et le lendemain elle lui envoya le triple en présents qu'il reçut fort bien.

Lucrèce n'eut plus besoin alors de découvrir son mal secret, mais de chercher de nouvelles adresses pour le cacher et pour le couvrir, et elle en vint à bout à la fin, comme vous verrez dans la suite; mais je veux la laisser un peu reposer; car il ne faut pas tant travailler une personne enceinte.

Nicodème, sorti de cette fâcheuse affaire, et joyeux d'avoir la mainlevée de cette opposition, alla aussitôt trouver le père de Javotte, après avoir néanmoins apaisé la mère, en lui renvoyant un autre miroir, un autre théorbe et une autre porcelaine. Vollichon lui fit un accueil plus froid qu'il ne croyoit, car il ne fit pas grand cas de la mainlevée de cette opposition, et, sous prétexte que, s'il avoit fait cette sottise-là, il en pourroit bien avoir fait d'autres, dont il désiroit s'informer, il lui demanda du temps pour ne rien précipiter, et il remit le mariage au lendemain des Rois, à cause que l'Avent étoit fort proche. Ce que Nicodème fut obligé de souffrir, en regrettant néanmoins l'argent qu'il avoit donné dans l'espérance de se marier deux jours après. Or ce n'étoit pas ce qui arrêtoit Vollichon, mais c'est que, deux jours auparavant, on lui avoit parlé d'un autre parti pour sa fille, qui étoit plus avantageux, et vouloit avoir (comme il disoit) deux cordes à son arc, il ne vouloit différer qu'afin de voir s'il pourroit s'engager avec le plus riche, pour rompre aussitôt avec celui qui l'étoit le moins.

Ce beau galant qu'on lui avoit proposé pour Javotte étoit encore un avocat, ou, pour le moins, un homme qui portoit au Palais la robe et le bonnet. La seule fois qu'il parut au barreau, ce fut lorsqu'il prêta serment de garder les ordonnances. Et vraiment il les garda bien, car il ne trouva jamais occasion de les transgresser. Depuis vingt ans il n'avoit pas manqué un matin de se trouver au Palais, et cependant il n'avoit jamais fait consultation, écritures, ni plaidoyer. En récompense il étoit fort employé à discourir sur plusieurs fausses nouvelles qui se débitoient à son pilier; et il avoit fait plusieurs consultations sur les affaires publiques et sur le gouvernement, car il se mêloit parmi de gros pelotons de gens inutiles, qui tous les matins vont au Palais et y parlent de toutes sortes de nouvelles, comme s'ils étoient contrôleurs d'État (offices fort courus et fort en vogue); je m'étonne de ce qu'on ne les fait pas financer. L'après-dînée il alloit aux conférences du bureau d'adresse[1], aux harangues qui se faisoient par les professeurs dans les collèges, aux sermons,

---

1. Ce bureau, dont nous avons déjà parlé plus haut, se tenait près du palais de Justice, rue de la Calandre, à l'enseigne du *Grand-Coq*. C'était un foyer de nouvelles du jour.

aux musiques des églises, à l'orviétan [1], et à tous les autres jeux et divertissements publics qui ne coûtoient rien, car c'étoit un homme que l'avarice dominoit entièrement, qualité qu'il avoit trouvée dans la succession de son père. Il étoit fils d'un marchand bonnetier qui étoit devenu fort riche à force d'épargner ses écus, et fort barbu à force d'épargner sa barbe. Il se nommoit Jean Bedout, gros et trapu, un peu camus et fort large des épaules.

Sa chambre étoit une vraie salle des antiques; ce n'est pas qu'il y eût force belles curiosités, mais à cause des meubles dont elle étoit garnie. Son buffet et sa table étoient pleines de vieilles sculptures, et si délicates (j'entends la table et le buffet) qu'elles n'eussent pu souffrir les travaux du déménagement, car il les auroit fallu embourrer ou garnir de paille pour les transporter comme si c'eût été de la poterie. Sa tapisserie et ses sièges étoient de pièces rapportées, et de tel prix que pas un n'avoit son pareil. Sa cheminée étoit garnie d'un râtelier chargé d'armes qui étoient rouillées dès le temps des guerres de la Ligue, et à sa poutre étoient attachées plusieurs cages

[1] Un charlatan qui attirait la foule autour de ses tréteaux, sur le Pont-Neuf, et qui devait à la ville d'Orviéto, où il était né, le nom qui est resté à la drogue de son invention.

pleines d'oiseaux qui avoient appris à siffler sous lui. La seule chose où il s'efforçoit de faire dépense étoit en bibliothèque. Il avoit tous livres d'élite ; je veux dire qu'il choisissoit ceux qui étoient à meilleur marché. Un même auteur étoit composé de plusieurs tomes d'inégale grandeur, d'impression, de volume et de reliure différente ; encore étoit-il toujours imparfait. Entre les caractères, ceux qu'il estimoit le plus, c'étoient les gothiques ; et, entre les reliures, celles de bois. Il fuyoit la conversation des honnêtes gens, à cause qu'il pourroit arriver par malheur qu'on y seroit engagé à faire quelque dépense. Il se trouva même une fois mêlé dans une conférence de gens d'esprit où, comme on discutoit de plusieurs matières, il y avoit à faire un grand fruit ; mais il rompit avec eux, à cause qu'à la fin de l'année il falloit payer un quart d'écu pour quelques menues nécessités, et pour donner à un pauvre homme qui avoit soin de nettoyer la salle. Il trouva ce présent trop excessif, et n'ayant voulu donner pour sa part que cinq sous, il les tira avec grande peine de son gousset ; mais, pour les en faire sortir, il fallut qu'il retournât tout à fait sa pochette, tant il avoit dedans d'autres brimborions. Il s'y trouva même une grosse poignée de miettes de pain, ce qui donna sujet à quelques railleurs de dire qu'il avoit mis exprès ces miettes avec son argent, de peur qu'il ne se rouillât, de même qu'on met des couteaux dans du son, quand on est longtemps sans les faire servir. Cette rupture leur fit grand plaisir, parce qu'ils virent bien que son esprit étoit une pierre ponce, qu'il étoit tout à fait impossible de polir.

Il avoit pourtant quelques bonnes qualités : car la chasteté et la sobriété étoient en lui en un souverain degré, et généralement toutes les vertus épargnantes. Il avoit une pudeur ingénue, qui lui eût été bienséante s'il eût été jeune. Il seroit devenu plus rouge qu'un chérubin s'il eût levé les yeux sur une femme. Il étoit même si honteux en tout temps qu'en parlant à l'un il regardoit l'autre ; il tournoit ses glands ou ses boutons, mordoit ses gants et se grattoit où il ne lui démangeoit pas ; en un mot, il n'avoit point de contenance assurée. Ses habits étoient aussi ridicules que sa mine ; c'étoient des mémorians ou répertoires des anciennes modes qui avoient régné en France. Son chapeau étoit plat, quoique sa tête fût pointue ; ses souliers étoient de niveau avec le plancher, et il ne se trouva jamais bien mis que quand on porta de petits rabats, de petites basques et des chausses étroites ; car, comme il y trouva quelque épargne d'étoffe, il retint opiniâtrement ces modes. Il avoit la tête grasse, quoique son visage fût maigre, et ses sourcils et sa barbe étoient assez bien nourris, vu la petite chère qu'il faisoit.

C'eût été dommage qu'une si belle plante, et unique en son espèce, n'eût point eu de rejeton ; il parla donc de se marier, ou plutôt quelqu'autre en parla pour lui : car c'étoit un homme à marier par ambassadeur, comme les princes ; mais ce que ceux-là font par grandeur, celui-ci le faisoit par timidité. Cela l'excita à faire l'honorable et à visiter un peu les bourgeois de son quartier, jusqu'à telle familiarité qu'ils soupoient ensemble les fêtes et les dimanches, à condition que chacun feroit apporter son souper de son logis. Il arriva un jour fort plaisamment qu'il s'y trouva huit éclanches, venant de huit ménages qui composoient l'assemblée. Mais sa plus grande dépense fut au temps du carnaval, où il donnoit à manger à son tour aussi bien que les autres, et là furent mangés quelques coqs d'Inde et quelques cochons de lait qui n'avoient point passé par les mains du rôtisseur, car le maître du festin avoit coutume de dire qu'ils étoient plus propres quand on les accommodoit à la maison.

Je ne saurois me tenir que je ne raconte une aventure qui arriva à l'une de ces réjouissances du quartier. Une greffière avoit coutume d'emporter la clef de l'armoire au pain, après en avoir taillé quelques morceaux qu'elle laissoit à la servante et aux clercs pour leur souper. Un jour qu'elle alloit manger chez un de ses voisins, elle avoit oublié de leur laisser leurs bribes, de sorte qu'un des clercs fut député, qui lui alla demander la clef de l'armoire au pain, au milieu de la compagnie. Elle en rougit et n'osa pas la lui refuser; mais quand elle fut au logis, elle lui fit de grandes réprimandes sur son indiscrétion, et lui défendit bien expressément de lui venir jamais demander la clef du pain quand elle seroit en quelque assemblée. Il retint bien cette leçon, et une autre fois, qu'il arriva à la greffière un pareil défaut de mémoire, le même clerc lui vint dire devant tout le monde : Madame, puisque vous ne voulez pas qu'on vous demande la clef du pain, je vous prie au moins de nous ouvrir ici l'armoire; et en même temps il fit entrer un crocheteur qui avoit l'armoire chargée sur son dos, ce qui fit éclater de rire toute la compagnie. Peu après, il arriva un petit incident de cuisine qui fit continuer la risée; car un barbier étuviste qui étoit de la fête, se piquant de faire des sauces, se mit en devoir de faire un salmigondis; mais, ayant mis chauffer le plat sur les cendres auprès du feu qui étoit trop ardent, un des bords du plat se fendit, et il s'y fit une échancrure pareille à celle des bassins à faire la barbe. Comme il le servit chaudement sur la table, un galant homme qui se trouva par hasard dans la troupe dit assez plaisamment : Je savois bien que ce barbier maladroit nous donneroit ici un plat de son métier. Ces rencontres, qui arrivèrent par bonheur pour Bedout, lorsqu'il rendit le bouquet[1], furent bientôt connues par la ville; de sorte qu'on ne parloit en tous lieux que de son souper, qui, par ce moyen, fut mis en réputation.

Or, comme il ne vouloit pas perdre cette dépense, cela fit qu'il résolut, pendant ce temps de bonne chère, de se marier tout de bon. Il se mit donc sur sa bonne mine; il fit lustrer son chapeau et le remettre en forme; il mit un peu de poudre sur ses cheveux. Il augmenta sa manchette de deux doigts; il mit même des canons, mais si petits, qu'il sembloit plutôt avoir des bandeaux sur les jambes que des canons. Il fit abattre la haute futaie de sa barbe et le taillis de ses sourcils. Enfin, à force de soins, il devint un peu moins effroyable qu'auparavant. Une de ses cousines parla aux parents de Javotte, qui étoit du voisinage, de la marier avec cet Adonis, qui avoit tous ses charmes enfermés sous la clef de son coffre. Elle fit bientôt agréer cette proposition

---

[1]. *Rendre le bouquet* signifie ici rendre un repas.

au père et à la mère, parce qu'elle assura qu'il avoit beaucoup de bien, et surtout que ce seroit un bon homme de mari, qui ne mangeroit pas son fait ni la dot de sa femme. Mais comme Vollichon étoit plus formaliste, il dit qu'il vouloit voir plus précisément en quoi consistoient ses effets, et il lui en fit demander le mémoire pour s'en informer. Bedout refusa absolument et dit pour toutes raisons qu'il avoit été taxé aux aisés[1] et contraint de se cacher pour cela six mois dans le Temple[2]; que les partisans, qui avoient des espions partout, pourroient voir le mémoire de son bien, s'il l'avoit donné une fois à quelqu'un, et qu'ils recommenceroient leurs poursuites. Il se contenta de dire qu'il montreroit toujours autant de bien qu'on en donneroit à la fille qu'on lui proposoit. Or, comme sa richesse étoit assez évidente et qu'elle consistoit en maisons dans la ville et dans les faubourgs, Laurence, tel étoit le nom de sa cousine, fit qu'on n'insista pas davantage sur cette formalité. Mais elle se trouva bien embarrassée pour faire l'entrevue de lui et de la maîtresse qu'elle lui destinoit, afin de voir s'ils seroient agréables l'un à l'autre.

1. Les *aisés* étaient alors frappés d'une taxe capricieusement graduée.
2. Le Temple était un lieu d'asile.

Bedout esquiva la partie qu'elle vouloit faire pour cela, et il lui dit que rien ne pressoit, qu'il ne prenoit pas une femme pour sa beauté, qu'il seroit assez temps de la voir quand l'affaire seroit conclue ; qu'enfin telle qu'on la lui voudroit donner elle lui plairoit assez. Mais si vous ne lui plaisez pas (lui dit Laurence)? Bedout répondit : qu'une honnête femme ne devoit point avoir d'yeux pour les défauts de son mari. Nonobstant ces brutalités, l'affaire s'avançoit toujours, et vint au point que Laurence voulut, à quelque prix que ce fût, les faire rencontrer ensemble. Elle invita donc son cousin de venir chez elle un jour qu'elle savoit que M$^{me}$ Vollichon lui devoit venir rendre visite avec sa fille. Il y vint sans se douter de l'embuscade qui lui étoit préparée; et après quelque temps, quand il vit entrer ces deux dames qu'il ne connoissoit point encore, il rougit, perdit contenance et à toute force voulut s'en aller. Mais Laurence le retint par le bras et lui dit : Demeurez, mon cousin : la fortune vous favorise beaucoup aujourd'hui ; voilà celle que vous devez peut-être avoir pour femme et celle que vous aurez ainsi pour belle-mère. Cela l'embarrassa encore davantage; il fut pourtant obligé de demeurer. Aussitôt il fit deux révérences, l'une du pied droit et l'autre du pied gauche, à chacune la sienne, et laissa parler pour lui sa cousine, qui fit les honneurs de la maison.

Or, comme il se trouva plus près de Javotte, quand ils eurent pris des sièges, ayant mis son chapeau sous son coude, et frottant ses mains l'une dans l'autre, après un assez long silence, peut-être afin de méditer ce qu'il devoit dire, il ouvrit ainsi la conversation : Hé bien (mademoiselle), c'est donc vous dont on m'a parlé ? Javotte répondit avec son innocence accoutumée : Je ne sais pas (monsieur) si on vous a parlé de moi ; mais je sais bien qu'on ne m'a point parlé de vous. Comment (reprit-il), est-ce qu'on prétend vous marier sans vous en rien dire ? Je ne sais (dit-elle). Mais que diriez-vous (repartit-il) si on vous proposoit un mariage ? Je ne dirois rien (répondit Javotte). Cela me seroit bien avantageux (reprit Bedout assez haut, croyant dire un bon mot), car nos lois portent en termes formels que qui ne dit mot semble consentir. Je ne sais quelles sont vos lois (lui dit-elle) ; mais, pour moi, je ne connois que les lois de mon papa et de maman. Mais (reprit-il) s'ils vous commandoient d'aimer un garçon comme moi, le feriez-vous ? Non (dit Javotte) : car ne sait-on pas bien que les filles ne doivent jamais aimer les garçons ? J'entends (répliqua Bedout) s'il étoit devenu mari. Ho ! ho (dit-elle) ! il ne l'est pas encore ; il passera bien de l'eau sous les ponts entre ci et là. La bonne mère, qui vouloit ce parti qu'elle regardoit comme très avantageux, se mit de la partie et lui dit : Il ne faut pas (monsieur) prendre garde à ce qu'elle dit ; c'est une fille fort jeune, et si innocente qu'elle en est toute sotte. Ha ! madame (reprit Bedout), ne dites pas cela : c'est votre fille ; et il ne se peut qu'elle ne vous ressemble. Quant à moi, je trouve qu'il n'y a rien de tel que de prendre pour femme une fille fort jeune, car on la forme comme l'on veut avant qu'elle ait pris son pli. La mère reprend aussitôt : Ma fille a toujours été bien élevée, et je la livrerai à un mari bonne ménagère ; depuis le matin jusqu'au soir elle ne lève pas les yeux de dessus sa besogne. Quoi (interrompit Javotte), faudra-t-il encore travailler quand je serai mariée ? Je croyois que quand on étoit maîtresse on n'avoit autre chose à faire qu'à jouer, se promener et faire des visites ? Si je savois cela, j'aimerois autant demeurer comme je suis. A quoi sert donc le mariage ? Laurence, qui étoit adroite et malicieuse, se mit là-dessus à lui dire : Non, non, mademoiselle, n'ayez point de peur ; mon cousin est plus galant homme qu'il ne semble ; il a du bien assez pour vivre honorablement, sans que vous songiez tant à le ménager.

Vous vivrez à votre aise et fort en repos ; vous dormirez toute la matinée, vous irez jouer et vous promener tout le reste du jour ; pourvu que vous soyez avec lui à dîner et à souper, cela suffira. Vous parlez sans procuration spéciale (lui dit Bedout presque en colère) ; un mari ne prend une femme que pour avoir de la compagnie et pour régler sa maison. Cependant, au lieu de ménager son bien, elle iroit le dissiper ! le bien de Crésus n'y fourniroit pas. Pour moi, je voudrois qu'une femme vécût à ma mode, et qu'elle ne prît plaisir qu'à voir son mari. Vous donneriez (dit Laurence) des bornes bien étroites à ses plaisirs. Pour moi (reprit Bedout), je vous vais prouver par cent autorités que cela doit aller ainsi ; et il alloit enfiler cent sottises et pédanteries quand, par bonheur, une collation entra dans la salle, qui rompit ce ridicule entretien.

La seule galanterie qu'il fit ce jour-là fut qu'il voulut peler une poire pour sa maîtresse ; mais comme c'étoit presque fait, elle lui échappa des doigts et se sucra d'elle-même sur le plancher de la chambre. Il la ramassa avec une fourchette, souffla dessus, la ratissa un peu, puis la lui offrit, et lui dit encore, comme font plusieurs personnes maintenant, qu'il lui demandoit un million d'excuses. A quoi Javotte répondit ingénument : Monsieur, je ne vous

en saurois donner, car je n'en ai pas une seule.
Après quelques discours et aventures semblables, la
visite se termina. Bedout se hasarda jusqu'à reconduire sa maîtresse chez elle ; mais il prit toujours le
haut du pavé, ce qu'il ne faisoit pas pourtant par
incivilité ni par ambition, mais par ignorance, qui
étoit bien pardonnable à un homme qui faisoit son
apprentissage d'écuyer, et à qui semblable faute
n'étoit jamais arrivée. A peine l'eut-il quittée, que
Javotte dit à sa mère : Mon Dieu, maman, que voilà
un homme qui me déplaît ; qui lui répondit seulement : Taisez-vous, petite babouine ; vous ne savez
pas ce qui vous est propre.

Bedout, en s'en retournant, rentra chez sa cousine
pour prendre congé d'elle, qui lui demanda aussitôt
ce qu'il disoit d'une si jolie personne. Il répondit
qu'il n'y trouvoit rien à redire, sinon que la mariée
étoit trop belle. Et comme les timides sont toujours
défiants et jaloux, il lui avoua que, si elle devenoit
sa femme, il auroit bien de la peine à la garder.
Néanmoins, la beauté ayant des forces si puissantes
qu'elle fait de vives impressions sur les cœurs les
plus bourrus et les plus farouches, il s'en trouva dès
lors amoureux et pria sa cousine de continuer ses
soins pour avancer au plus tôt ce mariage. Cependant il crut faire mieux sa cour dans son cabinet, en

écrivant à sa maîtresse quelque chose qu'il auroit eu le loisir de méditer, qu'en lui parlant de vive voix, à cause que sa timidité lui ôtoit quelquefois la facilité de s'exprimer sur-le-champ. Il se mit donc à travailler sérieusement, et après avoir bien griffonné des sottises pour faire une lettre galante, il la mit au net dans du papier doré et la cacheta bien proprement avec de la soie : c'étoit un soin qu'il n'avoit jamais pris pour personne. Il la donna à porter à un laquais nouvellement venu de Picardie, et partant bien digne d'un tel maître. Le laquais avoit charge de donner la lettre à M$^{lle}$ Javotte en main propre, ce qu'il fit ; mais aussi ce fut tout. Car il ne lui dit aucune chose, ni à qui elle s'adressoit, ni d'où elle venoit. Elle lui demanda seulement si le port étoit payé, et elle la porta soudain à son père, à qui elle crut qu'elle s'adressoit. Car elle avoit accoutumé d'en recevoir souvent pour lui et n'en avoit jamais reçu pour elle ; de sorte qu'elle ne songea pas seulement à lire l'adresse, quoique je ne sache pas précisément s'il y en avoit. Vollichon l'ouvrit et la lut, et en même temps sourit de la naïveté de sa fille, et admira le bel esprit de celui qu'il destinoit pour son gendre, qui écrivoit en un style si magnifique et si peu commun. Le laquais s'en retourna donc sans réponse. Bedout lui demanda où il s'étoit amusé si longtemps, et le cria fort de ce qu'il avoit tant tardé à revenir. Je me suis arrêté à voir de petites demoiselles pas plus hautes que cela (dit le laquais en montrant la hauteur de son coude), que tout le monde regardoit au bout du Pont-Neuf, qui se battoient. Or ce beau spectacle étoit qu'il avoit vu la montre des marionnettes, qu'il croyoit ingénument être de chair et d'os, et animées. Bedout, ne pouvant donc pas apprendre d'un laquais si spirituel comme sa maîtresse avoit reçu son ambassade, résolut de l'aller voir sur le soir en personne. S'il y eût été seul, il auroit peut-être eu la même peine à y être reçu que Nicodème ; mais c'est ce qu'il n'avoit garde de faire. Il falloit même que son amour fût déjà bien violent pour lui faire entreprendre d'y aller avec une bonne et sûre introduction. Il pria donc sa cousine Laurence d'aller rendre à M$^{me}$ Vollichon sa visite et de trouver bon qu'il lui servît d'écuyer. Laurence fut ravie de lui rendre ce service et même rendit grâce à Dieu de ce qu'elle voyoit son cousin si changé, n'ayant pas cru qu'il pût jamais avoir la hardiesse d'aller voir sa maîtresse. Elle fut fort bien reçue de la mère et de la fille, et à sa faveur Bedout le fut aussi. Et comme il n'étoit pas si bien mis que Nicodème, et qu'il n'avoit pas la mine d'un cajoleur dangereux, M$^{me}$ Vollichon ne craignit point de le laisser seul avec sa fille, tandis qu'elle entretenoit Laurence, qui l'avoit adroitement tirée un peu à l'écart pour favoriser ce nouvel amant. Bedout, impatient de savoir le succès du grand effort de son esprit, dès les premiers compliments qu'il fit à Javotte, lui demanda de qu'elle disoit de la lettre qu'elle avoit reçue, et pourquoi elle n'y avoit pas fait réponse. Elle lui répondit froidement qu'elle n'avoit point vu de lettre, sinon une pour son papa, qu'elle lui avoit portée, et qu'il y feroit réponse par la poste. Je ne vous parle pas de celle-là (répliqua-t-il); je vous parle d'une que vous a donnée aujourd'hui mon laquais, et qui étoit pour vous-même. Pour moi (reprit Javotte en s'étonnant)? hé! les filles reçoivent-elles des lettres? N'est-ce pas pour des affaires qu'on les écrit? Et puis, qui est-ce qui me l'auroit envoyée? Bedout lui dit que c'étoit lui qui avoit pris cette hardiesse. Vous (dit-elle)!! Et vous n'êtes pas aux champs? Vous me prenez bien pour une ignorante, comme si je ne savois pas que toutes les lettres viennent de bien loin par des messagers! Nous en recevons tous les jours céans, et mon papa ne fait que se plaindre de l'argent qu'il coûte à en payer le port. Aussi bien, à quoi bon m'écrire? Ne me direz-vous pas bien vous-même ce que vous voudrez, sans me le mander, puisque vous venez ici ? Aviez-vous quelque chose de si pressé à me dire ? Bédout, qui croyoit avoir fait une merveilleuse lettre, et qui en attendoit de grandes louanges, la prit au mot, en disant : Puisque vous voulez donc bien savoir ce qui est dans ma lettre, je vous en veux faire la lecture ; car j'en ai gardé une copie, qu'il tira en même temps de sa poche, et qu'il lut en ces termes :

### ÉPITRE AMOUREUSE

### A M<sup>lle</sup> JAVOTTE.

Mademoiselle, comme j'agis sous l'aveu et l'autorité de messieurs vos parents, qui m'ont permis d'espérer d'entrer en leur alliance, je ne crois pas qu'il soit hors des limites de la bienséance de vous tracer ces lignes, et vous faire là-dessus ma déclaration; qui est que je vous offre un cœur tout neuf, tout pur et tout net, et qui est comme un parchemin vierge où votre image se pourra peindre à son aise, n'ayant jamais été brouillé par aucun autre crayon ou portrait qu'il ait reçu. Mais que dis-je ? c'est plutôt une planche d'airain, sur laquelle, par le burin et les pointes de vos regards, votre belle figure a été desseignée; et puis, y ayant versé l'eau-forte de vos rigueurs, elle y a été gravée si profondément, que vous pouvez désormais en tirer tant d'épreuves qu'il vous plaira. Je voudrois, en revanche, que je me pusse voir sur le vôtre gravé en taille-douce; et pour ne pas pousser plus loin mon allégorie, je voudrois que nos deux cœurs, passant sous la presse du mariage, reçussent de si belles impressions, qu'ils pussent être, après, reliés ensemble avec des nœfs indissolubles, pour venir tous deux habiter dans une étude où nous apprendrions à jouir des bonheurs d'une vie privée et tranquille, bonheurs que vous souhaite dès aujourd'hui et pour toujours votre très humble et très affectionné futur époux,

JEAN BEDOUT.

Après que Javotte eut bien écouté cette lettre, et qu'elle n'y eut rien entendu, elle crut que c'étoit faute d'y avoir été assez attentive. Elle pria donc Bedout de la relire, ce qu'il fit très volontiers, croyant que c'étoit une marque de la bonté de la pièce. Mais, sur ce mot d'allégorie, elle l'interrompit avec un grand cri, disant: Ha, mon Dieu, quel grand vilain mot! N'y a-t-il rien de caché de mauvais là-dessous ? Et comme il se mit en devoir de le lui expliquer, elle lui dit en l'interrompant de rechef : Non, non, je ne le veux pas savoir ; il suffit que maman m'ait toujours défendu d'entendre dire de gros mots. Et sans vouloir entendre lire davantage, elle alla joindre sa mère. De sorte que Bedout fut réduit, faute de meilleur entretien, d'aider à Javotte à dévider quelques pelotons de laine.

Cependant M.<sup>me</sup> Vollichon, avec son entretien bourgeois, faisoit beaucoup souffrir la pauvre Laurence, qui étoit une femme d'esprit et accoutumée à voir le beau monde. Elle lui avoit déjà fait des plaintes de l'embarras et des soins que donnent les enfants, de la difficulté d'avoir de bonnes servantes ; et elle lui avoit demandé si elle n'en savoit point quelqu'une, parce qu'elle vouloit chasser la sienne, non sans lui raconter tous les défauts de celle-ci et sans regretter les bonnes qualités de celles qu'elle avoit eues auparavant. Elle lui avoit aussi fait plainte de la dépense de la maison et de la cherté des vivres, disant toujours pour refrain qu'un ménager avoit la gueule bien grande, et une autre fois, que c'étoit un gouffre et un abîme.

Quand Laurence, pour détourner cette basse conversation, lui parla de quelques femmes du quartier, et entre autres d'une trésorière de France logée vis-à-vis d'elle qui faisoit assez de bruit dans le voisinage : Ha, ne me parlez point de celle-là (reprit M^me Vollichon.) C'est une glorieuse que je ne saurois souffrir. J'ai deux sujets de me plaindre d'elle, que je ne lui pardonnerai jamais. Laurence s'étant enquise de la qualité de ces deux injures, elle apprit que c'étoit parce que la trésorière n'étoit pas venue voir M^me Vollichon à sa dernière couche, et ne lui avoit pas envoyé du cousin [1] quand elle avoit fait le pain bénit. Laurence rioit encore de ce plaisant ressentiment, quand Vollichon entra dans la chambre. Il avoit tout le jour fait la débauche, ayant été à la comédie, et de là au cabaret, où une de ses parties l'avoit traitée. L'épargne d'un repas et les fumées du vin l'avoient rendu plus gai que de coutume, ce qui l'avoit empêché de s'aller renfermer dans son étude pour y travailler jusqu'à minuit, comme il avoit accoutumé. A peine fut-il entré, qu'il dit tout en haletant, et avec un transport merveilleux, qu'il avoit été à la plus belle comédie qui se pût jamais voir ; et qu'il y avoit tant de monde, qu'on ne pouvoit entrer à la porte. Il dit même qu'il avoit trouvé là des imprimeurs et des gens qui travailloient à la presse. On n'entendoit pas d'abord ce quolibet ;

---

1. Chanteau de pâtisserie délicate, destiné spécialement aux parents dans la distribution du pain bénit.

mais il l'expliqua, en disant que c'étoient des coupeurs de bourse, qui avoient pris une montre à un homme, dans cette grande foule. Laurence lui demanda quelle pièce on avoit jouée. Il lui répondit : Attendez, je vais vous le dire, voici le fait : un particulier nommé Cinna s'avise de vouloir tuer un empereur ; il fait ligue offensive et défensive avec un autre, appelé Maxime. Mais il arrive qu'un certain quidam va découvrir le pot aux roses. Il y a là une demoiselle qui est cause de toute cette manigance, et qui dit les plus belles pointes du monde. On y voit l'empereur assis dans un fauteuil, devant qui ces deux messieurs font de beaux plaidoyers, où il y a de bons arguments. Et la pièce est toute pleine d'accidents qui vous ravissent. Pour conclusion, l'empereur leur donne des lettres de rémission, et ils se trouvent à la fin camarades comme cochons. Tout ce que j'y trouve à redire, c'est qu'il y devroit avoir cinq ou six couplets de vers, comme j'en ai vu dans le *Cid*, car c'est le plus beau des pièces. C'est dommage (dit Laurence) qu'on ne vous donne la commission de faire des prologues, car vous réussissez merveilleusement à expliquer le sujet d'une tragédie.

Nicodème les interrompit par son arrivée. La bonne humeur où étoit Vollichon fut cause qu'il le reçut mieux qu'à l'ordinaire, bien qu'en son âme il eût dessein de rompre avec lui, attendant seulement que quelqu'une de ses légèretés lui en fournît l'occasion. Aussi ne lui pouvoit-on pas refuser un libre accès auprès de sa maîtresse tant que l'engagement qu'il avoit avec elle, c'est-à-dire son contrat, subsisteroit.

Dès que cet amant eut fait ses révérences, il dit à M<sup>me</sup> Vollichon : Hé bien, ma bonne maman, ne m'avez-vous pas donné une générale amnistie de tout le passé ? Qu'est-ce que vous me venez conter (répondit-elle brusquement) avec votre amnistie ? Je veux dire, (reprit Nicodème) que je crois que vous avez noyé toutes mes fautes dans le fleuve d'oubli. Voilà bien débuté, (dit Vollichon); les oublies sont chez le pâtissier ; et il se mit à rire à gorge déployée, comme il faisoit à tous ses méchants quolibets. Si j'ai fait ici quelque bicêtre ¹ (continua Nicodème) ; j'en ai payé les dommages et intérêts, et je suis prêt de parfournir ce qui y manquera. Ce n'est pas de cela que je suis en colère (dit M<sup>me</sup> Vollichon), mais de ce que vous êtes un perdu, un vilain et un dé-

---

1. Malheur, accident.

Eh bien ! ne voilà pas notre enragé de maître !
Il va nous faire encor quelque nouveau *bicêtre*.
MOLIÈRE.

bauché. Aussitôt son mari ajouta, en adressant la parole à Nicodème : Je veux envoyer un commissaire chez vous, car on dit que vous vivez mal. Nicodème se voulut justifier et jurer qu'il n'avoit jamais fait aucun scandale, quand Laurence (voyant un souris goguenard de Vollichon) interpréta ainsi ce brocard : Je vois bien (dit-elle), à la mine de Monsieur, qu'il vous veut reprocher que vous ne faites pas bonne chère. Il ne tiendra qu'à lui (repartit Nicodème) de faire l'expérience du contraire, car je le traiterai quand il voudra de manière qu'il en sera content. Hé bien (dit Vollichon), je vous prends au mot : j'irai demain dîner chez vous et je porterai de quoi manger. Il ne sera pas nécessaire que vous apportiez de quoi manger (reprit Nicodème) ; la ville est bonne, je ne vous laisserai pas mourir de faim. Laurence fut encore l'interprète d'un pareil souris de Vollichon, en disant : Je vois bien que monsieur n'a pas dessein de rien porter chez vous pour augmenter la bonne chère ; mais qu'il veut dire qu'il y portera ses dents, qui sont des instruments pour manger. A la bonne heure (dit Nicodème), je vous attendrai demain, et votre compagnie (il dit cela en montrant Bedout, qu'il connoissoit pour l'avoir vu au Palais, et qu'il croyoit être venu avec Vollichon, sans savoir que ce fût son rival). Bedout repartit aussitôt qu'il l'en remercioit, et qu'il n'étoit pas un homme à être à charge à ses amis, pour aller ainsi dîner chez eux sans nécessité. Eh bien (dit Vollichon), je porterai les deux, je mangerai pour lui et pour moi. Gardez bien (dit Nicodème) de faire vanité d'être grand mangeur, de peur d'attirer le reproche qu'on fait souvent aux procureurs du Châtelet, de faire mille mangeries. Il n'y a rien qui ait moins de fondement que cela (répliqua Vollichon), car notre métier maintenant est celui d'un gagne-petit. Il est vrai (dit alors Bedout) que la journée d'un procureur du Châtelet n'est taxée que six deniers ; mais cette taxe est tant de fois réitérée, et il se passe si grand nombre d'actes en un jour, que cela monte à des sommes immenses. Je ne sais pourquoi on a souffert jusqu'ici un si grand abus ; et je ne m'étonne point qu'il y ait beaucoup de ces messieurs qui aient fait de grandes fortunes en fort peu de temps. Bedout alloit faire de grandes moralités sur la justice, car sur ces matières il étoit grand discoureur, au lieu que sur celle de la galanterie il étoit toujours muet, quand Nicodème lui rompit les chiens pour mettre Javotte de la conversation ; et la voyant qui dévidoit un peloton de laine, il lui dit assez poétiquement : Quand je vous vois occupée à ce travail, il me semble que je vois une de ces Parques qui dévident le fil de la vie des hommes ; et comme ma destinée est en vos mains, il me semble aussi que c'est la mienne que vous dévidez, (de sorte que je crains à toute heure que vos rigueurs n'en coupent le fil. Je n'entends point tout ce que vous dites (répondit Javotte) ; je n'ai point de destinée entre les mains ; je n'ai qu'un peloton de laine, pour faire ma tapisserie. Mais quoi (reprit Nicodème), n'avez-vous pas dessein de me faire mourir mille fois par les cruelles longueurs que vous apportez à me rendre heureux ? car, quand je vois votre tapisserie en vos mains, je crois voir encore la toile de Pénélope ? Je ne sais comment sont faites vos toiles de Pénélope (répliqua Javotte) ; je n'en ai point vu chez pas une lingère de Paris ; et pour le reste, ce n'est point de moi que cela dépend. S'il en dépendoit, je vous assure que ce ne seroit encore de longtemps. M<sup>me</sup> Vollichon, qui prêtoit l'oreille à cet entretien, dit là-dessus, prenant la parole : Vraiment, vraiment, vous avez tout le loisir de mâcher à vide. Je me garderai bien de passer outre jusqu'à ce que j'aie fait d'autres enquêtes. Vous voyez (ajouta son mari), elle n'est encore qu'à la première des enquêtes ; mais je ne me soucie pas qu'elle passe par toutes les chambres, pourvu qu'elle n'aille point à la Cour des aides. Ha !

monsieur (interrompit Laurence), vous avez une trop honnête femme pour avoir rien à craindre de ce côté-là. Je le crois (dit Vollichon), mais ces bonnes ménagères sont fort à craindre, qui font que leurs maris ont leur provision de bois sans aller la chercher sur le port.

Vous auriez été bon du temps du vieux Testament (dit Nicodème); vous ne parlez que par figures. Il faudra donc (interrompit Bédout) ne prendre ses paroles que dans le sens tropologique. Est-ce là du latin (dit alors Vollichon)? je ne l'entends point, mais du grès, je vous en casse. Il y a longtemps (dit alors Laurence) que j'admire votre manière de parler; il faut que vous ayez un dictionnaire de quolibets que vous ayez appris par cœur, pour les prodiguer comme vous faites. Vraiment (dit Vollichon) j'en sais bien d'autres dont je ne prends point d'argent; et en effet il en alloit enfiler un grand nombre, si ce n'eût été qu'un petit garçon vint à sa sœur Javotte demander tout haut en sa langue de petit enfant quelques pressantes nécessités. Cette conversation fut ainsi interrompue; et quand elle auroit été mille fois plus sérieuse, elle ne l'auroit pas été moins, car c'est la coutume de ces bons bourgeois d'avoir toujours leurs enfants devant leurs yeux, d'en faire le principal sujet de leur entretien, d'en admirer les sottises et d'en boire toutes les ordures. Le petit Toinon fut aussitôt loué de sa propreté; on lui promit à cause de cela du bonbon; et après qu'on l'eut mis bien à son aise, M^me Vollichon ne parla plus avec M^lle Laurence que des belles qualités de son fils, de ses miévretés et postiqueries[1]. Ce sont les termes consacrés chez les bourgeois et les mots de l'art pour expliquer les gentillesses de leurs enfants. Elle ne se contenta pas de parler de celui-là; elle en loua encore un autre qui étoit encore à la mamelle, disant de lui qu'il parloit tout seul, qu'il avoit la plus belle éloquence du monde, et qu'il savoit déjà huit ou dix mots.

Toinon rentra peu de temps après dans la salle en équipage de cavalier, c'est-à-dire avec un bâton entre les jambes, qu'il appeloit son dada. Vollichon prit aussitôt un manche de balai qu'il mit entre les siennes, et, courant après son fils, ils firent ensemble trois tours autour de la table, ce qui donna occasion à Nicodème d'appeler cette course un tournoi.

Laurence commençoit à rire de la folie de Vollichon, quand Bedout lui remontra qu'elle avoit tort de trouver à redire à cette action, et que, si elle

---

[1] «*Postiquerie*, course errante et vagabonde.» *Dict.* de Borel.

avoit lu Plutarque, elle auroit vu qu'autrefois Agésilaus fut surpris en la même posture, et qu'au lieu de s'en défendre il pria seulement ceux qui l'avoient vu de n'en rien dire jusqu'à ce qu'ils eussent des enfants. Laurence ne répondit autre chose, sinon qu'on ne pouvoit rien faire qui n'eût son exemple dans l'antiquité, et, par discrétion, elle ne voulut pas continuer sa risée au nez de Vollichon, de peur de le fâcher; elle se contenta de faire en elle-même réflexion sur la sottise des bourgeois, qui quittent l'entretien de la meilleure compagnie du monde pour jouer et badiner avec leurs enfants, et qui croient être bien excusés en alléguant l'affection paternelle, comme s'ils n'avoient pas assez de temps pour y satisfaire quand ils sont en particulier et dans leur domestique, et comme si le reste de la compagnie, qui n'est pas obligé d'avoir la même affection, devoit prendre le même divertissement à leurs jeux et à leurs gambades; sottise d'autant plus ridicule qu'elle s'étend bien souvent jusqu'aux gens les plus éloignés de la bourgeoisie, et qui ne s'en défendent que par l'exemple qu'avoit cité Bedout inutilement, puisque qu'Agésilaus ne se divertissoit ainsi qu'en secret; encore étoit-il honteux d'avoir été surpris en cette action.

Le reste de cette visite se passa en actions aussi

badines. Laurence en fut bientôt fatiguée; et, se levant, emmena avec elle son cousin. Nicodème fut obligé de sortir en même temps, parce que M^me Vollichon se vouloit retirer et mettre la clef de la maison sous son chevet. Ces deux amants firent encore plusieurs visites aussi ridicules; mais je ne veux pas m'amuser à répéter toutes les sottises qui s'y dirent de part et d'autre; ce que nous en avons rapporté suffit.

Cependant les affaires de Nicodème alloient de mal en pis, et celles de Bedout de mieux en mieux. Ce n'étoit pas que l'un eût plus de part aux bonnes grâces de leur maîtresse que l'autre; car Javotte avoit pour eux une égale indifférence, ou plutôt une égale aversion. Mais c'est que Vollichon trouvoit plus de bien et moins de légèreté et de fanfaronnade en Bedout qu'en Nicodème. Il résolut donc tout à fait dans sa tête le mariage avec Bedout, sans demander l'avis de sa fille; et il différa seulement la signature des articles, jusqu'à ce qu'il fût dégagé d'avec Nicodème, avec lequel il espéroit de rompre bientôt.

Comme on ne douta plus alors que Javotte ne fût bientôt mariée, à cause qu'on avoit en main ces deux partis, on commença à lui donner chez elle plus de liberté qu'elle n'avoit auparavant. On lui fit

venir un maître à danser pour la façonner, et on
choisit entre tous ceux de la ville celui qui montroit
à meilleur marché; encore sa mère voulut qu'il lui
montrât principalement les cinq pas et les trois visages; danses qui avoient été dansées à sa noce, et
qu'elle disoit être les plus belles de toutes. On lui
permit aussi de voir le beau monde, de faire des visites dans les beaux réduits, et de se mêler en des
compagnies d'illustres et de précieuses : le tout néanmoins sans s'éloigner beaucoup de son quartier, car
on ne la vouloit pas perdre de vue. Elle fut introduite dans la plus belle de ces compagnies par Laurence, qui en étoit. Son exquise beauté fut cause
qu'elle y fut la bien venue, malgré son innocence et
son ingénuité : car une belle personne est toujours
un grand ornement dans une compagnie de femmes.
Ce beau réduit étoit une de ces académies bourgeoises[1] dont il s'est établi quantité en toutes les
villes et en tous les quartiers du royaume, où on
discouroit de vers et de prose, et où on faisoit les
jugements de tous les ouvrages qui paroissoient au
jour. La plupart des personnages qui la composoient

---

1. Une grande quantité de ruelles s'étaient formées sur
le modèle de la réunion du Samedi, qui se tenait chez
M<sup>lle</sup> de Scudéry et qui tirait son nom du jour où elle avait
lieu.

vouloient être traités d'illustres, et avec raison, puisqu'il n'y en avoit pas un qui ne se fît remarquer par quelque caractère particulier. Elle se tenoit chez Angélique, qui étoit une personne de grand mérite que je ne sais quel hasard avoit engagée dans cette société. Elle n'avoit point voulu prendre d'autre nom de guerre ni de roman que le sien : car le nom d'Angélique est au poil et à la plume, passant partout, bon en prose et bon en vers, et célèbre dans l'histoire et dans la fable. Elle avoit appris quelques langues et lu toutes sortes de bons livres ; mais elle s'en cachoit comme d'un crime. Elle ne faisoit point vanité d'étaler ses sentiments, qui étoient toujours fort justes, mais presque toujours contredits, car, comme dans cette assemblée le nombre de gens raisonnables étoit le moindre, elle ne manquoit jamais de perdre sa cause à la pluralité des voix. Et à propos de cela, elle se comparoit à cette Cassandre qui n'étoit jamais crue quand elle disoit la vérité. Elle avoit une de ses parentes qui prenoit tout le contrepied. C'étoit la fille d'un receveur et payeur des rentes de l'Hôtel de Ville, que, pour parler plus correctement, il falloit seulement appeler receveur; car, pour la seconde partie de sa charge, il ne la faisoit point. Elle s'appeloit Phylippote en son nom ordinaire, et en son nom de roman elle se faisoit appeler Hippolyte [1], qui est l'anagramme du nom de Phylippote, ce qui n'est pas une petite fortune pour une prétendue héroïne, quand son nom de roman se peut faire avec les lettres d'un nom de baptême. Elle affectoit de paroître savante avec une pédanterie insupportable. Un de ses amants lui enseignoit le latin, un autre l'italien, un autre la chiromancie, un autre à faire des vers, de sorte qu'elle avoit presque autant de maîtres que de serviteurs. Il y avoit en cette compagnie des esprits de toutes les sortes, dont le plus honnête homme s'appeloit Philalète [2], passionné admirateur des vertus et des beautés d'Angélique, et qui faisoit tout son possible pour se bien mettre dans son esprit. D'autre côté, un certain auteur, nommé Charroselles [3], y venoit aussi ; il avoit été assez fameux en sa jeunesse, mais il s'étoit décrié à tel point, qu'il ne pouvoit plus trouver de libraires pour imprimer ses ouvrages. Il se consoloit néanmoins par la lecture qu'il essayoit

1. L'allusion est évidente : il s'agit du prénom de Catherine porté par la marquise de Rambouillet et dont Malherbe avait fait *Arthenice*.

2. Quel peut être cet «ami de la vérité»? Ne serait-ce pas le duc de Montausier, ce faux Alceste, qui s'est converti au catholicisme par intérêt, et qui néanmoins est resté un parangon de sincérité ?

3. Anagramme de Charles Sorel. Voy. la *Préface*, p. 6.

d'en faire à toutes les compagnies, et... Mais tout beau ! si je voulois décrire ici par le menu toutes ses qualités et celles de ces autres personnages, je ferois une trop longue digression, et ce seroit trop différer le mariage qui est sur le tapis. Pour couper court, il s'amassoit tous les jours bonne compagnie chez Angélique. Quelquefois on y traitoit des questions curieuses ; d'autrefois on y faisoit des conversations galantes, et on tâchoit d'imiter tout ce qui se pratique dans les belles ruelles par les précieuses du premier ordre.

Le jour que Javotte fut introduite dans cette compagnie il y avoit moins de monde, et elle ne fut pas si tumultueuse qu'à l'ordinaire. Il arriva même que la conversation y fut assez agréable et spirituelle. Or, quoique Javotte n'y contribuât que de sa présence, il ne sera pas hors de propos d'en insérer ici une partie, qu'elle écouta avec une attention merveilleuse. Pour vous consoler de cette digression, imaginez-vous, si vous voulez, qu'il arrive ici comme dans tous les romans : que Javotte est embarquée ; qu'il vient une tempête qui la jette sur des bords étrangers ; ou qu'un ravisseur l'enlève en des lieux d'où l'on ne peut avoir de longtemps de ses nouvelles ; encore aurez-vous cela de bon que vous ne la perdrez point de vue, et vous la pourrez toujours loüer de son silence, qui est une vertu bien rare en ce sexe.

Sitôt que les premiers complimens furent faits, dont les plus ingénues se tirent quelquefois assez bien, parce que cela ne consiste d'ordinaire qu'en une profonde révérence, et en un petit galimatias qu'on prononce si bas qu'on ne l'entend point, Hippolyte, qui n'aimoit que les entretiens savans, éloigna bientôt ces discours communs qui se font dans les visites ordinaires. Elle se plaignit de Laurence, qui avoit commencé à parler des nouvelles de la ville et du voisinage, lui disant que cela sentoit sa visite d'accouchée[1], ou les discours de commères, et que parmi le beau monde il ne falloit parler que de livres et de belles choses. Aussitôt elle se jeta sur la friperie de plusieurs pauvres auteurs, qui sont les premiers qui ont à souffrir de ces fausses précieuses, quand cette humeur critique les saisit. Dieu sait donc si elle les ajusta de toutes pièces. Mais dispensez-moi de vous réciter cet endroit de leur conversation, que je veux passer sous silence, car je n'oserois nommer pas un des auteurs vivans; ils

[1] Les joyeux devis qui se contaient dans les visites que l'on avait l'habitude de rendre aux voisines en couches ont donné naissance au charmant livre intitulé *Recueil général des caquets de l'accouchée*.

m'accuseroient de tout ce qui auroit été dit alors, quoique je n'en pusse mais. J'aurois beau condamner tous les jugements qui auroient été prononcés contre eux, ce seroit un crime capital d'en faire seulement mention. Ils me traiteroient bien plus rigoureusement qu'un historien ou un gazetier, qui ne sont jamais garants des récits qu'ils font. Outre que ces messieurs sont si délicats, qu'il faut bien prendre garde comme on parle d'eux, ils sont si faciles à piquer, que le moindre mot de raillerie, ou une louange médiocre, les met aux champs, et les rend ennemis irréconciliables. Après quoi, ce sont autant de bouches que vous fermez à la Renommée, qui auparavant parloient pour vous, et cela fait grand tort au libraire qui est intéressé au débit d'un livre. J'ai même ce respect pour eux, que je ne veux pas faire, comme certains écrivains, qui, lorsqu'ils en parlent, retournent leurs noms, les écorchent, ou les anagrammatisent. Invention assez inutile; puisque, si leur nom est bien caché, le discours est obscur et perd de sa force et de sa grâce, ou n'est tout au plus plaisant qu'à peu de personnes; et si on le découvre (comme il arrive presque toujours), ce déguisement ne sert de rien, vu que les lecteurs font si bien qu'ils en attrapent la clef, et il arrive souvent qu'il y a des larrons d'honneur qui en font faire de fausses clefs. C'est pourquoi je ne parlerai point du détail, mais seulement de ce qui fut dit en général, et dont personne ne se peut choquer, s'il n'est de bien mauvaise humeur, et s'il n'a la conscience bien chargée. On s'étendit d'abord sur les poëmes et sur les romans, et l'on y parla fort de l'institution du poète, de la manière de devenir auteur, et d'acquérir de la réputation dans le monde.

La plus grande passion que j'aurois (dit entre autres Hippolyte), ce seroit de pouvoir faire un livre; c'est la seule chose dont je porte envie aux hommes; je leur en vois faire en si grand nombre, que je m'imagine que l'avantage de leur sexe leur donne cette facilité. Il n'est point nécessaire (répondit Angélique) de souhaiter pour cela d'être d'un autre sexe; le nôtre a produit en tout temps d'assez beaux ouvrages, jusqu'à pouvoir être enviés par les hommes. Cela est vrai (dit Laurence), mais celles qui en font bien s'en cachent comme d'un crime; et celles qui en font mal sont la fable et la risée de tout le monde; de sorte que, de quelque côté que ce soit, il ne nous en revient pas grande gloire. Pour moi (dit Philalète, qui étoit cet honnête homme dont j'ai parlé), je ne suis pas de cet avis, et je tiens qu'à l'égard de celles qui cachent leur science, elles acquièrent une double gloire, puisqu'elles joignent celle de la modestie à celle de l'habileté ; et à l'égard des autres, elles ne laissent pas d'être louables de tâcher à se mettre au-dessus du commun de leur sexe, malgré le défaut de leur esprit. Et moi (ajouta Charrosellés), si je suis jamais roi, je ferai faire défenses à toutes les filles de se mêler de faire des livres ; ou, si je suis chancelier, je ne leur donnerai point de privilège ; car, sous prétexte de quelques bagatelles de poésies ou de romans qu'elles nous donnent, elles épuisent tellement l'argent des libraires, qu'il ne leur en reste plus pour imprimer des livres d'histoire ou de philosophie des auteurs graves. C'est une chose qui me tient fort au cœur, et qui nuit grandement à tous les écrivains féconds, dont je puis parler comme savant. Vraiment, monsieur (dit Pancrace, qui étoit un autre gentilhomme qui s'étoit trouvé par hasard dans cette même assemblée), on voit bien que votre intérêt vous fait parler ; mais considérez que, nonobstant qu'on imprime beaucoup de vers et de romans, on ne laisse pas d'imprimer encore un nombre infini de gros auteurs anciens et modernes. De sorte que, si les libraires en rebutent quelques-uns, ce n'est pas une bonne marque de leur mérite. S'il ne tenoit plus qu'à cela (reprit Hippolyte), je ne m'en mettrois guère en peine ; car j'ai un libraire qui me loue des romans, qui ne demanderoit pas

mieux que de travailler pour moi, particulièrement
à cause que je ne lui en demanderois point d'argent,
car je sais bien qu'ils n'ont jamais refusé de copies
gratuites. Et puis j'ai tant d'amis et une si grande
cabale, que je leur en ferois voir le débit assuré. Ce
dernier moyen (dit Charroselles) est le meilleur pour
faire imprimer et vendre des livres, et c'est à ce
défaut que j'impute la mauvaise fortune des miens.
Malheureusement pour moi, je me suis avisé d'abord
de satiriser le monde [1], et je me suis mis tous les
auteurs contre moi. Ainsi les prôneurs m'ont manqué dans le besoin. Ah! que si c'étoit à recom-
mencer... Vous diriez du bien (dit Laurence, qui le
connoissoit de longue main); ce seroit bien le pis
que vous pourriez faire; vous y seriez fort nouveau,
et ce seroit un grand hasard si vous y pouviez réussir. Eh bien, je ne regretterai plus le passé (dit
Charroselles), puisqu'il ne peut plus se rappeler;
mais du moins, pour me venger, je donnerai au
public mon traité de la grande cabale [2], où je traiterai des fourbes de beaucoup d'auteurs au grand
collier [3] et j'y ferai voir que ce sont de vrais escrocs

1. Dans la *Vraie histoire comique de Francion*.
2. L'ouvrage dont il s'agit porte le titre de *Talismans ou figures peintes sous certaines constellations*.
3. « Un chien *au grand collier*. Au propre, c'est un chien

de réputation, plus punissables que tous ceux qui pipent au jeu; et si je trouverai bien moyen de le faire imprimer malgré les libraires, quand je le devrois donner à quelqu'un de ces auteurs qui ont amené la mode d'adopter des livres.

Il est vrai (dit alors Angélique) que les amis et la cabale ont servi quelquefois à mettre des gens en réputation; mais ç'a été tant qu'ils ont eu la discrétion et la retenue de cacher leurs ouvrages, ou d'en faire juger sur la bonne foi de ceux qui les annonçoient. Mais sitôt qu'ils les ont donnés au public, il a rendu justice à leur mérite, et toute leur réputation, qui n'étoit pas établie sur de solides fondements, est tombée par terre. Je mourois de peur (ajouta Pancrace) que vous ne citassiez quelque exemple qui nous eût attiré quelque querelle sur les bras, non pas de la nature de celles dont je me démêlerois le mieux. Mais (dit Philalète) ne mettriez-vous point en même rang ceux qui font des vers au devant d'un livre, des préfaces ou des commentaires, car ce sont des gens qui louent tant qu'il leur plaît,

d'attache qui conduit les autres. » *Dictionnaire comique* de Leroux.

Scarron se moque
De ces auteurs au grand collier
Qui pensent aller à la gloire
Et ne vont que chez l'épicier.

sans que la modestie de l'auteur coure aucune fortune? Oui da (répondit Charroselles), et ce n'est pas un petit stratagème pour mendier de l'estime. Ce n'est pas qu'il n'y arrive souvent quelque fourbe, car un auteur emprunte quelquefois le nom d'un ami, ou suppose un nom de roman pour se louer librement lui-même. Je puis dire ici entre nous que je l'ai pratiqué avec assez de succès, et que sous un nom emprunté de commentateur de mon propre ouvrage, je me suis donné de l'encens tout mon soûl.

Quoi qu'il en soit (reprit Hippolyte), je n'ai jamais pu concevoir comment on faisoit ces gros volumes, avec une suite de tant d'intrigues et d'incidents : j'ai essayé mille fois de faire un roman, et n'en ai pu venir à bout; pour des madrigaux, des chansons, et d'autres petites pièces, on sait que je m'en escrime assez bien, et que j'en ferai tant qu'on en voudra. Voilà (dit Charroselles) un second moyen pour arriver promptement à la gloire, en ce malheureux siècle où on ne s'amuse qu'à la bagatelle. C'est tout ce qu'on estime et ce qu'on débite, pendant que les plus grands efforts d'esprit et les plus nobles travaux nous demeurent sur les bras.

Vous êtes donc (dit Angélique) de l'opinion de ceux qui disent que le premier pas pour aller à la gloire est le madrigal, et le premier pour en déchoir est le grand poème? Il y a grande apparence (ajouta

Pancrace). Mais comment est-ce que si peu de chose pourroit mettre les gens en réputation ? Vous ne dites pas le meilleur (ajouta Laurence) ; c'est qu'il faut qu'ils soient mis en musique pour être bien estimés. Assurément (interrompit Charroselles); c'est pour cela que vous voyez tous ces petits poëtes caresser Lambert, le Camus, Boisset[1] et les autres musiciens de réputation, et qui ne mettent jamais en air que les vers de leurs favoris; car autrement ils auroient fort à faire. On ne peut nier (dit Philalète) que cette invention ne soit bonne pour se mettre fort en vogue : car c'est un moyen pour faire chanter leurs vers par les plus belles bouches de la cour, et leur faire ensuite courir le monde. Outre que la beauté de l'air est une espèce de fard qui trompe et qui éblouit; et j'ai vu estimer beaucoup de choses quand on les chantoit, qui étoient sur le papier de purs galimatias, où il n'y avoit ni raison, ni finesse. Je les compare volontiers (reprit Charroselles) à des images mal enluminées, qui, étant couvertes d'un talc ou d'un verre, passent pour des tableaux dans un oratoire. Et moi (dit Pancrace) à un habit de droguet[2] enrichi de broderie par le caprice d'un seigneur.

1. Ils ont été tous trois maîtres de la musique de la Chambre du roi.
2. « Étoffe de laine de bas prix. » *Dict.* de Furetière.

Cela me fait souvenir (ajouta Laurence) d'un homme que j'ai vu à la cour d'une grande princesse, qui s'étoit mis en réputation par la bagatelle mélodieuse[1]. Il avoit fait quantité de paroles pour des chansons, de sorte qu'on disoit de lui que c'étoit un homme de belles paroles. Il se vantoit d'avoir des pensées fort délicates, et en effet elles l'étoient tellement que les plus éclairés souvent n'en pouvoient voir la finesse ; mais sitôt que son esprit voulut un peu prendre l'essor et faire une galanterie seulement de cinquante vers, elle fut généralement bernée. Voilà qui me surprend (dit Hippolyte), car un poëte de cour a toujours assez d'approbateurs et de gens qui font valoir son ouvrage. Il falloit que son livre fût bien mauvais, ou que cet auteur eût bien peu d'amis. C'est là où je vous attendois (interrompit Charroselles), puisque je tiens que la plus nécessaire qualité à un poëte pour se mettre en réputation, c'est de hanter la cour, ou d'y avoir été nourri ; car un poëte bourgeois ou vivant bourgeoisement y est peu considéré. Je voudrois qu'il eût accès dans toutes les ruelles, réduits et académies illustres ; qu'il eût un Mecenas

---

1. Il s'agit de Benserade et de la duchesse de Longueville, sa protectrice. — Les chansons de Benserade avaient une grande vogue. La plupart étaient mises en musique par Lambert.

de grande qualité qui le protégeât et qui fît valoir ses ouvrages jusque-là qu'on fût obligé d'en dire du bien malgré soi, et pour faire sa cour. Je voudrois qu'il écrivît aux plus grands seigneurs; qu'il fît des vers de commande pour les filles de la reine, et sur toutes les aventures du cabinet; qu'il en contrefît même l'amoureux, qu'il écrivît encore ses amours sous quelque nom emprunté, ou dans une histoire fabuleuse. Le meilleur seroit qu'il eût assez de crédit pour faire les vers d'un ballet du roi; car c'est une fortune que les poètes doivent autant briguer que les peintres font le tableau du mai[1] qu'on présente à Notre-Dame.

On ne peut nier (répondit Angélique) que toutes ces inventions, et surtout les amis et l'autorité d'un grand seigneur, ne servent beaucoup à ces messieurs; car les trois quarts du monde jugent des ouvrages d'autrui sans les connoître, et sont de l'opinion de celui qui a dit le premier son avis, comme nous voyons que les moutons se laissent conduire au premier qui marche. Ajoutez (dit Philalète) qu'il y en a plusieurs qui, à force de parler contre leur sentiment, changent d'opinion, et se persuadent à la fin qu'une chose, qu'ils auront condamnée d'abord avec

1. On appelait ainsi un grand tableau que les orfèvres, tous les ans, le premier jour de mai, offraient à la Vierge.

justice, sera bonne parce qu'ils auront été souvent obligés de parler en sa faveur pour d'autres considérations. Pour moi (dit Pancrace), j'ai vu un mauvais poète de l'autre cour fort estimé parce qu'on faisoit quelquefois sa fortune en louant ses ouvrages, comme lui-même avec de méchants vers avoit fait la sienne[1]. Je l'ai aussi connu (reprit Hippolyte), et je trouve qu'on avoit raison de l'estimer; car, entre tous les poètes, ceux qui sont en fortune ont tout à fait mon approbation, et dès qu'un homme est assez accommodé pour avoir un carrosse à lui, je ne veux pas qu'on songe seulement à censurer ses ouvrages. La naissance un peu riche sert bien autant à un poète pour arriver à la gloire que ce génie qu'il faut qu'il obtienne de la nature, et qui a fait dire qu'on peut bien devenir orateur, mais qu'il faut naître poète. Et pour moi, je conseillerois à quiconque voudra être de ce métier, de vendre tout le reste de son bien pour obtenir ce degré d'honneur. Aussi bien (dit Pancrace) un carrosse de poète ou de musicien ne coûte guère à acheter : témoin celui d'un illustre marquis, dont l'attelage ne coûta que quarante francs, et qui, à la vérité, eut la honte de demeurer em-

---

1. Ce trait est évidemment dirigé contre l'abbé Bois-Robert, poète médiocre, mais qui usait de son crédit auprès du cardinal de Richelieu, pour venir en aide aux *muses affligées*.

bourbé dans un crachat. Et quant à l'entretien, il coûte aussi peu, vu que ces messieurs sont accoutumés à vivre aux dépens d'autrui, allant à la ville et à la campagne, tantôt chez l'un et tantôt chez l'autre. Hélas! (interrompit Charroselles avec un grand soupir) que ce raisonnement est vain! il y a longtemps que j'entretiens exprès un carrosse qui sent assez l'auteur, comme vous savez, et cependant je n'en ai pas eu plus de créance chez ces damnés de libraires, qui ne veulent point imprimer mes ouvrages.

J'ai un bon avis à vous donner (dit Laurence) : vous n'avez qu'à en donner des pièces séparées aux faiseurs de Recueils; ils n'en laissent échapper aucunes. Les belles pièces font valoir les mauvaises, comme la fausse monnoie passe à la faveur de la bonne qu'on y mêle. Je me suis déjà avisé de cette invention (répondit Charroselles avec un autre grand hélas!), mais elle ne m'a servi qu'une fois. Car il est vrai qu'après qu'on m'eut rebuté un livre entier, je le hachai en plusieurs petites pièces, épisodes et fragments, et ainsi je fis presque imprimer un volume de moi seul, quoique sous le titre de Recueil de pièces de divers auteurs[1]. Mais malheureusement le libraire découvrit la chose et me fit des reproches

1. *Recueil des pièces les plus agréables de ce temps en suite des jeux de l'inconnu.* Paris, 1644.

de ce qu'il ne le pouvoit débiter. Cela m'étonne (dit alors Philalète), car les recueils se vendoient bien autrefois; il est vrai qu'ils sont maintenant un peu décriés, et ils ont en cela je ne sais quoi de commun avec le vin, qui ne vaut plus rien quand il est au-dessous de la barre, quoiqu'il fût excellent quand il étoit frais percé. A propos (reprit Hippolyte), ne trouvez-vous pas que ces recueils fournissent une occasion de se faire connoître bien facilement et à peu de frais? Je vois beaucoup d'auteurs qui n'ont été connus que par là. Pour moi, j'ai quasi envie d'en faire de même; je fournirai assez de madrigaux et de chansons pour faire imprimer mon nom, et le faire afficher s'il est besoin. Il semble (dit Angélique) qu'ils peuvent du moins servir à faire une tentative de réputation : car, si les pièces qu'on y hasarde sont estimées, on en recueille la gloire en sûreté; et si elles ne plaisent pas, on en est quitte pour les désavouer, ou pour dire qu'on vous les a dérobées, et qu'elles n'étoient pas faites à dessein de leur faire voir le jour.

 J'avoue bien (dit Pancrace) que ceux qui sont déjà en réputation, et dont les ouvrages ont été loués dans les ruelles et dans les cabales, l'ont bien conservée dans les recueils. Mais je ne vois pas que ceux-là en aient beaucoup acquis qui n'étoient point connus auparavant d'ailleurs. De sorte qu'il est arrivé que la plupart des honnêtes gens n'ont pas souffert qu'on y ait mis leur nom, et il n'y a eu que quelques ignorants qui se sont empressés pour cela. Je vis ces jours passés un différend (ajouta Philalète) qui serviroit bien à confirmer ce que vous dites : c'étoit à la boutique d'un des plus fameux faiseurs de recueils. Un fort honnête homme qui ne vouloit point passer pour auteur déclaré le vint menacer de lui donner des coups de bâton à cause qu'il avoit fait imprimer un petit nombre de vers de galanterie sous son nom, et l'avoit mis au commencement du livre, dans le catalogue des auteurs, qu'il avoit même fait afficher au coin des rues. Le pauvre libraire, avec un ton pleureur (aussi pleuroit-il effectivement), lui dit : Hélas ! monsieur, les pauvres libraires comme moi sont bien misérables et ont bien de la peine à contenter messieurs les auteurs : il en vient de sortir un autre qui m'a fait la même menace, à cause que je n'ai pas mis son nom à ce rondeau ; et, en disant cela, il lui montra un rondeau, qui étoit la plus méchante pièce du livre.

Voilà comme les goûts sont différents (dit Laurence). Il y auroit eu bien du plaisir si ces messieurs eussent tous deux exécuté leur dessein en même temps. Pour moi (reprit Charroselles), je ne saurois condamner ceux qui tâchent d'acquérir de la gloire par ce moyen : car en matière de poésie (que vous savez que j'ai toujours traitée de bagatelle)[1] je trouve qu'il n'y a point de plus méchant trafic que d'en être marchand grossier, c'est-à-dire de faire imprimer tout à la fois ses ouvrages et en donner un juste volume ; la méthode est bien meilleure de les débiter en détail, et de les faire courir pièce à pièce, de la même manière qu'on débite les moulinets et les poupées pour amuser les petits enfants. Votre maxime est assez confirmée par l'expérience (dit Angélique), car elle nous a fait voir des auteurs qui, pour de petites pièces, ont acquis autant et plus de gloire que ceux qui nous ont donné de grands ouvrages tout à la fois, et qui étoient en effet d'un plus grand mérite. Ne vous étonnez pas de cela (dit Philalète) : l'humeur impatiente de notre nation est cause qu'elle ne se plaît pas aux grands ouvrages ; et une marque de cela, c'est que, si on tient un livre de vers, on lira plutôt un sonnet qu'une élégie, et une épigramme qu'un sonnet ; et si un livre n'est plein que d'épigrammes, on lira plutôt celles de quatre vers que celles de dix ou de douze.

Je suis bien heureuse (dit Hippolyte) qu'on estime

---

1. Voy. notre édition de *Francion* (chez Delahays), p. 189.

en France davantage les petites pièces que les grandes, car, pour des madrigaux, j'en ferai tant qu'on voudra, comme j'ai déjà dit : on n'a presque qu'à trouver des rimes et quelque petite douceur, et on en est quitte; au lieu qu'il est bien difficile de trouver des pointes pour faire des épigrammes, et des vers pompeux pour faire des sonnets. Ce n'est pas tout (ajouta Charroselles) que de faire de petites pièces ; il faut, pour les faire bien courir, que ce soient pièces du temps, c'est-à-dire à la mode, de sorte que ce sont tantôt sonnets, rondeaux, portraits, énigmes, métamorphoses, tantôt triolets, ballades, chansons, et jusqu'à des bouts-rimés. Encore, pour les faire courir plus vite, il faut choisir le sujet, et que ce soit sur la mort d'un petit chien ou d'un perroquet[1], ou sur quelques grandes aventures arrivées dans le monde galant et poétique.

Quant à moi (reprit Hippolyte), j'aime surtout les bouts-rimés, parce que ce sont le plus souvent des impromptus, ce que j'estime la plus certaine marque de l'esprit d'un homme. Vous n'êtes pas seul de votre avis (dit Angélique); j'ai vu plusieurs femmes tellement infatuées de cette sorte de galanterie d'impromptu, qu'elles les préféroient aux

1. Sujet bien souvent traité depuis Catulle jusqu'à Moncriff.

ouvrages les plus accomplis et aux plus belles méditations. Je ne suis pas de l'avis de ces dames (reprit brusquement Charroselles, dont l'humeur a été toujours peu civile et peu complaisante), et je ne trouve point de plus grande marque de réprobation à l'égard du jugement que d'aimer ces sortes de choses : car ceux qui y réussissent le mieux, ce sont les personnes gaies et bouffonnes, et même les fous achevés font quelquefois d'heureuses rencontres, au lieu que la vraie estime se doit donner aux ouvrages travaillés avec mûre délibération, où l'art se mêle avec le génie. Ce n'est pas que les gens d'esprit ne puissent faire quelquefois sur-le-champ quelques gaillardises, mais il faut qu'ils en usent avec grande discrétion, car autrement ils se hasardent souvent à dire de grandes sottises, comme font tous ces faiseurs d'impromptus et gens de réputation subite. Ajoutez à cela (dit Philalète) qu'on ne débite point de marchandise où il y ait plus de tromperie, car, comme dans les académies de jeu on pipe souvent avec de faux dés et de fausses cartes, de même dans les réduits académiques on pipe souvent l'impromptu, et il y en a tel qu'on prend pour un nouveau-né, qui pourroit passer pour vieux et barbon. Cela est vrai (ajouta Pancrace), car j'ai connu un certain folâtre qui a fait assez de bruit dans le monde, qui avoit toujours des impromptus de poche, et qui en avoit de préparés sur tant de sujets, qu'il en avoit fait de gros lieux communs. Il menoit avec lui d'ordinaire un homme de son intelligence, avec l'aide duquel il faisoit tourner la conversation sur divers sujets, et il faisoit tomber les gens en certains défilés où il avoit mis quelque impromptu en embuscade, où ce galant tiroit son coup et défaisoit le plus hardi champion d'esprit, non sans grande surprise de l'assemblée. Avec la même invention il se faisoit donner publiquement par son camarade des bouts-rimés, sur lesquels, à quelques moments de là, il rapportoit un sonnet qu'il donnoit pour être fait sur-le-champ, et qu'il avoit fait chez lui en toute liberté et à loisir. Il est vrai qu'il lui arriva un jour un petit esclandre : c'est qu'une dame, qui avoit découvert la chose par l'infidélité de son associé, et qui connoissoit d'ailleurs l'humeur du personnage et la portée de son esprit, lui dit, lorsqu'il lui mit en main un sonnet dont il vouloit faire admirer la promptitude : Vous me le pouviez donner encore en moins de temps, ou vous êtes bien long à écrire.

Je suis bien aise d'apprendre (dit Laurence) les faussetés qui s'y commettent, car, quand on m'en donnera, je voudrai avoir de bons certificats de gens de bien et d'honneur pour attester qu'ils ont été faits en leur présence, et qu'il n'y sera arrivé ni fraude ni mal engin. Quant à moi (reprit Angélique), je n'ai jamais voulu donner mon approbation à ces sortes de pièces, car ce seroit donner de la réputation à bon marché ; je la réserve pour les ouvrages polis et sérieux, et particulièrement pour le sonnet, qui est (comme dit un de mes bons amis[1]) le chef-d'œuvre de la poésie et le plus noble de tous les poèmes.

Vous ne seriez pas souvent en état de la prodiguer (ajouta Charroselles), car il faut un grand effort d'esprit, ou plutôt un grand effort de patience, pour y réussir. Encore y a-t-il peu de gens qui fassent profession d'en faire ; et de plus, pour un bon qu'ils feront, il y en aura cent de mauvais. J'en ai vu tant de méchants (ajouta Pancrace) que je suis persuadé que la plupart ne valent rien, et à moins qu'une personne d'esprit ne m'assure auparavant de leur bonté, je ne me saurois résoudre à les lire. Ce n'est pas d'aujourd'hui (ajouta Philalète) que je sais la difficulté qu'il y a d'en faire de bons, et j'ai vu des poètes fameux, qui avoient acquis de la gloire par de grands poèmes, dont la réputation est échouée auprès d'un sonnet.

---

1. Boileau, dont l'opinion à ce sujet s'est formulée dans le vers si connu :

    Un sonnet sans défaut vaut seul un long poème.

A propos de sonnet (dit Javotte, qui jusque-là avoit été muette), j'en ai sur moi un fort beau, qu'une partie de mon papa a laissé dans son étude en venant solliciter son procès. Pancrace la pria de le lire par complaisance, et pour la faire parler. Je vous prie (répondit-elle) de m'en dispenser : car il est si long, si long, si long, que ce seroit trop vous interrompre. Comment (lui dit Hippolyte)! faut-il tant de temps pour lire quatorze vers? Comment! (répondit Javotte) il y en a plus de quatre cents; et en même temps elle tira de sa poche un petit livret relié de papier marbré, contenant un poème entier : c'étoit la métamorphose des yeux de Philis en astres[1]. La compagnie ne se put tenir de rire de cette naïveté, surtout Hippolyte en éclata; sur quoi Javotte dit en rougissant : Eh quoi! ne sont-ce pas là des vers? du moins mon papa m'a dit que c'en étoit. Oui, sans doute (répondit Pancrace). Eh bien (répondit Javotte), un sonnet, n'est-ce pas aussi des vers? Qu'y a-t-il donc tant à rire? La risée fut plus forte qu'auparavant; de sorte qu'Angélique, par civilité, rompit la conversation et se leva pour aller faire des excuses à Javotte, et, pour la tirer de cette confusion, elle l'effaça par des caresses redoublées qu'elle lui fit.

1. Titre du *chef-d'œuvre* de Germain Habert, abbé de Cérisy.

Pancrace se mit aussi de la partie pour la consoler, à quoi il s'employa de tout son cœur. Il commençoit déjà à nouer une conversation particulière avec Javotte, pour laquelle, pendant toute cette visite, il avoit senti une extraordinaire émotion, quand ils furent interrompus par un grand cri que fit Hippolyte, qui dit : Vraiment, voici un poulet de belle taille ! J'ai envie de voir tout à l'heure ce qu'il chante. Elle dit cela à l'occasion d'un certain cahier qu'elle venoit de ramasser, tombé de la poche d'Angélique lorsqu'elle s'étoit brusquement levée. Angélique le lui redemanda civilement, lui reprochant qu'elle vouloit savoir ses secrets. On ne les met point en si gros volume (reprit Hippolyte); assurément c'est quelque ouvrage de galanterie, dont il ne faut pas que vous ayez le plaisir toute seule; à tout le moins j'en veux voir le titre. Et sitôt qu'elle l'eut lu, elle s'écria encore plus haut : Vraiment, vous seriez la plus désobligeante personne du monde, de vouloir priver une si belle compagnie du divertissement qu'elle aura d'entendre une pièce dont le titre promet beaucoup. Au pis-aller, je l'emporterai et je la lirai malgré vous. J'y retiens part (répondit alors Charroselles), et je serai bien d'avis qu'on la lise ici tout haut; en récompense je vous lirai une autre composition de ma façon, qui sera deux fois plus longue et qui ne sera peut-être jamais imprimée.

Philalète, qui connoissoit l'humeur de Charroselles, qui alloit lire dans les compagnies ses ouvrages pour se consoler de ce que les libraires ne les vouloient point imprimer, frémit de peur à cette menace pour toute la compagnie; et, de crainte d'en attirer sur elle l'effet, il se joignit à Angélique pour combattre l'opiniâtre Hippolyte, lui disant que cette lecture seroit trop ennuyeuse et qu'on s'entretiendroit plus agréablement de vive voix. Il dit même qu'il avoit vu la pièce, et qu'elle ne méritoit pas l'attention d'une si belle troupe. Le mépris qu'il en fit fut cause qu'on le soupçonna aussitôt de l'avoir faite et de l'avoir donnée à Angélique, car on connoissoit l'intelligence qu'ils avoient ensemble, et il étoit d'ailleurs trop discret pour mépriser ainsi publiquement les ouvrages d'autrui. Cela fit redoubler la curiosité d'Hippolyte, qui l'emporta sur la résistance d'Angélique; et, les allant tirer par le bras les uns après les autres, elle fit rasseoir chacun en sa place. Puis, adressant la parole à Philalète, elle lui dit : Pour votre punition de nous avoir voulu priver de cette lecture, il faut que ce soit vous qui la fassiez. Aussi bien, comme je vous en crois l'auteur, cela vous ôtera le chagrin que vous auriez à me l'entendre lire mal. Philalète, recevant le cahier fort civilement, lui dit : Je renonce à la gloire que vous me donnez de la composition ; mais j'accepte volontiers celle de vous obéir, et, en disant cela, il commença de lire en ces termes :

## HISTORIETTE

### DE L'AMOUR ÉGARÉ

S'IL y eut jamais un enfant incorrigible, ce fut le petit Cupidon. C'étoit, à vrai dire, un enfant gâté, à qui sa mère trop indulgente ne refusoit rien. Tous ceux de cour céleste lui en venoïent faire des plaintes ; Junon disoit qu'elle ne pouvoit gouverner deux jours son mari ; Diane, qu'il lui débauchoit toutes ses nymphes. Il n'y avoit que Minerve à qui il n'osoit se jouer, car elle n'entendoit point raillerie. Vénus le menaçoit souvent de lui donner le fouet, sans qu'elle en fît rien, et, pour fortifier sa menace, elle avoit fait tremper des branches de myrte dans du vinaigre, qui faisoit grand peur au petit Amour. Mais sitôt qu'elle se mettoit en devoir de le châtier, il se sauvoit, à la faveur des Grâces, qui l'eussent volontiers mis sous leurs propres jupes, si elles n'eussent point été nues, et qui le déroboient à la colère de sa mère. Un jour néanmoins qu'elle étoit en mauvaise humeur (je ne sais si ce ne fut point le jour qu'elle apprit la mort d'Adonis), elle le voulut corriger tout de bon ; et comme, à cause de sa tristesse, les Grâces l'avoient quittée, il ne trouva plus son asile ordinaire. Ainsi ce petit dieu alloit mal passer son temps, s'il n'eût eu recours à la ruse ordinaire des enfants, qui, s'enfuyant de leur mère, se sauvent chez leur grand'maman. Il se jeta donc à corps perdu entre les bras de Thétis, qui étoit près de là, et il ne perdit point de temps à se déshabiller, parce qu'il marche ordinairement tout nu. Ses ailes lui ayant servi de nageoires, il arriva dans son palais de cristal, et, parce qu'il faisoit le pleureux, elle le réconforta (suivant la coutume des bonnes vieilles, qui applaudissent à toutes les sottises de leurs petits-enfants), le flatta et lui donna des pois sucrés. Il s'y trouva même si bien qu'il y demeura longtemps ; mais, pendant son séjour, ne pouvant se tenir de faire des tours de son métier, il échauffa si bien d'amour les poissons (qui jusqu'alors étoient froids de leur naturel) qu'ils sont devenus depuis les animaux les plus prolifiques du monde ; de sorte que Thétis vit son royaume tellement peuplé, que, si ses

sujets ne se mangeoient les uns les autres (comme
font les loups et les poètes), quelque grandes que
soient les campagnes de la mer, elles ne pourroient
pas les nourrir ni les loger. Il n'y auroit pas eu grand
mal s'il n'eût rien fait davantage. Passe encore pour
enflammer les Sirènes, qui sont les chanteuses de
cette cour, vu que les personnes de ce métier sont
assez sujettes à caution ; mais il s'attaqua même aux
Néréides, qui sont les princesses et les filles d'honneur de la reine maritime. Le plus grand scandale
fut lorsqu'il s'adressa à la plus prude de toutes (dont
par honneur je tairai le nom), car il fit en sorte
qu'elle se laissa suborner par l'intendant des coquilles
de Neptune [1]. Or ce n'étoit pas assez pour ces amants
d'avoir le dessein de jouir de leurs amours, la difficulté étoit de l'exécuter ; car, comme les palais de
Thétis et des Néréides sont de cristal et même du
plus transparent, il ne s'y pouvoit rien faire qui ne
fût aperçu d'une infinité de Tritons, qui sont les janis-
saires du dieu marin. Ils furent donc obligés de se
donner un rendez-vous auprès de Charybde, où il y
a une cascade en forme de gouffre, si dangereuse qu'il

1. Le surintendant Fouquet. On sait que l'argent jouait
un grand rôle dans ses aventures galantes. La Néréide,
dont il s'agit, était une des filles de la reine mère, dont
Fouquet triompha moyennant cent cinquante mille livres.

n'y passe presque personne. Cependant ils ne purent faire si peu de bruit en faisant leurs petites affaires qu'ils ne fussent entendus de ces chiens que Scylla nourrit près de là (car c'est en cet endroit qu'est le chenil de Neptune). Dès que l'un eut aboyé, tous les autres en firent autant, et par cette belle musique Scylla fut bientôt éveillée, aussi bien qu'un Triton jaloux, endormi à ses côtés. Elle voulut en même temps savoir la cause de ce bruit, croyant que ses chiens aboyoient après quelques voleurs qui venoient ravir les grands trésors qu'elle a amassés du débris des naufrages qui se font ordinairement sur sa seigneurie. Ces malheureux amants furent ainsi pris sur le fait; la pauvre Néréide en fut fort honteuse et devint plus rouge qu'une écrevisse et plus muette qu'une carpe. Or, comme les petits officiers portent toujours envie aux grands et tâchent de se mettre en crédit en les détruisant, ce Triton, qui avoit la dent un peu venimeuse et tenant un peu de celle du brochet, fut ravi de trouver une occasion de mordre sur l'intendant des coquilles. Il alla incontinent trompeter partout cette aventure, jusque-là qu'elle vint aux oreilles de Thétis. La colère dont elle s'enflamma à cette nouvelle la fit gronder, écumer et tempêter d'une telle sorte, que tous les voyageurs qu'elle avoit à dos eurent cependant beaucoup à souffrir. Elle condamna la pauvre Néréide à être enfermée le reste de ses jours dans une prison de glace au fond de la mer Baltique, et le séducteur fut emprisonné dans une coquille de limaçon, où toujours depuis il se tint caché, et n'osa montrer ses cornes, sinon quelquefois à la fin d'un orage. Et quant au petit auteur du scandale, Thétis voulut le châtier sur-le-champ. Elle fit cueillir une poignée de branches de corail pour lui en donner le fouet vertement : car le corail, quand il est dans la mer, est une herbe molle et souple comme de l'osier, et ne durcit ni ne rougit qu'après être tiré de l'eau; ainsi le témoigne Pline, qui peut-être est un faux témoin.

Voilà donc Cupidon en un aussi grand danger que celui qu'il avoit couru auparavant. Il voyoit déjà plusieurs cancres, qui sont les satellites de ce pays-là, qui étoient prêts à le happer, lorsqu'il leur échappa des mains comme une anguille, car il est agile et dispos (surtout lorsqu'il est question de s'enfuir), et il se sauva en terre ferme, hors du pouvoir de sa rigoureuse grand'maman. Il étoit encore en pays de connoissance s'il eût voulu paroître, car c'étoit chez Cybèle, mère des dieux, sa bisaïeule; mais comme elle étoit vieille, ridée, fort bossue, et coiffée de villes et de châteaux, il en auroit eu peur

en la voyant, outre que la crainte du châtiment qu'il
venoit d'échapper (qui est le dernier supplice pour
les enfants) lui rendoit toute sa parenté suspecte. Il
se voulut donc tenir caché, et il ne le put mieux
faire qu'en se retirant dans de petites cabanes de
bergers qu'il trouva aux environs. Ils lui firent un
fort bon accueil, et, par charité, ils lui donnèrent
un habit dont ils croyoient qu'il avoit besoin, le
voyant tout nu, car ils ne connoissoient pas la
chaleur intérieure qu'il avoit. Je ne sais si la crainte
du fouet l'avoit rendu sage, ou s'il eut pitié de l'i-
gnorance de ses hôtes ; tant y a qu'il vécut avec une
grande retenue tant qu'il fut chez eux, et il ne leur
fit ni malice ni supercherie. Tant s'en faut : pour
récompenser le charitable traitement qu'il en avoit
reçu, il leur apprit à faire l'amour, car vous apprendrez, si vous ne le savez, que l'amour étoit jusqu'alors inconnu parmi les hommes; tous les accouplements s'y étoient faits à la manière des bêtes, par
un instinct de la nature, et pour servir seulement à
la génération. Cette belle passion, qui s'insinue dans
les cœurs, qui leur donne de si grandes joies, et qui
sert à unir les âmes plutôt que les corps, étoit encore ignorée sur la terre. C'étoit un friand morceau que les dieux s'étoient réservé, et qui faisoit un des grands points de leur félicité. Aussi tout

le monde est d'accord que les bergers ont été les
premiers qui ont goûté de ses douceurs; il ne se faut
pas étonner s'ils l'ont traité d'une manière si délicate, puisque leur premier maître d'école a été le
Dieu même qui fait aimer. Comme toutes les choses,
dans leur naissance, sont meilleures et moins cor-
rompues, ces premières amours eurent toute la vertu
et la pureté imaginables. Ce Dieu ménagea si bien
les coups de ses flèches, qu'il fit naître des flammes
mutuelles dans les cœurs de chaque berger et de
chaque bergère; le soin de plaire étoit le seul qui
les occupoit; l'affection étoit réciproque et la fidélité inviolable. Ils n'avoient point à essuyer de rigueurs ni de cruautés, parce qu'ils n'avoient point
d'injustes désirs; il ne leur restoit dans l'âme aucun
repentir ni remords, parce que le vice n'y avoit
aucune part. Enfin c'étoit le siècle d'or de l'amour;
on en goûtoit tous les plaisirs, et on ne ressentoit
aucune de ses amertumes. Mais enfin, après avoir
passé quelque temps avec eux, il se lassa de vivre
dans la solitude. Il eut la curiosité de voir ce qui se
passoit sur la terre, qu'il n'avoit pas vue encore, à
cause de sa jeunesse. Il lui prit donc envie d'aller à
une ville prochaine, et, parce qu'elle étoit belle et
grande, il y demeura quelque temps pour la mieux
connoître. La première chose qu'il y fit, ce fut d'y

chercher condition ; et ne vous étonnez pas que sa divinité ne lui fit pas dédaigner de servir, car la servitude est son élément. Le hasard le fit engager d'abord avec une femme bien faite, mais dont la physionomie étoit fort innocente. Elle avoit les cheveux blonds et le teint blanc, mais un peu fade ; les yeux bleus, mais un peu égarés ; la taille haute, mais peu aisée, et la contenance peu ferme ; à cela près, elle étoit fort belle et fort agréable. Elle se nommoit Landore, et avoit une indifférence générale pour tout le monde ; elle témoignoit un certain mépris qui ne venoit pas d'orgueil, mais d'une froideur de tempérament qui désespéroit les gens. En un mot, elle avoit une si grande nonchalance dans toutes ses actions, qu'il paroissoit qu'elle ne prenoit rien à cœur. Cupidon ne fut pas longtemps chez elle sans y vouloir faire la même chose qu'il avoit faite chez les bergers : car, comme il craignoit de se gâter la main faute de s'exercer à tirer ses flèches, qui est la seule chose qui le fait valoir, il en décocha quelques-unes d'un petit arc de poche qu'il avoit ; mais c'étoit d'abord plutôt en badinant que de dessein formé, comme on voit des enfants se jouer avec des sarbacanes. Un jour il vit rejaillir à ses pieds une des flèches qu'il avoit tirées contre Landore, et, en la ramassant, il reconnut que le fer en étoit rebouché. Il n'y a rien qui choque plus ce petit mutin que la résistance; cela fit qu'il s'opiniâtra à vouloir blesser tout de bon cette insensible. Il prit les flèches les mieux acérées qu'il put trouver, et, pendant qu'elle étoit en compagnie de quantité d'honnêtes gens, il lui en tira plusieurs droit au cœur. Mais, par un grand prodige, elles faisoient le même effet contre ce cœur de diamant que des balles qui font des bricoles contre le mur d'un tripot, et elles alloient blesser ceux qui se trouvoient aux environs. Chacun de ces blessés fit tous les efforts imaginables pour communiquer son mal à celle qui en étoit cause, et il n'y en avoit pas un qui ne dût concevoir de belles espérances, puisqu'il avoit un secours secret de ce petit dieu qui fait aimer. Cependant aucun ne put réussir; tous les soins et toutes les galanteries qu'ils employèrent ne firent que blanchir[1] contre sa froideur. Il se trouva enfin dans la troupe un homme qui n'étoit ni bien ni mal fait, qui avoit la physionomie fort ingénue et qui montroit tenir beaucoup du stupide. Sa taille étoit grande et menue, mais flasque et voûtée; il avoit la démarche lente, la bouche entr'ouverte et les cheveux d'un blond de filasse, fort longs et forts droits.

1. Effleurer.

Ce fut derrière lui que Cupidon se posta un jour pour faire la guerre à sa rebelle. Il n'avoit point dessein de favoriser de ses grâces un homme qui étoit fort peu de ses amis ; c'étoit plutôt pour lui faire pièce qu'il s'en servit comme d'une mire à décocher le trait dont Landore fut blessée. A ce coup toute la froideur de la dame s'évanouit ; elle sentit, pour cet homme qui étoit devant elle, une ardeur qui ne peut être exprimée, jusque-là qu'elle se vit prête de lui déclarer elle-même sa passion, si la pudeur du sexe ne l'eût retenue. Elle trouva enfin une occasion de lui découvrir ce qu'elle tenoit caché, parce qu'ils étoient tous les jours ensemble. Cet homme ressentit presque en même temps de pareilles émotions pour elle ; peut-être lui étoit-il tombé sur le gros orteil une des flèches perdues dont nous avons parlé, dont la piqûre avoit un certain venin, qui insensiblement lui avoit gagné le cœur. En un mot, ils s'aimèrent ; mais d'un amour si facile et si doux qu'ils n'eurent point besoin de mettre en usage ni les plaintes ni les soupirs, et il n'y eut jamais d'âmes ni mieux ni plus facilement unies. Toutes ces adresses dont, entre toutes les autres rencontres, l'on se sert pour se faire aimer, leur furent inutiles ; ils se contentoient de faire l'amour des yeux ; à peine y employoient-ils les paroles, et la plus sérieuse occupation de cet amour badin étoit la plupart du temps de jouer au pied de bœuf, de se regarder sans rire. Le petit dieu trouva ce procédé fort choquant, et se fâcha de les voir agir si négligemment en une chose dont tant de gens font une affaire très importante. Comme son inclination le porte à rendre service à ceux qu'il a blessés, il s'ennuya bientôt de se trouver inutile auprès de ces amants, et son naturel agissant ne lui permit pas de demeurer tous les jours les bras croisés dans la fainéantise. Il fit seulement réflexion sur le coup qu'il avoit porté; car, à vrai dire, il est philosophe quand il veut, et raisonne bien, surtout quand il a ôté son bandeau. Il reconnut alors qu'il s'étoit trompé en s'attribuant la gloire de cette défaite : car il demeura d'accord que tout l'honneur en étoit dû au hasard, qui avoit fait rencontrer ensemble deux personnes dont les visages et les humeurs avoient tant de rapport et de sympathie qu'ils sembloient nés l'un pour l'autre. De là il conclut qu'on pourroit bien l'accuser à l'avenir de plusieurs choses dont il seroit innocent; enfin, la honte d'être à ne rien faire lui fit demander son congé, et il lui fut facile de l'obtenir de maîtres qui se passoient bien de lui.

Au partir de ce lieu, il s'attacha au service d'une fille studieuse. D'abord cette condition lui plut fort, parce qu'il espéra d'y apprendre beaucoup de choses et de n'y manquer point d'emploi. Cette fille, nommée Polymathie[1], n'avoit pas eu la beauté en partage, tant s'en faut ; sa laideur étoit au plus haut degré, et je ferois quelque scrupule de la décrire tout entière, de peur d'offenser les lecteurs d'imagination délicate. Aussi n'est-il pas possible que les filles se puissent piquer en même temps de science et de beauté ; car la lecture et les veilles leur rendent les yeux battus, et elles ne peuvent conserver leur teint frais ou leur embonpoint, si elles ne vivent dans la délicatesse et dans l'oisiveté. Outre qu'il leur est difficile de ménager pour l'étude quelque heure d'un jour qui n'est pas trop long pour se parer et pour se farder. Mais, d'un autre côté, Polymathie avoit l'esprit incomparable, et elle parloit si bien qu'on auroit pu être charmé par les oreilles, si l'on n'avoit point été effrayé par les yeux. Elle savoit la philosophie et les sciences les plus relevées ; mais elle les avoit assaisonnées au goût des honnêtes gens, et on n'y reconnoissoit rien qui sentît la barbarie des collèges. Ses admirables compositions en vers et

---

[1]. En grec « qui a beaucoup de savoir ». Si Mlle de Scudéry, qui est ici en cause, méritait la qualification de savante, elle avait aussi une réputation de laideur non moins justifiée.

en prose attiroient auprès d'elle les plus apparents et les plus polis de son siècle. Le dieu d'amour, étant chez elle, ne voulut pas laisser ses armes inutiles ; mais il arrêta quelque temps son bras, à cause qu'il vit pousser à sa maîtresse tant de beaux sentiments de vertu et de tempérance qu'il désespéra de réussir en son entreprise et de vaincre cette froideur dont elle faisoit vanité. Il avoit même quelque respect pour cette philosophie dont elle étoit secondée, craignant avec quelque sujet d'en être mal mené. Il faisoit encore réflexion sur le mauvais office qu'il lui rendroit s'il la faisoit devenir amoureuse, ne se croyant pas assez fort pour faire naître dans le cœur de quelqu'un de la passion pour elle, s'il ne l'alloit chercher parmi les aveugles. Il voulut donc auparavant tâcher de blesser quelqu'un de ces savants et de ces polis qui la fréquentoient; mais il eut beau tirer ses flèches les mieux acérées, tous leurs coups s'amortissoient comme s'ils eussent été tirés contre une balle de laine. Ce qui le fit le plus enrager, ce fut l'hypocrisie de ces messieurs les doucereux (car il n'y a point de dieu, tant fabuleux soit-il, que l'hypocrisie ne choque horriblement); ils ne se contentoient pas de témoigner de l'admiration pour l'esprit de Polymathie, ils faisoient encore auprès d'elle les galants et les passionnés pour sa beauté, et leur impudence alloit jusqu'à ce point qu'ils la traitoient de soleil, de lune et d'aurore, dans les vers et dans les billets qu'ils lui envoyoient. Ceux qui ne l'avoient vue que dans ce miroir trouble et sous cette fausse peinture ne l'auroient jamais reconnue : car, en effet, elle ne ressembloit au soleil que par la couleur que lui avoit donnée la jaunisse ; elle ne tenoit de la lune que d'être un peu maflée[1], ni de l'aurore que d'avoir le bout du nez rouge. Oh ! que les pauvres lecteurs sont trompés quand ils lisent un poète de bonne foi, et qu'ils prennent les vers au pied de la lettre ! Ils se forment de belles idées de personnes qui sont chimériques, ou qui ne ressemblent en aucune façon à l'original. Ainsi, quand on trouve dans certains vers :

> Je ne suis point, ma guerrière Cassandre,
> Ni Mirmidon, ni Dolope soudart[2],

il n'y a personne qui ne se figure qu'on parle d'une Pantasilée ou d'une Talestris ; cependant, cette

1. Joufflue.
2. Ces vers affectent sans doute une emphase puérile ; mais le trait dirigé ici contre Ronsard est pour nous un fâcheux indice : il prouve que Furetière partageait l'aveuglement de Boileau. — Qu'importe que Cassandre ne soit qu'une cabaretière ! Pour nous, nous aimons mieux nous rappeler les délicieux vers qu'elle a inspirés à Ronsard :

> Mignonne, allons voir si la rose...

guerrière Cassandre n'étoit en effet qu'une grande *Halebreda*[1], *qui tenoit le cabaret du Sabot, dans le faubourg-Saint-Marceau*. Quelque laide pourtant que puisse être une fille, elle n'est point choquée d'une fausse louange, et ne croira jamais qu'on la raille, quoiqu'elle accuse les gens de parler avec raillerie ; elle ne donnera jamais un démenti à personne que par une feinte modestie. Quelque clairvoyant que soit son esprit, il ne sera jamais persuadé de ses défauts ; elle les excusera par quelque autre bonne qualité ; enfin, elle fera si bien son compte, qu'elle se trouvera toujours des charmes de reste pour donner bien de l'amour. Cupidon, tout aveugle qu'on se le figure, reconnoissoit bien, malgré toutes ces feintes galanteries, quoiqu'elles fissent beaucoup d'éclat, que pas un n'étoit blessé au dedans ; car il ne s'étoit pas trouvé une seule des flèches qu'il avoit ramassées qui fût sanglante ; cela le fit opiniâtrer davantage en son entreprise, et il jura hautement que quelqu'un en payeroit la folle enchère. Après avoir fait encore plusieurs tentatives et vidé son carquois, ne sachant presque plus de quel bois faire flèches, ni de quel acier les ferrer, enfin il fut réduit à y appliquer le fer du même canif

1. Grande femme, de basse condition et mal bâtie.

avec lequel Polymathie tailloit ses plumes, qui devenoient éloquentes sitôt qu'elles avoient été tranchées par ce fer enchanté. Il fut si heureux que ce coup porta sur un bel esprit [1] véritablement digne d'elle, et bien propre pour lui être apparié, en telle sorte que, si on les avoit mis dans deux niches, ils auroient fait une fort belle symétrie. Sa taille étoit petite, mais, en récompense, une bosse qu'il portoit sur ses épaules étoit fort grande ; ses deux jambes étoient d'inégale grandeur ; il étoit borgne d'un œil et ne voyoit guère clair de l'autre, et tout l'éclat de ses yeux consistoit en une bordure d'écarlate de si bon teint qu'il ne s'en alloit point à l'eau qui en distilloit incessamment. Que si son corps donnoit du dégoût, son esprit avoit des agréments tout particuliers ; il auroit été bon à faire l'amour à la manière des Espagnols, qui ne le font que de nuit, car il auroit été bien favorisé par les ténèbres. Cette plaie ne fut pas sitôt faite dans le cœur de ce spirituel disgracié, que voilà les élégies, les sonnets et les madrigaux en campagne ; jamais veine ne fut plus

---

1. Pélisson, non moins laid que Sapho (M<sup>lle</sup> de Scudéry). On attribue à Sarrazin une épigramme qui se termine ainsi :

> Sapho lui trouve des appas ;
> Moi, je ne m'en étonne pas,
> Car chacun aime son semblable.

féconde ni génie plus échauffé ; jamais il n'y eut si grande profusion de tendresses rimées. Ce qui fut nouveau, c'est que dès-lors toute la dissimulation s'évanouit. Tous ces charmes et ces appas, qu'il ne mettoit auparavant dans ses vers que par fiction poétique, il les y inséra depuis de bonne foi. L'amant crut en saine conscience que sa maîtresse étoit un vrai soleil et une vraie aurore ; et quoique cet amour n'eût commencé que par l'esprit, le tendre héros fut tellement ébloui de ses brillants, qu'il ne reconnut plus aucune imperfection dans le corps, pour lequel il eut aussitôt la même passion. Je ne sais si l'amour fit d'une flèche deux coups, ou si Polymathie fut touchée des pointes poétiques que son amant lui décocha : tant y a qu'elle eut pour lui une amour réciproque ; et elle fit judicieusement de ne pas laisser échapper cette occasion, car elle auroit eu de la peine à la recouvrer. Elle ne fut pas plus avare que lui de prose et de vers, et ce fut lors que ce petit dieu travesti ne manqua pas d'occupation, ni de sujets d'exercer ses jambes. Il n'avoit pas sitôt porté un poulet, qu'il falloit retourner porter des stances ; et pendant l'intervalle du temps qu'il employoit à ce message, un madrigal se trouvoit fait, qu'il falloit aussi porter tout frais éclos. Que si par malheur on faisoit réponse sur-le-champ, il falloit porter la réplique avec même diligence; et dans cet assaut de réputation, nos amants se renvoyoient si vite des impromptus, qu'ils ressembloient à des joueurs de volants quand ils tricotent. Je ne vous dirai point la suite ni la fin de ces amours; elles continuèrent longtemps de la même force. Les seuls qui en profitèrent furent les libraires faiseurs de recueils, qui ramassèrent les pièces et les vers que ces amants laissèrent courir par le monde, dont ils firent de beaux volumes. Tous les autres marchands n'y gagnèrent rien; il n'y eut aucun commerce de jupes, de mouchoirs ni de bijoux; tous les présents furent faits en papier, jusqu'à celui des étrennes. Il ne se donna ni bal ni musique, mais seulement force vers de ballet et force paroles pour mettre en air. Ce qui est fort surprenant et bien contraire à l'humeur du siècle, c'est qu'il n'y eut jamais ni festin ni cadeau; la promenade, quoiqu'elle leur plût fort, étoit toujours sèche, et les traiteurs ni les pâtissiers ne reçurent jamais de leurs visites ni de leur argent. Le petit Amour avoit été jusqu'alors nourri de viande creuse; voici par quelle aventure il devint friand. Un jour que sa maîtresse passionnée étoit allée chercher la solitude d'un petit bois, où elle confioit quelques soupirs et quelques tendresses à la discrétion des échos et des zéphyrs, il s'étoit tenu un peu à l'écart. La fortune voulut qu'il rencontrât un page d'une dame de qualité, à qui on donnoit cadeau dans une belle maison proche de ce bois. Comme il n'y a point de connoissance sitôt faite que celle des chiens et des laquais (sous ce nom sont compris tous ceux qui portent couleurs), l'Amour et le page eurent bientôt fait amitié ensemble. Son nouveau camarade le mena voir le superbe festin qu'on avoit apprêté pour la dame, et l'un et l'autre eurent de quoi faire bonne chère des superfluités qui s'y trouvèrent. Cupidon commença à trouver du goût aux bisques et aux faisans, qui le firent ressouvenir du nectar et de l'ambroisie. Et ce qu'il prisa le plus fut le reste d'un plat de petit pois, sur lequel il se jeta, qui avoit plus coûté que n'auroit fait la terre sur laquelle on en auroit recueilli un muid[1]. Le bon traitement et la crédulité qu'il eut aux paroles de son camarade le débauchèrent, car il ne marchanda point pour entrer au service de cette dame, qui, dès qu'elle l'eut vu, le voulut avoir pour lui porter la queue. C'est ainsi qu'il quitta cette spirituelle maîtresse sans lui dire adieu. Elle eut grand regret de

---

1. Il n'y a rien ici d'exagéré. Les petits pois, quand ils commençaient à donner, étaient une friandise très recherchée, et se vendaient des prix insensés. Le litron fut porté jusqu'à cent cinquante francs.

n'avoir pas pris de lui un répondant, parce qu'elle lui auroit fait payer la valeur de certains vers que ce petit voleur lui avoit emportés, dont elle n'avoit point gardé de copie. Quant à la nouvelle maîtresse, il en fut tellement chéri, qu'elle chercha toutes les inventions imaginables pour le rendre leste et propre. Elle lui fit faire de certaines trousses avec lesquelles les peintres, qui font scrupule de le peindre tout nu, le dépeignent encore aujourd'hui. Quelque réputation qu'il eût d'être dangereux, ce n'étoit rien au prix des malices qu'il fit depuis qu'il fut chargé de ce pestilent habit. Archelaïde[1] (tel étoit le nom de cette dame) étoit une femme parfaitement accomplie, car, outre qu'elle possédoit les beautés dont se vantent les personnes les mieux faites, sa naissance lui donnoit encore un certain air majestueux, qui lui faisoit avoir un grand avantage sur celles qui l'auroient pu égaler par la richesse de leur taille. L'encens et les adorations étoient des tributs légitimes, qu'on payoit volontairement à son mérite. L'Amour, qui avoit été nourri dans un lieu ou on reçoit continuellement de pareils présents, s'imaginoit presque déjà revoir sa patrie, et il se

1. Ce nom, en grec, signifie « qui commande le peuple ». Il caractérisait l'air imposant de cette grande dame, dont nous n'avons pu établir l'identité.

plut merveilleusement en cette cour, quoiqu'il y fût inconnu et travesti. Il étoit bien aise de voir le profond respect que plusieurs illustres personnes rendoient à la divinité visible qu'il ne dédaignoit pas de servir. Mais, après y avoir été quelque temps, une chose le choqua fort : c'est qu'il prétend que, dans tous les lieux où il séjourne, il doit trouver quelque égalité et quelque douce intelligence. Il n'en vit ici aucune ; tous ceux qui approchoient d'Archelaïde n'osoient lever les yeux sur elle, non pas même pour l'admirer, et sa fierté naturelle leur ôtoit toute la hardiesse que leur mérite leur auroit pu donner légitimement. Ce fut la principale raison qui fit concevoir à l'Amour le dessein d'assaillir ce rocher, qui portoit son orgueil jusque dans les nues, car sa générosité l'excite à faire d'illustres conquêtes et à dompter les cœurs les plus rebelles. Cependant, comme un rusé capitaine, devant que de dresser sa batterie contre le lieu qu'il avoit résolu d'attaquer, il voulut lui-même aller reconnoître la place. La subtilité de sa nature divine lui fournit de grandes facilités pour cela, car elle lui donne droit d'entrer quand il lui plaît dans le plus profond des cœurs, et d'y voir tout ce qui s'y passe de plus secret. Il fut bien surpris, quand il visita celui d'Archelaïde, de voir que la nature avoit déjà fait ce qu'il avoit dessein de faire. Elle avoit si bien disposé les matières, qu'une petite étincelle qui tomba de son flambeau y causa un embrasement capable d'y réduire tout en cendre. Il voulut aussitôt réparer le mal qu'il avoit fait, et le plus prompt remède qu'il y apporta, ce fut de décocher de nouvelles flèches sur ceux qui approchoient d'Archelaïde, afin qu'ils vinssent en foule lui apporter du secours et de quoi éteindre ses flammes. Il y eut aussitôt toutes sortes de gens de qualité, d'esprit et de bonne mine qui lui vinrent offrir leur service ; mais ce fut toujours avec des respects et des soumissions qui ne sont pas imaginables. Quelque ardeur que l'amour inspire dans les cœurs dont il est le maître, il n'y en avoit point entre eux de si téméraire qui osât lui faire une déclaration d'amour, ni lâcher la moindre parole de douceur ou de tendresse. C'étoient des muets qui n'osoient pas même parler des yeux, et qui étouffoient tellement leurs soupirs que l'oreille la plus subtile ne s'en pouvoit pas apercevoir. Ils étoient préoccupés de cette maxime, tenue pour hérétique dans les écoles d'amour, qu'auprès des dames de qualité il faut attendre leurs faveurs, au lieu qu'on peut les demander aux autres. Mais ces malheureux avoient tout loisir de languir dans une pareille attente. Archelaïde étoit si jalouse du soin de son honneur, et la fierté lui étoit si naturelle, qu'elle auroit mieux aimé périr mille fois, que d'en relâcher le moins du monde. Elle croyoit qu'il lui seroit honteux d'abaisser ses regards sur des gens au-dessous d'elle, qu'elle se seroit par ce moyen égalés en quelque façon ; que cela les pourroit enfler de vanité, et leur feroit perdre la discrétion, ce qui seroit la ruine de sa réputation et de sa vertu. C'est pourquoi elle ne voulut point prendre ce secours étranger, et elle mit à sa porte un gros Suisse vigoureux, qui empêchoit tous les gens de dehors de venir piller ce trésor de vertu et d'honneur, qu'elle lui laissa en garde. Mais par malheur il n'y avoit personne pour garder le Suisse, qu'elle appeloit quelquefois à son secours, dans une pressante nécessité, pour chasser les ennuis secrets que lui causoit la solitude. Le petit espion domestique qu'elle avoit, et à qui rien de ce qui se fait contre l'honneur n'est caché, découvrit un jour le secret de cette aventure. Ce fut alors que, pour lui faire honte, il se découvrit à elle avec toutes les beautés qui donnèrent assez de curiosité à Psyché pour l'échauder. Il lui fit mille reproches sanglants du tort qu'elle se faisoit, et à tout l'empire de l'Amour, de douter de la discrétion de tant d'honnêtes gens qui mourroient pour elle, et de vouloir confier son honneur à la crainte servile

d'un rustre. Il lui fit voir qu'elle ne méritoit pas de
jouir des joies délicates qui se trouvent dans cette
belle passion, et en un mot il lui dit que, pour se
venger d'elle, il l'alloit quitter, et publier partout
son aventure ; il jura en même temps par son flambeau que, puisque l'Honneur lui avoit joué cette
pièce, il lui en joueroit une autre ; qu'il seroit dorénavant son ennemi déclaré, et qu'il lui donneroit la
chasse en tous les lieux où il le pourroit rencontrer.
Archelaïde, qui crut que cette apparition étoit un
songe, frotta ses yeux pour s'éveiller, comme si elle
eût dormi, et ne trouvant que son page à la place
du dieu qu'elle avoit cru voir, elle lui fit une querelle d'Allemand, et appela son écuyer pour lui faire
donner le fouet. Mais l'Amour et le page s'évanouirent à ses yeux ; ainsi voyant que la menace
qu'il avoit faite de la quitter étoit vraie, elle ne
douta plus de la vérité de l'apparition. Elle en profita si bien, qu'ayant honte de sa faute, elle quitta le
monde et se retira en une affreuse solitude, loin des
palais et des Suisses, où elle a vécu depuis dans une
grande modestie et retenue.

Quoique l'amour fût indigné d'avoir reçu cet
affront, il ne voulut pas quitter sitôt la terre, où il
crut qu'il y avoit encore pour lui quelque chose à
apprendre. Il entra au service d'une femme nommée

Polyphile [1], qui avoit de l'esprit et de la beauté passablement. Dès les premiers jours qu'il fut avec elle, pour faire le bon valet, il lui acquit avec ses armes ordinaires grand nombre de serviteurs ou de soupirants. C'étoit ce qui flattoit le plus le génie de sa maîtresse; bien que dans le monde elle passât pour prude, elle ne laissoit pas d'écouter volontiers les plaintes de ceux qui souffroient pour elle; en un mot, elle étoit de ces femmes qu'on peut nommer prudo-coquettes, dont la race s'est si bien multipliée qu'on ne rencontre aujourd'hui presque autre chose. Il n'eut jamais tant à souffrir que sous cette dernière maîtresse. Elle l'habilla d'abord fort proprement; elle lui donna un habit et une calle [2] bien galonnée et passementée avec une garniture de rubans de trois couleurs, et, pour son nom de guerre, elle l'appela Gris-de-Lin. Sa principale passion étoit la magnificence des habits, et sa propreté alloit dans l'excès; elle n'avoit jamais souhaité d'avoir un esprit inventif que pour trouver de nouvelles modes et de nouveaux ajustements. C'est ce qui aidoit merveilleusement à

1. « Aimée beaucoup, ou qui aime beaucoup. » C'est certainement de Ninon qu'il s'agit. Voir plus loin une note concernant son aventure avec le danseur Pécourt.

2. Bonnet rond et plat, que portaient seuls les bedeaux, les pâtissiers et les petits laquais de femmes.

donner du lustre à sa beauté médiocre. A tout prendre, elle avoit un certain air joli et affété, certains agréments et mignardises qui la rendoient la personne du monde la plus engageante. Avec cela son plus puissant charme étoient une civilité et une complaisance extraordinaire pour les nouveaux venus, qu'elle redoubloit souvent pour retenir ceux qui commençoient de s'éloigner d'elle. D'autre côté, elle faisoit paroître une grande sévérité pour ceux qu'elle avoit bien engagés, et qu'elle ne croyoit pas pouvoir sortir de ses liens. Jamais femme ne fut plus avide de cœurs. Il n'y en avoit point qui ne lui fût propre; le blondin et le brunet, le spirituel et le stupide, le courtisan et le bourgeois, lui étoient également bons; c'étoit assez qu'elle fît une nouvelle conquête. Son plus grand plaisir étoit d'enlever un amant à la meilleure de ses amies, et son plus grand dépit étoit de perdre le moindre des siens. Ce n'est pas qu'elle ne fît bien de la différence entre ses cajoleurs : ce fut elle qui s'avisa d'en mettre entre les gens de cour et les gens de ville; ce fut elle qui donna la préférence aux plumes, aux grands canons, sur ceux qui portoient le linge uni et les habits de moire lisse. Elle avoit une estime particulière pour les belles garnitures et pour les têtes fraîchement peignées, et, nonobstant cela, elle ne laissoit pas de faire bon

accueil aux bourgeois qui prêtoient des romans et
des livres nouveaux. Le riche brutal, qui lui donnoit
la musique et la comédie, étoit aussi le bienvenu.
Même pour avoir plus de chalandise, elle avoit certains jours de la semaine destinés à recevoir le monde
dans son alcôve [1], de la même façon qu'il y en a pour
les marchands dans les places publiques. Le dieu
servant, qui vouloit faire la cour à sa maîtresse, lui
rendit de bons offices, car, comme il a été dit, il lui
fit faire force conquêtes. Jamais il n'eut plus belle
occasion de s'exercer à tirer : il ne faut pas s'étonner
si maintenant il sait tirer droit au cœur; autrement
il faudroit qu'il fût bien maladroit de n'être pas
devenu bon tireur après avoir fait un si bel apprentissage. Tous les blessés venoient aussitôt demander
à Polyphile quelque remède à leurs maux, et par de
douces faveurs elle leur faisoit espérer guérison.
Mais elle les traitoit à la manière de ces dangereux
chirurgiens qui, lorsqu'ils pansent une petite plaie
avec leurs ferrements et poudres caustiques, la
rendent grande et dangereuse. C'est ainsi qu'avec
de feintes caresses elle jetoit de l'huile sur le feu et
envenimoit ce qu'elle faisoit semblant de guérir. Ce

1. A cette époque, les lits ne touchaient au mur que par
le chevet et offraient ainsi trois accès formant autant de
ruelles, où se rangeaient les visiteurs.

n'est pas que d'autre côté l'Amour, pour les soulager, ne décochât plusieurs flèches contre le cœur de Polyphile, qui y firent des blessures en assez grand nombre. Il fut bien surpris de voir que la plupart ne faisoient qu'effleurer la peau, et que, s'il y faisoit quelquefois des plaies profondes, elles étoient guéries dès le lendemain, et refermées comme si on y eût mis de la poudre de sympathie[1]. Ce fut bien pis quand il reconnut que Polyphile, ne se contentant pas des beautés que le ciel lui avoit données en partage, en recherchoit encore d'empruntées. Il n'avoit point encore connu jusqu'alors le déguisement et l'artifice; il s'étonna beaucoup de voir du fard, des pommades, des mouches et le tour de cheveux blonds. Jusque-là qu'ayant vu le soir sa maîtresse en cheveux noirs, il la méconnut le lendemain quand il la vit blonde; et, lui voyant le visage couvert de mouches, il crut que c'étoit pour cacher quelques bourgeons ou égratignures. Mais l'Amour n'eut pas été longtemps à cette école qu'il apprit à se déniaiser tout à fait et à devenir malicieux au dernier point. Ce n'étoit plus le dieu qui inspiroit la dame, c'étoit la dame qui inspiroit le dieu et qui le fit devenir

1. Mélange de sulfate de fer et de gomme arabique, inventé par le chevalier Digby, et que M$^{me}$ de Sévigné appelle *la divine sympathie*.

coquet ; ce fut là qu'il étudia toutes les méchancetés qu'il a sues depuis, qu'il apprit à être traître, parjure et infidèle, au lieu qu'auparavant il agissoit de bonne foi et ne parloit que de cœur. Il devint malin et fantasque de telle sorte qu'on ne sut plus de quelle manière le gouverner. Ce n'étoit plus le temps qu'on l'amusoit avec des dragées et du pain d'épice ; il lui falloit des perdreaux et des ragoûts. On ne lui présentoit plus des hochets et des poupées ; il lui falloit des bijoux pleins de diamants et des plaques de vermeil doré. Enfin il n'y eut rien de plus corrompu, et cette maison étoit un écueil dangereux pour les libertés et pour les fortunes de ceux qui s'en approchoient ; cependant, sous prétexte de quelques adresses que Polyphile apportoit à cacher son jeu, à la faveur desquelles elle passoit pour femme d'honneur, elle exerçoit toutes les tyrannies et les pilleries imaginables. Cette façon de vivre dura quelque temps, et comme il paroissoit toujours de nouvelles dupes sur les rangs, c'étoit le moyen de ne s'ennuyer jamais et de trouver toujours de nouveaux divertissements. Le bal et la danse plaisoient sur tous les autres à Polyphile, comme ils plaisent encore aujourd'hui à toutes les coquettes de sa sorte, qui ont pour cela tant d'empressement qu'on peut dire que, si la harpe a guéri autrefois des possédés, le violon fait aujourd'hui des démoniaques. Elle s'y engagea même si avant, que, malgré son esprit inconstant, sa liberté y fit entièrement naufrage. Elle devint éperduement amoureuse d'un baladin[1]. La laideur et la mauvaise mine de cet homme vraisemblablement lui devoient faire perdre le goût qu'elle prenoit à lui voir remuer les pieds bien légèrement. Cependant ce fut lui qui se mit en possession du cœur, tandis que plusieurs honnêtes gens qui avoient l'avantage de l'esprit, de la beauté et de la noblesse, furent amusés avec du babil et autres vaines faveurs. L'Amour fut tellement en colère contre cette injustice, qu'il chercha dans son carquois une de ces flèches empoisonnées dont il se servoit autrefois pour faire des métamorphoses, et la décocha sur le violon[2] chéri de Polyphile. La légèreté de ses pieds ne lui servit de rien pour l'éviter, et par la vertu de sa flèche, de baladin qu'il étoit il fut métamorphosé en singe, qui conserva,

1. Ce baladin nous donne la certitude que Polyphile n'est autre que Ninon. On sait qu'elle fit du danseur Pécourt son valet de cœur, dans le temps qu'elle rebutait le duc de Choiseul. Seulement Furetière a fait de Ninon un portrait de fantaisie.

2. Violon se disait non seulement de l'instrument, mais encore de celui qui en jouait (artiste ou ménétrier), et par extension était synonyme de baladin. Godeau disait de son confrère en poésie:
   Colletet, je vous trouve un plaisant *violon*.

avec un peu de sa première forme, toute sa laideur
et son agilité. Ce singe vint depuis au pouvoir d'un
bâteleur qui le nomma Fagotin [1], et qui surprit merveilleusement un grand nombre de badauds de le voir
danser sur la corde, car ils ne se doutoient nullement qu'il eût appris ce métier durant qu'il étoit
homme, amoureux et violent.

L'Amour, après ce beau coup, ne crut pas qu'il
fût sûr pour lui de demeurer chez sa maîtresse; c'est
pourquoi il quitta encore celle-ci sans lui dire adieu,
et il ne fut pas longtemps sans trouver condition.
Poléone trouva que c'étoit son fait, en considération
particulièrement de ce qu'il avoit un habit neuf et
qu'il ne lui falloit rien dépenser de longtemps pour
l'ajuster. Il la servit volontiers, quoique ce ne fût
qu'une marchande, parce qu'il lui vit une mine fort
bourgeoise et fort éloignée de cette coquetterie de
laquelle il avoit été auparavant si fatigué. L'exquise
beauté de cette femme réparoit le défaut de cet air
un peu niais qu'elle faisoit paroître, et couvroit cette
grande ignorance qu'elle avoit en toutes choses,
hormis en l'art de savoir priser et vendre sa marchandise. L'Amour même oublia pendant quelque

---

1. Ce bâteleur s'appelait Brioché. Voy. la curieuse pièce
publiée par M. P. Lacroix: *Histoire comique du Soleil et
de la Lune*, p. 75 (*Bibliothèque gauloise*).

temps qu'il avoit été page et laquais, et, empruntant un peu de l'humeur du courtaud, vécut en assez honnête garçon. Mais un peu après, il mit la main aux armes dont il se sait si bien escrimer, et il fit plusieurs plaies dans les cœurs de ceux que la beauté de sa maîtresse attiroit à sa boutique. Ces amants avoient beau l'accabler de douceurs, de tendresses et de fleurettes, c'étoit autant de choses mortes; à tout cela elle faisoit la sourde oreille, ou plutôt une surdité d'esprit l'empêchoit d'y répondre. Le petit dieu n'épargnoit pas aussi le cœur de Poléone; mais il ne la put jamais blesser tant qu'il se servit de ses flèches à pointes d'acier. Il en trouva un jour qui étoient préparées pour une solennelle mascarade, qui avoient un bout d'argent, dont il vit un effet merveilleux sur ce cœur impénétrable à tous autres coups. Il fit naître en son âme deux passions à la fois, celle de l'amour et celle de l'intérêt, encore qu'on puisse dire que celle-ci y régnoit auparavant et qu'elle y fut seulement rallumée pour s'unir à l'autre; car il est vrai qu'encore que Poléone fût amoureuse, on ne pouvoit dire que ce fût de Céladon, d'Hylas ou de Sylvandre; mais que c'étoit de l'homme en général. Ce fut alors que plusieurs marchands qui venoient acheter la marchandise achetoient en même temps la marchande; ainsi ce fut la première qui fut assez heureuse pour joindre ensemble le gain et la volupté. Comme les petits enfants sont les singes des grandes personnes, le petit Amour, qui vouloit imiter sa maîtresse, prit bientôt ses inclinations. Lui qui n'avoit jamais manié d'argent que pour acheter quelques bagatelles, il avoit toujours les yeux attachés sur le comptoir, et il disoit qu'il prenoit plus de plaisir à voir les pièces d'or que celles d'argent. Ensuite, parce qu'il ouït sa maîtresse se plaindre d'être souvent trompée, et que, s'il y avoit une pistole rognée ou un louis faux, c'étoit ce qu'on lui mettoit dans la main, il apprit, à son exemple, à faire sonner les louis et à peser les pistoles, et pour cet effet il jeta la moitié des flèches de son carquois pour y trouver la place d'un trébuchet. Une fille de chambre, qui étoit sa confidente, lui apprit comme les entremetteurs partageoient le gain provenant de ce commerce ; en peu de temps il y fut fort affriolé, jusque-là qu'il ne se voulut plus servir que de flèches argentées et dorées, avec lesquelles il ne manquoit jamais son coup. C'est ainsi que l'amour mercenaire est tellement venu à la mode, que, depuis la duchesse jusqu'à la soubrette, on fit l'amour à prix d'argent, de sorte que désormais l'on peut ici appliquer le proverbe qu'on avoit autrefois inventé pour les Suisses et dire : Point d'argent, point de femmes.

C'est ainsi que de gros milords, des pansards et des mustaphas, cajolent aujourd'hui dans les alcôves magnifiques et sur des carreaux en broderie, des *blondelettes, blanchelettes, mignardelettes;* ou pour ne parler point Ronsard Vendômois, des beautés blondes, blanches et mignardes, cependant que des galants qui ne sont riches qu'en esprit et en bonne mine sont réduits à chercher la demoiselle suivante, et quelquefois la fille de chambre et la cuisinière, pour prendre leurs repas amoureux à juste prix. Ce fut alors que les sonnets, les madrigaux et les billets galants furent décriés comme vieille monnoie, et qu'on donna quatre douzaines de rondeaux redoublés pour un double louis. Cependant cette nouvelle manière d'agir faisoit que plusieurs s'en trouvoient mauvais marchands, car, au lieu qu'auparavant avec les monnoies spirituelles les galants achetoient l'âme et l'affection des personnes, les brutaux avec des espèces matérielles n'en achetoient plus que le corps et la chair, et ils faisoient le même commerce que s'ils eussent été trafiquer dans le marché aux cochons; encore en celui-ci auroient-ils eu l'avantage d'y trouver certains officiers du roi, nommés langueyeurs [1], qui leur auroient répondu de la santé de

1. Inspecteurs chargés de surveiller ce marché pour empêcher la vente des porcs atteints de ladrerie.

la bête, au lieu que, par un grand malheur, cette police ne s'est pas encore étendue jusqu'aux marchés d'amour, où néanmoins elle seroit bien plus nécessaire. Enfin le ciel vengeur se mit en devoir de punir ce honteux trafic. Ce fut Bacchus, devenu le grand ennemi des femmes depuis qu'il avoit abandonné Ariane pour ne faire plus l'amour qu'au flacon, qui fit venir une certaine peste du pays des Indes, qu'il avoit conquis, pour infecter toute cette maudite engeance qui avoit introduit dans le monde l'amour mercenaire. Elle s'épandit partout en fort peu de temps, avec une telle fureur qu'il n'y eut personne de ceux qui étoient complices de cette corruption d'amour qui échappât à cette juste punition de son crime. Le pauvre Cupidon, tout dieu qu'il étoit, en eut sa part comme les autres, car en buvant et en mangeant les restes de sa maîtresse (comme sa qualité de valet l'y obligeoit), il huma un peu de ce dangereux venin, qui, s'insinuant peu à peu dans ses veines, le rendit tout vilain et bourgeonné. Sa mère Vénus, étant en peine de lui depuis longtemps, résolut de l'aller chercher par mer et par mer. Pour ce dessein elle envoya dans son colombier, qui est son écurie, prendre deux pigeons de carrosse, qu'elle fit atteler à son char, avec lesquels (les poëtes sont garants de cette vérité) elle fendit les airs d'une très grande vitesse; et elle arriva enfin en Suède, où elle trouva son fils parmi un grand nombre de dévots qu'elle commençoit d'avoir en ce pays-là. Elle eut de la peine à le reconnoître, tant à cause qu'il n'avoit plus les marques de sa domination, que parce qu'il étoit étrangement défiguré. Elle courut à lui, et l'embrassant ave une tendresse de mère, pour le flatter comme autrefois, lui voulut donner un cornet de muscadins[1]; mais il se moqua bien d'elle, il lui montra de pleines gibecières d'or et d'argent, et lui fit voir qu'il avoit amassé de grands trésors. En effet, il n'y auroit pas une plus belle fortune à souhaiter que de partager tout l'argent qui est dans le commerce d'Amour. Après lui avoir fait le récit de toutes ses aventures, il ne put lui céler le malheureux état où il étoit réduit, dont aussi bien la déesse s'apercevoit, ayant déjà bien eu des vœux de cette nature. Elle le mena aussitôt à Esculape, à qui elle fit des prières très instantes de le guérir, mais il n'en put venir à bout tout seul : il eut beau envoyer quérir des médicaments exquis jusqu'au pays des Indes, d'où le mal étoit venu, il fallut qu'il appelât à son secours une autre divinité. Mercure enfin entreprit cette cure et le guérit, non sans le faire beaucoup endurer, pour

1. Pastilles musquées.

se venger de lui en quelque sorte, pour les peines qu'il lui avoit données à l'occasion des messages de Jupiter à ses maîtresses. Dès qu'il se porta bien, la déesse le ramena en sa maison, où depuis elle l'a retenu un peu de court, et a veillé plus exactement sur sa conduite. Il est vrai qu'il a été beaucoup plus sage qu'auparavant, et que, pour le corriger, il ne lui a plus fallu montrer des verges, mais le menacer de Mercure; c'est ce qui a eu plus de pouvoir sur lui que toutes les remontrances que ceux qui avoient entrepris de le corriger lui auroient pu faire. Il a depuis toujours haï au dernier point toutes les affections mercenaires; il a juré hautement, par son bandeau et par sa trousse, qu'il n'en seroit jamais l'entremetteur, et que, bien loin d'y fournir ses flèches, il en retireroit entièrement ses faveurs sitôt qu'on y mêleroit de l'argent et des présents. C'est aux seuls amants tendres et passionnés qu'il a réservé son secours, et à ces âmes nobles et épurées qui aiment seulement la beauté, l'esprit et la vertu, toutes trois originaires du ciel. Tous les autres qui ont des désirs brutaux et intéressés, il les abandonne à leurs remords et à leurs supplices; il les désavoue et ne les veut plus reconnoître pour les sujets de son empire.

## SUITE DE L'HISTOIRE DE JAVOTTE

Quand cette lecture fut achevée, chacun y applaudit, à la réserve de Charroselles, qui ne trouvoit rien de bon que ce qu'il faisoit. Il auroit pu même être secondé d'Hippolyte, qui vouloit donner son jugement de tout à tort ou à travers ; mais comme il vit que l'examen de cette pièce, s'il s'y engageoit une fois, pourroit tirer en longueur et empêcher le dessein qu'il avoit d'en lire aussi une autre de sa façon, il pria Angélique de lui prêter ce cahier pour en faire une copie. Son dessein étoit de la faire imprimer par un faiseur de Recueils, et de faire passer à la faveur de cette pièce quelqu'une des siennes pour le par-dessus. Angélique dit qu'elle n'osoit pas prendre cette liberté, à cause que l'ouvrage n'étoit pas à elle. Je vous en donnerai plutôt un des miens (dit Charroselles) et je m'en vais vous le lire comme je vous l'ai promis. A ce mot Philalète, ayant tressailli, se leva, et témoigna de s'en vouloir aller. Angélique se leva aussi pour lui faire quelques civilités ; le reste de la compagnie en fit de même, dont Charroselles pensa enrager, voyant qu'on lui avoit ainsi rompu son coup, car il se faisoit tard, et il lui fut impossible de faire rasseoir personne. Il y eut encore quelques petits entretiens tout debout et séparés, et surtout entre Javotte et Pancrace, qui fit dessein dès lors de s'attacher tout à fait à elle. Comme il aimoit bien autant le corps que l'esprit, il trouva sa beauté si admirable, qu'elle lui ôta le dégoût que d'autres en auroient pu avoir, pour n'être pas accompagnée d'esprit. Il se mit à lui dire plusieurs fleurettes; mais elle sourioit à toutes, et ne répondit à pas une, si ce n'est quand il lui dit, avec un grand serment, qu'il étoit son serviteur, et qu'il la prioit de le croire.

Elle lui répondit aussitôt naïvement : Ah! monsieur, ne me dites point cela, je vous prie; il n'y a encore que deux personnes qui m'ont dit qu'ils sont mes serviteurs, qui me déplaisent fort, et que je hais mortellement; vous avez trop bonne mine pour faire comme eux. Comment! mademoiselle (répliqua-t-il), c'est peut-être que vous avez eu quelques amants qui ont manqué de respect pour vous, et qui vous ont fait quelque déclaration d'amour trop hardie. Point du tout, monsieur (reprit Javotte), ils ne l'ont dit qu'à mon papa et à maman, et chacun de son côté m'assure que je lui suis promise en mariage; mais je ne sais ce qu'ils m'ont fait, je ne les saurois souffrir.

Si vous avez eu jusqu'à présent des serviteurs si désagréables (dit le gentilhomme), ce n'est pas à dire que tous les autres leur ressemblent; au contraire, puisque ceux-là ne vous sont pas propres, il en faut chercher de plus accomplis. Je ne veux point de serviteurs (dit Javotte); aussi bien, quand j'en aurois, je ne saurois que leur dire ni qu'en faire. Quoi! (reprit Pancrace) est-ce qu'on ne pourroit pas trouver quelque occasion de vous rendre service? Non (lui dit Javotte); pourtant vous me feriez bien un plaisir si vous vouliez; mais je n'oserois vous le demander, car vous ne le voudriez peut-être pas. Comment! mademoiselle (reprit-il en élevant un peu sa voix), y-a-t-il au monde quelque chose assez difficile dont je ne voulusse pas venir à bout pour l'amour de vous? Cela n'est pas trop mal aisé (continua Javotte), et si vous me voulez bien promettre de l'accomplir, je vous le dirai. Je vous le promets (ajouta Pancrace fort brusquement) et je vous le jure par tout ce qu'il y a au monde que je respecte le plus; je souhaite même que la chose soit bien difficile, afin que l'exécution soit une plus forte preuve de la passion que j'ai de vous servir. Après cette assurance (reprit Javotte), je vous avoue que, vous ayant ouï dire tantôt de belles choses, en disputant avec ces demoiselles, je voudrois bien vous prier de me prêter le livre où vous avez pris tout ce que vous avez dit : car j'avoue ingénuement que je suis honteuse de ne point parler, et cependant je ne sais que dire ; je voudrois bien avoir le secret de ces demoiselles, qui causent si bien ; si j'avois trouvé leur livre où tout cela est, je l'étudierois tant que je causerois plus qu'elles. Pancrace fut surpris de cette grande naïveté, et lui dit qu'il n'y avoit pas un livre où tout ce qu'on disoit dans les conversations fût écrit ; que chacun discouroit selon le sujet qui se présentoit, et selon les pensées qui lui venoient dans l'esprit. Ah ! je me doutois bien (lui dit Javotte) que vous feriez le secret, comme si je ne savois pas bien le contraire. Quand maman parle de M$^{lle}$ Philippotte, qui a tant parlé aujourd'hui, elle dit que c'est une fille qui a toujours un livre à la main ; qu'elle a étudié comme un docteur, mais qu'elle ne sait pas ficher un point d'aiguille ; que je me donne bien de garde de l'imiter, et qu'un garçon à marier qui prendroit son conseil ne voudroit point d'elle ; mais elle a beau dire, si j'avois attrapé son livre, je l'apprendrois tout par cœur.

Pancrace, qui reconnut que c'étoit une fille qui vouloit se mettre à la lecture et qui avoit été élevée jusqu'alors dans l'ignorance, crut trouver une belle occasion de lui rendre de petits services, en lui envoyant des livres. Ainsi il commença de lui applaudir, et demeura aucunement d'accord qu'on tiroit des livres beaucoup de choses qui se disoient dans les conversations ; que, quoiqu'elles n'y fussent pas mot à mot, les livres ouvroient l'esprit et le remplissoient de plusieurs idées qui lui fournissoient des matières pour bien discourir. Il lui promit donc de lui en envoyer dès le soir, et la pria de croire qu'il n'y avoit point de si violente passion que celle qu'il avoit pour elle. Comme il achevoit cette protestation, Laurence, qui avoit amené Javotte, la vint avertir qu'il étoit temps de s'en retourner, et qu'on seroit en peine d'elle à la maison, de sorte qu'avec une profonde révérence elle prit congé de la compagnie, à laquelle sa beauté et son ingénuité ayant servi quelque temps d'entretien, le reste se sépara.

Javotte, étant arrivée au logis, ne se pouvoit taire du plaisir qu'elle avoit eu de voir ce beau monde, et d'entendre tant de belles choses ; elle donna ordre à la servante, qui avoit été sa nourrice, et sa confidente par conséquent, de recevoir les livres qu'on lui enverroit, et de les cacher dans la paillasse de son lit, de peur que l'on ne les trouvât dans son coffre, où sa mère fouilloit quelquefois. Les livres arrivèrent bientôt après (c'étoient les cinq tomes de l'Astrée, que Pancrace lui envoyoit). Elle courut à sa chambre, s'enferma au verrou, et se mit à lire jour et nuit avec tant d'ardeur qu'elle en perdoit le boire et le manger. Et quand on vouloit la faire travailler à sa besogne ordinaire, elle feignoit qu'elle étoit malade, disant qu'elle n'avoit point dormi toute la nuit, et elle montroit des yeux battus, qui le pouvoient bien être en effet, à cause de son assiduité à la lecture. En peu de temps elle y profita beaucoup, et il lui arriva une assez plaisante chose.

Comme il nous est fort naturel, quand on nous parle d'un homme inconnu, fût-il fabuleux, de nous en figurer au hasard une idée en notre esprit qui se rapporte en quelque façon à celle de quelqu'un que nous connoissons, ainsi Javotte, en songeant à Céladon, qui étoit le héros de son roman, se le figura de la même taille et tel que Pancrace, qui étoit celui qui lui plaisoit le plus de tous ceux qu'elle connoissoit. Et comme Astrée y étoit aussi dépeinte parfaitement belle, elle crut en même temps lui ressembler, car une fille ne manque jamais de vanité sur cet article. De sorte qu'elle prenoit tout ce que Céladon disoit à Astrée comme si Pancrace le lui eût dit en propre personne, et tout ce qu'Astrée disoit à Céladon, elle s'imaginoit le dire à Pancrace. Ainsi il étoit fort heureux, sans le savoir, d'avoir un si galant solliciteur qui faisoit l'amour pour lui en son absence;

et qui travailla si avantageusement, que Javotte y but insensiblement ce poison qui la rendit éperdument amoureuse de lui. Et certes on ne doit point trouver cette aventure trop surprenante, vu qu'il arrive souvent aux personnes qui ont été élevées en secret, et avec une trop grande retenue, que sitôt qu'elles entrent dans le monde, et se trouvent en la compagnie des hommes, elles conçoivent de l'amour pour le premier homme de bonne mine qui leur en vient conter. Comme les deux sexes sont nés l'un pour l'autre, ils ont une grande inclination à s'approcher, et il en est comme d'un ressort qu'on a mis en un état violent, qui se rejoint avec un plus grand effort, quand il a été lâché. Il faut les gouverner avec ce doux tempérament, qu'ils s'accoutument à se voir et qu'ils s'apprivoisent ensemble, mais qu'il y ait cependant quelque œil surveillant, qui par son respect y fasse conserver la pudeur et en bannisse la licence.

Il arrive la même chose pour la lecture : si elle a été interdite à une fille curieuse, elle s'y jettera à corps perdu, et sera d'autant plus en danger, que, prenant les livres sans choix et sans discrétion, elle en pourra trouver quelqu'un qui d'abord lui corrompra l'esprit. Tel entre ceux-là est l'Astrée : plus il exprime naturellement les passions amoureuses, et

mieux elles s'insinuent dans les jeunes âmes, où il se
glisse un venin imperceptible, qui a gagné le cœur
avant qu'on puisse avoir pris du contre-poison. Ce
n'est pas comme ces autres romans, où il n'y a que
des amours de princes et de paladins, qui, n'ayant
rien de proportionné avec les personnes du commun,
ne les touchent point, et ne font point naître d'envie
de les imiter.

Il ne faut donc pas s'étonner si Javotte, qui avoit
été élevée dans l'obscurité, et qui n'avoit point fait
de lecture qui lui eût pu former l'esprit ou l'accoutumer au récit des passions amoureuses, tomba dans
ce piége, comme y tomberont infailliblement toutes
celles qui auront une éducation pareille. Elle ne
pouvoit quitter le roman dont elle étoit entêtée que
pour aller chez Angélique. Elle ménageoit toutes les
occasions de s'y trouver, et prioit souvent ses voisines de la prendre en y allant, et d'obtenir pour elle
congé de sa mère. Pancrace y étoit aussi extraordi-
nairement assidu, parce qu'il ne pouvoit voir ailleurs
sa maîtresse. En peu de jours il fut fort surpris de
voir le progrès qu'elle avoit fait à la lecture, et le
changement qui étoit arrivé dans son esprit. Elle
n'étoit plus muette comme auparavant; elle commençoit à se mêler dans la conversation et à montrer
que sa naïveté n'étoit pas tant un effet de son peu

d'esprit que du manque d'éducation, et de n'avoir pas vu le grand monde.

Il fut encore plus étonné de voir que l'ouvrage qu'il alloit commencer étoit bien avancé, quand il découvrit qu'il étoit déjà si bien dans son cœur : car quoiqu'elle eût pris Astrée pour modèle et qu'elle imitât toutes ses actions et ses discours, qu'elle voulût même être aussi rigoureuse envers Pancrace que cette bergère l'étoit envers Céladon, néanmoins elle n'étoit pas encore assez expérimentée ni assez adroite pour cacher tout à fait ses sentiments. Pancrace les découvrit aisément, et pour l'entretenir dans le style de son roman, il ne laissa pas de feindre qu'il étoit malheureux, de se plaindre de sa cruauté, et de faire toutes les grimaces et les emportements que font les amants passionnés qui languissent, ce qui plaisoit infiniment à Javotte, qui vouloit qu'on lui fît l'amour dans les formes et à la manière du livre qui l'avoit charmée. Aussi, dès qu'il eut connu son foible, il en tira de grands avantages. Il se mit lui-même à relire l'Astrée, et l'étudia si bien, qu'il contrefaisoit admirablement Céladon. Ce fut ce nom qu'il prit pour son nom de roman, voyant qu'il plaisoit à sa maîtresse, et en même temps elle prit celui d'Astrée. Enfin ils imitèrent si bien cette histoire, qu'il sembla qu'ils la jouassent une seconde

fois, si tant est qu'elle ait été jouée une première, à
la réserve néanmoins de l'aventure d'Alexis qu'ils
ne purent exécuter. Pancrace lui donna encore
d'autres romans, qu'elle lut avec la même avidité, et
à force d'étudier nuit et jour, elle profita tellement
en peu de temps, qu'elle devint la plus grande cau-
seuse et la plus coquette fille du quartier.

Le père et la mère de Javotte s'aperçurent bientôt
du changement de sa vie, et s'étonnèrent de voir
combien elle avoit profité à hanter compagnie. Elle
paroissoit même trop savante à leur gré ; ils se plaignoient déjà qu'elle étoit gâtée, et de peur de la
laisser corrompre davantage, ils se résolurent de la
marier dans le carnaval. Le seul embarras où ils se
trouvoient étoit de bien balancer les deux partis
qu'ils avoient en main. Ils avoient de l'engagement
avec le premier, mais le second étoit, comme j'ai
dit, sans comparaison plus avantageux. La mère ne
pouvoit souffrir Nicodème depuis l'aventure du miroir et du théorbe, et ne l'appeloit plus que Brise-
tout ; le père en étoit dégoûté depuis l'opposition
formée par Lucrèce, quoique cet amant crût bien
avoir raccommodé son affaire par le dédommage-
ment qu'il avoit fait, et par la main levée qu'il avoit
apportée. Il n'y avoit qu'à trouver une occasion de
rompre avec lui pour traiter avec Bédout. Sa sottise

en fit naître une bientôt après, qui, bien que légère, ne laissa pas d'être prise aux cheveux.

Il vint un jour chez sa maîtresse fort échauffé et fort gai, et lui faisant voir quantité d'or dans ses poches, il lui dit qu'il étoit le plus heureux garçon du monde, et qu'il venoit de gagner six cents pistoles à trois dés. M. et M.$^{me}$ Vollichon, avares de leur naturel, réjouis du seul éclat de cette belle monnoie, sans y faire autre réflexion, le louèrent de son bonheur, et peu s'en fallut qu'ils ne souhaitassent de l'avoir déjà marié avec leur fille, puisqu'il faisoit si facilement fortune. Mais un oncle de Javotte, qui étoit un ecclésiastique sage et judicieux, leur remontra que, s'il avoit gagné ce jour-là six cents pistoles, la fortune se pouvoit changer le lendemain, et lui en faire perdre mille ; qu'il ne falloit point mettre en leur alliance un joueur, qui pouvoit en un moment perdre tout le mariage de leur fille, et qu'enfin ceux qui s'adonnent au jeu ne sont point attachés au soin de leur famille et de leur profession ; qu'au reste, s'ils vouloient rompre avec lui, il n'en falloit point laisser échapper une si belle occasion. Pour surcroît de malheur, Villeflatin, rencontrant le lendemain Vollichon, lui demanda comment alloit l'affaire du mariage de sa fille ; et sans attendre sa réponse, il lui dit : Hé bien, nous avons tiré des plumes de notre oison (parlant de Nicodème); j'en ai fait avoir à M^lle Lucrèce de bons dommages et intérêts, comme je l'avois entrepris : quand je me mêle d'une affaire pour mes amis, elle réussit. Ensuite il lui raconta le succès de l'opposition qu'il avoit formée, et comme il en avoit fait toucher deux mille écus à sa partie, par la seule peur qu'avoit eu Nicodème d'en être poursuivi. Vollichon crut qu'il y avoit de la part de cet étourdi ou grande débauche, ou grande profusion, puisqu'il avoit acheté si chèrement la paix de Lucrèce, et il conçut le mal plus grand qu'il n'étoit en effet. Cela le détermina tout à fait à la rupture, dont il donna dès le soir quelques témoignages à Nicodème, qui, nonobstant cela, vouloit encore tenir bon. Il les fit ensuite confirmer par Javotte même, qui lui fit de bon cœur une déclaration précise qu'elle ne seroit jamais sa femme, et que, quand ses parents la forceroient à l'épouser, elle ne pourroit jamais se résoudre à l'aimer ni à le souffrir. Il vit bien alors qu'il ne pouvoit aller contre vent et marée ; que s'il vouloit passer outre il ne gagneroit peut-être que des cornes, et que s'il intentoit un procès l'issue en seroit incertaine ; qu'il pouvoit bien laisser Javotte dans l'engagement, mais qu'il y demeureroit en même temps lui-même, et que cela l'empêcheroit de chercher fortune et de se pourvoir ailleurs. Enfin, après deux ou trois jours d'irrésolution, il prit conseil de ses amis, et non point de son amour, qui s'évanouit peu de temps après, car l'amour n'est pas opiniâtre dans une tête bourgeoise comme il l'est dans un cœur héroïque ; l'attachement et la rupture se font communément et avec une grande facilité ; l'intérêt et le dessein de se marier est ce qui règle leur passion. Il n'appartient qu'à ces gens fainéants et fabuleux d'avoir une fidélité à l'épreuve des rigueurs, des absences et des années. Nicodème résolut donc de rapporter les articles qui avoient été signés, qui furent de part et d'autre déchirés ou brûlés. Je n'ai pas été bien précisément instruit de cette circonstance : peut-être furent-ils l'un et l'autre, car ils étoient encore en saison de parler auprès du feu. Il prit congé néanmoins de bonne grâce, et avec protestation de services dont on ne fit pas grand état, et il eut seulement le regret d'avoir perdu en même temps son argent et ses peines auprès de deux maîtresses différentes. Le voilà donc libre pour aller fournir encore la matière de quelque autre histoire de même nature. Mais je ne suis pas assuré qu'il vienne encore paroître sur la scène, il faut maintenant qu'il fasse place à d'autres ; et, afin que vous n'en soyez pas étonné, imaginez-vous qu'il soit ici tué, massacré, ou assassiné par quelque aventure, comme il seroit facile de le faire à un auteur peu conscientieux.

Sitôt que Vollichon eût rompu avec Nicodème, il songea à conclure promptement l'affaire avec Jean Bedout. Il proposa des articles, sur lesquels il y eut bien plus de contestation qu'au premier contact : car, quoique Nicodème fût un grand sot, il ne laissoit pas d'être estimé habile homme dans le palais, où ces qualités ne sont pas incompatibles. De sorte que, quoiqu'il n'eût pas de si grands biens que son rival, on ne faisoit pas tant de difficultés avec lui qu'avec Jean Bedout, qui étoit beaucoup plus riche, mais incapable d'emploi. On vouloit que, par les avantages que celui-ci feroit à sa femme, il récompensât sa mauvaise mine et son peu d'industrie. Lui, qui ne calculoit point sur ces principes, n'y trouvoit point du tout son compte ; s'il eût suivi son inclination ordinaire, il auroit voulu marchander une femme comme il auroit fait une pièce de drap. Mais le petit messer Cupidon fût l'entremetteur de cette affaire. Il l'avoit navré tout à bon, et en même temps il l'avoit changé de telle sorte que, comme il n'y a point de telle libéralité que celle des avaricieux quand quelqu'autre passion les domine, il se laissa brider comme on voulut ; accordant plus qu'on ne lui avoit demandé. Le jour est pris pour signer le contrat, les amis mandés et qui pis est, la collation préparée; les articles sont accordés et signés d'abord du futur époux. Quand ce vint à Javotte à signer, le père, qui avoit fait son compte sur son obéissance filiale, et qui ne lui avoit point communiqué le détail de cette affaire, fut fort surpris quand elle refusa de prendre la plume. Il crut d'abord qu'une honnête pudeur la retenoit, et que par cérémonie elle ne vouloit pas signer devant les autres. Enfin, après plusieurs remontrances, l'ayant assez vivement pressée, elle répondit assez galamment : Qu'elle remercioit ses parents de la peine qu'ils avoient prise de lui chercher un époux, mais qu'ils devoient en laisser le soin à ses yeux; qu'ils étoient assez beaux pour lui en attirer à choisir; qu'elle avoit assez de mérite pour épouser un homme de qualité qui auroit des plumes, et qui n'auroit point cet air bourgeois qu'elle haïssoit à mort; qu'elle vouloit avoir un carrosse, des laquais et la robe de velours. Elle cita là-dessus l'exemple de trois ou quatre filles qui avoient fait fortune par leur beauté, et épousé des personnes de condition. Qu'au reste elle étoit jeune, qu'elle vouloit être fille encore quelque temps, pour voir si le bonheur lui en diroit, et qu'au pis-aller elle trouveroit bien un homme qui vaudroit du moins le sieur Bedout, qu'elle appeloit un malheureux avocat de causes perdues.

Toute la compagnie fut étonnée de cette réponse, qu'on n'attendoit point d'une fille qui avoit vécu jusqu'alors dans une grande innocence et dans une entière soumission à la volonté de ses parents. Mais ce qui lui donnoit cette hardiesse étoit la passion qu'elle avoit pour Pancrace, auparavant laquelle tout engagement lui étoit indifférent. Vollichon, la regardant avec un courroux qui lui suffoquoit presque la voix, lui dit : Ah! petite insolente, qui vous a appris tant de vanité? Est-ce depuis que vous hantez chez Mlle Angélique? Vraiment, il vous appartient bien de vous former sur le modèle d'une fille qui a cinquante mille écus en mariage! Quelque muguet vous a cajolée ; vous voulez avoir des plumets[1], qui, après avoir mangé leur bien, mangeront encore le vôtre. Hé bien! je sais comment il faut apprendre l'obéissance aux qui font les sottes filles : quand vous aurez été six mois dans un cul de couvent, vous apprendrez à parler un autre langage. Allez, vous êtes une malavisée de nous avoir fait souffrir cet affront ; retirez-vous de devant mes yeux et faites tout à l'heure votre paquet.

Sitôt que son emportement lui eut permis de revenir à soi, il vint faire des excuses à la compagnie

---

1. Fanfarons.

et au futur époux de ce que ce mariage ne s'achevoit pas. Il commença par une grande déclamation contre le malheur de la jeunesse, qui ne savoit pas connoître ce qui lui est propre. Ha! disoit-il à peu près en ces termes, que le siècle d'à présent est perverti! Vous voyez, messieurs, combien la jeunesse est libertine, et le peu d'autorité que les pères ont sur leurs enfants. Je me souviens encore de la manière que j'ai vécu avec feu mon père (que Dieu veuille avoir son âme!). Nous étions sept enfants dans son étude, tous portant barbe; mais le plus hardi n'eût pas osé seulement tousser ou cracher en sa présence; d'une seule parole il faisoit trembler toute la maison. Vraiment il eût fait beau voir que moi, qui étois l'aîné de tous, et qui n'ai été marié qu'à quarante ans, moi, dis-je, j'eusse résisté à sa volonté, ou que je me fusse voulu mêler de raisonner avec lui! J'aurois été le bien venu et le mal reçu; il m'auroit fait pourrir à Saint-Lazare ou à Saint-Martin[1]. Vollichon ne faisoit que commencer la déclamation contre les mœurs incorrigibles de la jeunesse, quand sa femme lui dit en l'interrompant : Hélas! Mouton (c'étoit le nom de cajolerie qu'elle donnoit à son mari, qui, de son côté, l'appeloit

[1]. Prisons où l'on enfermait les jeunes gens de mœurs déréglées.

Moutonne), il n'est que trop vrai que le monde est
bien perverti; quand nous étions filles, il nous falloit vivre avec tant de retenue, que la plus hardie
n'auroit pas osé lever les yeux sur un garçon; nous
observions tout ce qui étoit dans notre civilité puérile, et, par modestie, nous n'aurions pas dit un
petit mot à table; il falloit mettre une main dans sa
serviette, et se lever avant le dessert. Si quelqu'une
de nous eût mangé des asperges ou des artichauts,
on l'auroit montrée au doigt; mais les filles d'aujourd'hui sont presque aussi effrontées que des pages
de cour. Voilà ce que c'est que de leur donner trop
de liberté. Tant que j'ai tenu Javotte auprès de moi
à ourler du linge et à faire de la tapisserie, ç'a été
une pauvre innocente qui ne savoit pas l'eau troubler. Dans ce peu de temps qu'elle a hanté chez
Mlle Angélique, où il ne va que des gens poudrés et
à grands canons, toute sa bonne éducation a été
gâtée; je me repens bien de lui avoir ainsi laissé la
bride sur le cou.

Laurence, qui étoit invitée à la cérémonie, et
qui, quoique bourgeoise, voyoit, comme j'ai dit, le
beau monde, prit là-dessus la parole et leur dit :
Quand vous voudriez blâmer mademoiselle votre
fille, il ne faudroit point pour cela en accuser la
fréquentation de Mlle Angélique. C'est une maison

où il hante plusieurs personnes d'esprit et de qualité, mais qui y vivent avec tant de respect et de discrétion, qu'on peut dire que c'est une vraie école d'honneur et de vertu. Mais peut-être aussi qu'une fille qui se sent de la beauté est excusable, si cet avantage de la nature lui enfle quelque peu le cœur et lui augmente cette vanité qui est si naturelle à notre sexe. Sitôt qu'on a hanté un peu le grand monde, on y voit un certain air qui dégoûte fort de celui des gens qui vivent dans l'obscurité. Ainsi il ne faut point trouver étrange qu'une fille jeune, qui se voit recherchée de beaucoup de gens, ne veuille rien précipiter quand il est question d'un si grand engagement, et si elle attend avec patience que son mérite lui fasse trouver quelque bonne occasion. J'accuserois plutôt le malheur et la promptitude de mon cousin, qui n'a point du tout suivi mon conseil dans cette recherche. Au lieu de faire l'amant durant quelques jours, il a voulu d'abord faire le mari. Il falloit gagner les bonnes grâces de sa maîtresse par quelques visites et petits services, plutôt que de la devoir tout entière au respect et à l'obéissance paternelle. En tout cas, s'il avoit vu qu'elle eût quelque aversion pour lui, il se seroit épargné la honte d'un refus si solennel. Vous avez raison, dit Prudence (c'étoit l'oncle dont j'ai parlé, qui étoit aussi de la noce), quand vous dites qu'il est bon que ceux qui se veulent marier aient quelques conversations ensemble, afin que chacun connoisse les humeurs de la personne avec qui il a à vivre dorénavant. Mais vous n'en avez point du tout quand vous voulez excuser ma nièce dans son procédé, non seulement en ce qu'elle a attendu à faire sa déclaration si mal à propos, mais encore en ce qu'elle n'a pas voulu suivre aveuglément le choix de ses parents. Ils ont bien su lui chercher ses avantages, qu'ils connoissent mieux qu'elle-même ; et ce refus est d'autant plus ridicule, qu'il est fondé sur une folle espérance, qui n'arrivera peut-être jamais, de trouver un marquis qui l'épouse pour son mérite. C'est un dangereux exemple que celui d'une fille qui par sa beauté aura fait fortune; il fera vieillir cent autres qui s'y attendront, si tant est qu'il ne leur arrive encore pis, et que leur honneur ne fasse cependant pas naufrage. Souvent celle qui voudra engager par ses cajoleries quelque homme de condition se trouvera engagée elle-même, et verra échapper avec regret, et quelquefois avec honte, celui qu'elle croyoit tenir dans ses liens. Au bout du compte, quel sujet a ma nièce de se plaindre, puisqu'on lui a trouvé un parti sortable et un homme accommodé, qui est de la condition de tous ses proches?

Vous avez touché au but (dit Jean Bedout, que la honte de cet affront et sa naturelle timidité avoient jusque-là rendu muet), car il est certain que les meilleurs mariages sont ceux qui se font entre pareils ; et vous savez, monsieur le prieur, vous qui entendez le latin, ce bel adage : *Si tu vis nubere, nube pari*. Il n'y a rien de plus condamnable que cette ambition d'augmenter son état en se mariant ; c'est pourquoi je ne puis assez louer la loi établie chez les Chinois, qui veut que chacun soit de même métier que son père. Or, comme notre état n'est pas si bien policé, je m'étonne peu que M$^{lle}$ Javotte n'ait pas réglé ses désirs conformément à cette loi. Elle a eu peut-être raison de ne pas trouver en moi assez de mérite ; mais son refus n'empêchera pas que je ne sois encore disposé à lui rendre service. Je lui aurai du moins cette obligation, qu'elle m'empêchera peut-être de me marier jamais. Car j'avoue que ce qui m'en avoit dégoûté jusqu'à présent, ce sont toutes ces approches et ces galanteries qu'il faut faire, qui ne sont point de mon génie ni de mon humeur. J'avois dessein de me marier de la façon que je vois faire à quantité de bons bourgeois, qui se contentent qu'on leur fasse voir leur maîtresse à certain banc ou à certain pilier d'une église, et qui lui rendent là une visite muette, pour voir si elle n'est ni tortue ni bossue ; encore n'est-ce qu'après être d'accord avec les parents de tous les articles du contrat : toutes les autres cérémonies sont purement inutiles. J'en ai tant vu réussir de la sorte, que je ne croyois pas que celui-ci eût une autre issue ; mais, puisque j'y ai été trompé, il faut que j'essaye de m'en consoler avec Sénèque et Pétrarque[1], ou avec M. de la Serre[2], que je lirai exprès, dès ce soir.

Cessons, reprit Vollichon, d'examiner de quelle manière on doit traiter les mariages, puisque ce seroit mettre l'autorité paternelle en compromis ; mais, en attendant que j'aie appris à ma fille à m'obéir, je ne saurois assez vous témoigner le déplaisir que j'ai que cette affaire ne s'accomplisse pas avec vous : car vous avez la mine d'être bon ménager et de bien réussir au barreau, si on vous emploie. J'avois envie de vous donner bien de la pratique, et, pour vous le montrer, c'est que j'avois déjà mis à part sur mon bureau un sac d'une cause d'appareil pour vous faire plaider au présidial un de ces matins. C'est une appellation verbale d'une sentence rendue par le prévôt de Vaugirard ou son lieutenant audit lieu, où on peut bien dire du latin et cracher du grec. Voici

---

1. C'est évidemment Plutarque qu'il veut dire.
2. J. Puget de la Serre, auteur d'un *Esprit de Sénèque et de Plutarque.*

quelle en est l'espèce... Et, en continuant, au lieu de lui faire les excuses et les compliments qui étoient de saison, pour le consoler de l'affront qu'il venoit de recevoir, il lui fit un récit prolixe de cette cause, avec tous les moyens de fait et de droit, aussi ponctuellement que s'il eût voulu la plaider lui-même. Pendant que l'un déduisoit et que l'autre écoutoit ce beau procès, Prudence, M$^{me}$ Vollichon et Laurence continuoient l'entretien qu'ils avoient commencé, et les autres invités, par petits pelotons, s'entretenoient à part, en divers endroits de la salle, de l'affaire qui venoit d'arriver; le tout aux dépens du misérable Bedout. Ce fut même à ses dépens que se rompit la conversation de Vollichon et de lui : car elle n'eût pas sitôt fini, n'eût été qu'une collation qu'il avoit fait apporter de son logis entra dans la salle ou du moins il y entra une partie : car une vieille servante faite à son badinage, ayant vu que le mariage de son maître alloit à vau-l'eau, avoit eu soin de faire reporter chez lui quelques boîtes de confitures et quelques fruits qui se pouvoient conserver pour une autre occasion ; elle ne laissa servir que quelque pâté, jambon et poulet d'Inde froid, qui étoient des mets sujets à se corrompre. Enfin, quand la collation fut achevée, après de longs compliments bourgeois, dont les uns contenoient des plaintes, les autres des regrets, les autres des excuses, les autres des remerciements, la compagnie se sépara, et chacun se dit adieu jusqu'au revoir. A l'égard de Jean Bedout, après une grande diversité de sentiments qui lui agitèrent l'esprit, enfin cette honte l'ayant refroidi, il en vint à ce point qu'il remercia son bon ange de l'avoir préservé des cornes, que naturellement il craignoit, dans une occasion où il étoit en péril éminent d'en avoir; et il eut presque autant de regret à la collation mangée qu'à sa maîtresse perdue.

Dès le lendemain, tant pour punir Javotte de sa désobéissance que pour la retirer du grand monde, où on croyoit qu'elle puisoit sa vanité, elle fut mise en pension chez des religieuses, qui avoient fait un nouvel établissement dans un des faubourgs de Paris. Ce ne fut pas sans lui faire des réprimandes et des reproches de la faute qu'elle avoit faite, et sans de grandes menaces de la laisser enfermée jusqu'à ce qu'elle fût devenue sage. Mais, hélas! que ce fut un mauvais expédient pour sa correction! elle tomba, comme on dit, de fièvre en chaud-mal : car, quoique ces bonnes sœurs vécussent entre elles avec toute la vertu imaginable, elles avoient ce malheur de ne pouvoir subsister que par les grosses pensions qu'on leur donnoit pour entrer chez elles. C'est ce qui leur faisoit recevoir indifféremment toutes sortes de pensionnaires. Toutes les femmes qui vouloient plaider contre leurs maris ou cacher le désordre de leur vie ou leurs escapades y étoient reçues, de même que toutes les filles qui vouloient éviter les poursuites d'un galant, ou en attendre et en attraper quelqu'un. Celles-là, qui étoient expérimentées, et qui savoient toutes les ruses et les adresses de la galanterie, enseignoient les jeunes innocentes que leur malheur y avoit fait entrer, qui y faisoient un noviciat de coquetterie, en même temps qu'on croyait leur en faire faire un de religion. En un mot, à leur égard, il n'y avoit autre réforme que les grilles, qui mettoient les corps en sûreté ; encore cela ne regardoit pas celles qui avoient privilège de sortir deux ou trois fois la semaine, sous prétexte de solliciter leurs procès. Douze parloirs qu'il y avoit au couvent étoient pleins tout le jour ; encore il les falloit retenir de bonne heure pour y avoir place, comme on auroit fait les chaises au sermon d'un prédicateur épiscopisant.

Javotte fit bientôt savoir à son amant le lieu où on l'avoit enfermée ; il ne faut pas demander s'il s'y rendoit tous les jours. Quand il sortoit, ses porteurs de chaise ne lui demandoient point de quel côté il falloit tourner : de leur propre mouvement ils alloient toujours de ce côté-là. Jamais il ne trouva de lieu qui fût plus selon ses souhaits pour prêcher son amour tout à loisir : car il avoit là cet avantage de parler à sa maîtresse seul à seul, et tant qu'il vouloit; au lieu que pendant que Javotte étoit dans le monde, il ne la voyoit que hors de chez elle, et fort rarement dans des compagnies où elle lui donnoit rendez-vous, et où ils étoient perpétuellement interrompus par les changements qui y arrivent d'ordinaire. Il eut donc tout loisir pour la remercier de la généreuse action qu'elle avoit faite en sa faveur, et pour rire de la confusion qu'elle avoit faite à son malheureux et ridicule rival, dont les discours et les mœurs leur fournirent la matière d'un assez long entretien. Il eut encore le temps de lui expliquer et faire connoître comment la passion qu'il avoit pour elle augmentoit de jour en jour ; et les témoignages qu'il lui en donna la persuadèrent si bien, que jamais il n'y eut deux personnes plus unies. Quand il étoit obligé de la quitter, il lui laissoit des livres qui entretenoient son esprit dans des pensées amoureuses, de sorte que tout le temps qu'elle déroboit au parloir, elle le donnoit à cette lecture agréable. Ainsi elle ne s'ennuyoit point du tout. Quand sa mère l'alloit voir, elle étoit tout étonnée que le lieu qu'elle croyoit lui avoir donné pour supplice et pour prison ne l'avoit point du tout changée et ne lui donnoit point les sentiments qu'elle désiroit. Cependant, après que sept ou huit mois se furent écoulés, et que Javotte eut lu tous les romans et les livres de galanterie qui étoient en réputation (car elle commençoit à s'y connoître et ne pouvoit souffrir les méchants, qui l'auroient occupée à l'infini), le chagrin et l'ennui s'emparèrent de son esprit, qui n'avoit plus à quoi s'attacher, et elle connut ce que c'étoit que là clôture et la perte de la liberté. Elle écrivit dans cette pensée à ses parents pour les prier de la tirer de la captivité. Ils y consentirent aussitôt, à condition qu'elle signeroit le contrat de mariage avec l'avocat Bedout, qu'ils croyoient encore être à leur dévotion; mais ils se trompoient en leur calcul. Elle refusa de sortir à ces conditions, et, après avoir beaucoup de fois réitéré ses prières, et même témoigné par quelque espèce de menaces le déplaisir qu'elle avoit d'être enfermée, enfin le désespoir, ou, pour n'en point mentir, la passion qu'elle avoit pour Pancrace, la firent consentir aux propositions qu'il lui fit de l'enlever.

Je ne tiens pas nécessaire de vous rapporter ici par le menu tous les sentiments passionnés qu'il étala et toutes les raisons qu'il allégua pour l'y faire résoudre, non plus que les honnêtes résistances qu'y fit Javotte, et les combats de l'amour et de l'honneur qui se firent dans son esprit : car vous n'êtes guère versés dans la lecture des romans, ou vous devez savoir vingt ou trente de ces entretiens par cœur, pour peu que vous ayez de mémoire. Ils sont si communs que j'ai vu des gens qui, pour marquer l'endroit où ils en étoient d'une histoire, disoient : J'en suis au huitième enlèvement, au lieu de dire : J'en suis au huitième tome. Encore n'y a-t-il que les auteurs bien discrets qui en fassent si peu, car il y en a qui non seulement à chaque tome, mais à chaque livre, à chaque épisode ou historiette, ne manquent jamais d'en faire. Un plus grand orateur ou poète que moi, quelque inventif qu'il fût, ne vous pourroit rien faire lire que vous n'eussiez vu cent fois. Vous en verrez dont on fait seulement la proposition, et on y résiste; vous en verrez d'autres qui sont de nécessité, et on s'y résout. Je vous y renvoye donc, si vous voulez prendre la peine d'y en chercher, et je suis fâché, pour votre soulagement, qu'on ne se soit point avisé dans ces sortes de livres de faire des tables, comme en beaucoup d'autres qui ne sont pas si gros et qui sont moins feuilletés. Vous entrelarderez ici celui que vous trouverez le plus à votre goût et que vous croirez mieux convenir au sujet. J'ai pensé même de commander à l'imprimeur de laisser en cet endroit du papier blanc, pour y transplanter plus commodément celui que vous auriez choisi, afin que vous pussiez l'y placer. Ce moyen auroit satisfait toutes sortes de personnes : car il y en a tel qui trouvera à redire que je passe des endroits si importants sans les circonstancier, et qui dira que de faire un roman sans ce combat de passions qui en sont les plus beaux endroits, c'est la même chose que de décrire une ville sans parler de ses palais et de ses temples. Mais il y en aura tel autre qui, voulant faire plus de diligence et battre bien du pays en peu de temps, n'en demandera que l'abrégé. C'étoit l'humeur de ce bon prêtre qui s'étonnoit de ceux qui se plaignoient qu'il falloit employer bien du temps à dire leur bréviaire : car, par simplicité, il disoit son office ponctuellement comme il le trouvoit dans son livre, où il récitoit tout de suite l'antienne, les versets, les leçons et les premiers mots de chaque psaume, de chaque hymne, avec l'etc. qui étoit au bout et le chiffre du renvoi qu'on faisoit à la page où étoit le reste de l'hymne ou du psaume. Voilà le moyen d'expédier besogne, et il ne mentoit pas quand il assuroit qu'il y employoit moins d'un quart d'heure.

Pour revenir à mon sujet, je vous avouerai franchement que, si je n'ai pas écrit le combat de l'amour et de la vertu de Javotte, c'est que je n'en ai point eu de mémoires particuliers; il dépendra de vous d'avoir bonne ou mauvaise opinion de sa conduite. Je n'écris point ici une morale, mais seulement une histoire. Je ne suis pas obligé de la justifier : elle ne m'a pas payé pour cela, comme on paye les historiens qu'on veut avoir favorables. Tout ce que j'en ai pu apprendre, c'est qu'elle fut facilement enlevée par le moyen d'une échelle qu'on appliqua aux murs du jardin, qui étoient fort bas : car ces bonnes religieuses avoient acheté depuis peu d'un pauvre jardinier ce jardin, dont les murs n'avoient été faits que pour conserver ses choux, qui sont bien plus aisés à garder que des filles. Sitôt que Pancrace eut ce précieux butin, il l'emmena dans un château sur la frontière, où il avoit une garnison qu'il commandoit; et de là il fit nargue aux commissaires du Châtelet, qui se mirent vainement en peine de savoir ce que ce couple d'amants étoit devenu; car, dès le lendemain, Vollichon, après avoir fait de grandes déclamations sur le libertinage des filles, et des regrets inutiles sur sa sévérité, n'eut autre remède et consolation dans son malheur que de faire une plainte et information par-devant un commissaire de ses intimes amis, lequel ne laissa pas de la lui faire payer bien chèrement, sous prétexte de ce qu'ils font bourse commune ; et le tout aboutit à un décret de prise de corps contre six quidams vêtus de gris et de vert, ayant plumes à leur chapeau, l'un de poil blond, de grande stature, l'autre de poil châtain, de médiocre grandeur, qui devoient être indiqués par la partie civile. Or, comme Vollichon n'étoit pas à cet enlèvement, et qu'il ne connoissoit point ces quidams, dont le chef étoit en sûreté, ce décret est demeuré depuis sans exécution. Que si je puis avoir quelques nouvelles de la demoiselle et de son amant, je vous promets, foi d'auteur, que je vous en ferai part.

Je reviens à Lucrèce, que j'ai laissée dans un grand embarras, à cause de la maladie qui commençoit à la presser. Pour mettre ordre à ses affaires, elle fut quelque temps qu'elle ne parloit plus que contre les vanités du monde, et de la difficulté qu'il y avoit de faire son salut dans les grandes compagnies ; du peu de conscience et de l'infidélité des hommes ; des fourbes et des artifices qu'ils employoient pour surprendre le beau sexe ; et le tout néanmoins si adroitement, qu'on ne pouvoit pas croire qu'elle en parlât comme bien expérimentée. Elle disoit que les promenades et les cadeaux, qui ont de si grands charmes pour les filles, n'étoient bons que pour un temps, lorsqu'on étoit dans la plus grande jeunesse, et qu'on n'avoit pas assez de fermeté d'esprit pour trouver de meilleures occupations ; pour elle, qu'elle en avoit assez tâté pour en avoir du dégoût et pour n'aspirer plus qu'au bonheur de la vie solitaire. Elle ne hantoit que les églises et les confessionnaux ; elle étoit aussi affamée de directeurs qu'elle avoit été autrefois de galants ; tout son entretien n'étoit que de scrupules sur la conduite des mœurs et des cas de conscience. Elle ne faisoit que s'enquérir où il y avoit des prédicateurs, des fêtes, des confréries et des indulgences. Ses romans étoient convertis en livres spirituels ; elle ne lisoit que des soliloques et des méditations ; enfin sa sainteté en étoit déjà venue aux apparitions, et, pour peu qu'elle se fût accrue, elle fût arrivée aux extases. Elle déclama même (ô prodige !) contre les mouches, contre les rubans et contre les cheveux bouclés, et par modestie elle devint tellement négligée, qu'elle ne s'habilloit presque plus. Aussi auroit-elle eu bien de la peine à le faire, et ce fut fort à propos pour elle que la mode vint de porter des écharpes et de fort amples justeau-corps, car ils sont merveilleusement propres à réparer le défaut des filles qui se font gâter la taille.

On ne parle plus dans le quartier que de la conversion de Lucrèce, quoiqu'elle y eût toujours passé pour une personne d'honneur, mais un peu trop enjouée, et on ne douta plus qu'elle ne se dût retirer bientôt du monde. En effet, on ne fut pas trop surpris quand un beau matin on entendit dire qu'elle étoit entrée en religion. Le hasard voulut que ce fût dans le même couvent où on avoit mis en pension Javotte. Je ne crois pas néanmoins que ce hasard serve de rien à l'histoire, ni fasse aucun bel événement dans la suite ; mais, par une maudite coutume qui règne il y a longtemps dans les romans, tous les personnages sont sujets à se rencontrer inopinément dans les lieux les plus éloignés, quelque route qu'ils puissent prendre, ou quelque différent dessein qu'ils puissent avoir. Cela est toujours bon à quelque chose, et épargne une nouvelle description, quand on est exact à en faire de tous les lieux dont on fait mention, ainsi que font les auteurs qui veulent faire de gros volumes et qui les enflent comme les bouchers font de la viande qu'ils apprêtent. En tous cas, ces rencontres donnent quelque liaison et connexité à l'ouvrage, qui sans cela seroit souvent fort disloqué. La vérité est que ces deux avanturières de galanterie firent grande amitié ensemble ; que, dès le premier jour, elles furent l'une à l'autre chères et fidèles, et se contèrent réciproquement leurs aventures, mais non pas sincèrement. Elles n'eurent pas le loisir de la cultiver longtemps, car, après que Lucrèce eut reçu à la grille trois ou quatre visites de ses amies, qui publièrent dans le monde la vérité de sa clôture et de sa réforme, elle en sortit secrètement sous prétexte de se trouver mal, et ayant donné libéralement aux religieuses tout le premier quartier de sa pension qu'elle avoit avancée, pour n'avoir point de démêlé avec elles. La tourière, qui loge au dehors, fut celle qu'elle eut soin particulièrement de gagner, par les présents qu'elle lui fit, afin qu'elle dît à toutes les personnes qui la viendroient demander qu'elle étoit toujours enfermée dans le couvent. Elle prit pour cela des prétextes assez spécieux, comme de dire qu'elle vouloit éviter l'importunité des visites de beaucoup de personnes qui l'empêchoient de bien vaquer à la piété, et que c'étoit pour les éviter qu'elle avoit abandonné le siècle. Elle pria même, tant de bouche que par écrit, tous ses amis de la laisser en repos dans son cloître, au lieu de lui venir étaler des vanités auxquelles elle avoit renoncé.

Quand il est question de salut, il n'est rien si aisé que de faire mentir des gens dévots : la pauvre tourière, qui étoit simple, et qui ne raffinoit pas assez pour songer que Lucrèce pouvoit, en demeurant dans son cloître, se garantir de cet inconvénient, la crut avec toute la facilité possible et ne manqua pas de dire au peu de gens qui venoient pour la voir, qu'on ne pouvoit pour lors parler à elle ; tantôt elle étoit indisposée, tantôt elle étoit en retraite, tantôt elle disoit son office, tantôt elle étoit en méditation. Comme personne n'avoit intérêt d'approfondir la vérité de la chose, on s'en retournoit sans se douter de rien. Au sortir de là elle se mit en une autre sorte de retraite chez une sage-femme de ses amies, dont elle connoissoit la discrétion, qui la fit délivrer fort secrètement, et qui se chargea de la nourriture de son fruit. Enfin, après deux mois et demi de pleine éclipse, Lucrèce entra dans une autre religion, mieux rentée et plus austère que la précédente. Quand elle y eut été quelques jours fort recluse, peu à peu elle fit savoir à ses connoissances et à son voisinage le nouveau monastère où elle s'étoit retirée ; et, pour prétexte de son changement, elle alléguoit que dans l'autre elle s'étoit toujours mal portée, et qu'il falloit que l'air n'y fût pas bon. Quelquefois elle ajoutoit fort dévotement qu'elle y avoit trouvé un peu trop de licence ; qu'elle n'approuvoit point que les parloirs fussent si remplis de toutes sortes de gens ; et elle confessoit même que souvent elle s'étoit fait celer tout exprès, de peur d'y aller et d'y voir tout ce désordre. C'est ce qui édifioit merveilleusement tous ceux qui l'entendoient parler, et particulièrement ceux qui l'avoient connue dans sa première

mondanité. Elle prit même un voile blanc, et quoiqu'elle ne fût là que comme pensionnaire, néanmoins
elle faisoit toutes les actions de religieuse et un
certain essai de noviciat, qui étoit plus austère que
celui qui se faisoit en effet dans l'année de proba-
tion[1]. Ces œuvres de surérogation et de dévotion
outrée la mirent en peu de temps en telle réputation
de vertu, que toutes les religieuses l'admiroient au
dedans et les directeurs la publioient au dehors. Ce
bruit vint jusqu'aux oreilles de M<sup>lle</sup> Laurence, qui
hantoit quelquefois dans ce couvent, à cause qu'une
de ses amies y étoit nouvellement professe. Après
qu'elle se fut bien instruite de la qualité de cette
nouvelle pensionnaire, elle crut que ce seroit bien le
fait de son cousin Bedout, qu'elle avoit dessein de
marier à quelque prix que ce fût. Depuis qu'il avoit
si honteusement perdu sa maîtresse Javotte, elle
l'avoit souvent entendu pester contre la coquetterie
des filles du siècle, puisque celle-là en avoit tant fait
paroître, malgré la grande retenue et la sévère éducation de sa jeunesse. De sorte qu'il avoit hautement
juré qu'il n'épouseroit jamais de fille, si ce n'étoit au
sortir de quelque religion bien réglée. Elle lui proposa ce nouvel exemple de vertu, qu'elle disoit être

1. Année d'épreuve.

son vrai fait, ce qu'il écouta volontiers. La seule difficulté qu'ils trouvèrent, ce fut de savoir comme on pourroit tirer Lucrèce de ce couvent, et lui faire proposer une chose si opposée à la vocation manifeste qu'elle avoit à la vie religieuse. Laurence fit en sorte que, pour mieux instruire Bedout de son mérite, il lui tînt compagnie quand elle vint voir la religieuse de sa connoissance, qu'elle fit prier d'amener avec elle Lucrèce à la grille.

Là, Bedout n'étoit pas obligé à faire le galant; c'est ce qui l'enhardit d'y aller. Mais il se contenta d'être auditeur, et il fut ravi des belles moralités qu'il y entendit débiter à Lucrèce sur les malheurs de cette vie transitoire et sur l'excellence de la retraite, qui se terminèrent à des prières qu'elle fit à Dieu de lui donner des forces pour soutenir les austérités de la règle. Il n'osa pas lui parler d'amour ni de mariage, car il n'en eût pas même osé parler aux filles du siècle; cependant il auroit bien voulu faire l'un et l'autre, car, outre que son esprit et sa beauté étoient plus que suffisants pour lui donner dans la vue, il étoit tout à fait charmé de sa modestie et de sa vertu. Il pria sa cousine, qui étoit adroite, de lui en faire parler, et elle ne trouva point de meilleur moyen que de faire faire la chose par des directeurs. Je ne sais par quel artifice ni sous quel prétexte elle les mit dans ses intérêts; tant y a qu'ils travaillèrent fort utilement selon ses souhaits. Ce ne fut pas néanmoins sans peine, car Lucrèce fit long-temps la sourde oreille à ces propositions; mais elle auroit eu grand regret qu'on ne les eût pas recommencées. Elle faisoit quelquefois semblant de craindre que ce ne fussent des tentations que Dieu lui envoyôit pour éprouver si elle étoit ferme en ses bons desseins; et puis, feignant de se rassurer sur la qualité de ceux qui lui en parloient, elle demandoit du temps pour se mettre en prières et obtenir de Dieu la grâce de lui inspirer ce qu'il vouloit faire d'elle. Quand elle parut à demi persuadée, elle commença de se trouver mal, de demander quelquefois des dispenses pour les jeûnes et pour l'office, et de paroître trop délicate pour la manière de vivre de ce couvent. D'abord elle feignit de vouloir passer à un ordre plus mitigé; enfin, elle se fit tellement remontrer qu'on pouvoit faire aussi bien son salut dans le monde, en vivant bien avec son mari et en élevant des enfants dans la crainte de Dieu, qu'on la fit résoudre au mariage, avec la même peine qu'un criminel se résoudroit à la mort.

Laurence en avertit aussitôt son cousin, qui, ménageant brusquement cette occasion, fut si aise d'avoir, à son avis, suborné une religieuse, qu'il ne chicana point comme l'autre fois sur les articles, et il s'enquit fort peu de son bien, se contentant d'apprendre, par le bruit commun de la religion, qu'elle en avoit beaucoup, ne croyant pas que des gens dévots pussent mentir ni faire un jugement téméraire. Davantage elle eut l'adresse de faire acheter beaucoup de meubles nécessaires pour un honnête ménage, dont elle ne paya qu'un tiers comptant, car elle eut facilement crédit du surplus. C'est à quoi elle employa utilement les deux mille écus qu'elle avoit reçus de Nicodème, qui parurent beaucoup davantage. Et comme on a maintenant la sotte coutume de dépenser en meubles, présents et frais de noces la moitié de la dot d'une femme, et quelquefois le tout, ce ne fut pas une légère amorce pour Bédout de voir qu'il épargnoit toute cette dépense et ces frais. Ce qui lui plaisoit surtout, c'est qu'on le pria que l'affaire se fît sans cérémonie; cela se pouvoit appeler pour lui la dernière faveur. Et, de peur de laisser prendre un mauvais air à sa maîtresse, elle ne sortit point du couvent que pour aller à l'église, et de là à la maison de son mari, qui crut avoir la fleur de virginité la plus assurée qui fût jamais. Ainsi, on peut dire que cette fille adroite avoit fait comme ces

1. De plus.

oiseleurs qui mettent un oiseau dans une cage, sous un trébuchet, pour en attraper un autre, parce que la religion et la grille ne lui servirent que pour attraper un mari. S'ils vécurent bien ou mal ensemble, vous le pourrez voir quelque jour, si la mode vient d'écrire la vie des femmes mariées.

**FIN DU PREMIER LIVRE.**

# LIVRE SECOND

## AU LECTEUR

*Si vous vous attendez, lecteur, que ce livre soit la suite du premier, et qu'il y ait une connexité nécessaire entr'eux, vous êtes pris pour dupe. Détrompez-vous de bonne heure, et sachez que cet enchaînement d'intrigues les unes avec les autres est bien séant à ces poëmes héroïques et fabuleux où l'on peut tailler et rogner à sa fantaisie. Il est aisé de les farcir d'épisodes, et de les coudre ensemble avec du fil de roman, suivant le caprice ou le génie de celui qui les invente. Mais il n'en est pas de même de ce très véritable et très sincère récit, auquel je ne donne que la forme, sans altérer aucunement la matière. Ce sont de petites histoires et aventures arrivées en divers quartiers de la ville, qui n'ont rien de commun ensemble, et que je tâche de rapprocher les unes des autres autant qu'il m'est possible. Pour le soin de la liaison, je le laisse à celui qui reliera le livre. Prenez donc cela pour des historiettes séparées, si bon vous semble, et ne deman-*

dez point que j'observe ni l'unité des temps ni des lieux, ni que je fasse voir un héros dominant dans toute la pièce. N'attendez pas non plus que je réserve à marier tous mes personnages à la fin du livre, où on voit d'ordinaire célébrer autant de noces qu'à un carnaval, car il y en aura peut-être quelques-uns qui, après avoir fait l'amour, voudront vivre dans le célibat ; d'autres se marieront clandestinement, et sans que vous ni moi en sachions rien. Je ne m'oblige point encore à n'introduire que des amours sur la scène ; il y aura aussi des histoires de haine et de chicane, comme celle-ci qui vous va être racontée. Enfin, toutes les autres passions qui agitent l'esprit bourgeois y pourront trouver leur place dans l'occasion. Que si vous y vouliez rechercher cette grande régularité que vous n'y trouverez pas, sachez seulement que la faute ne seroit pas dans l'ouvrage, mais dans le titre : ne l'appelez plus roman, et il ne vous choquera point, en qualité de récit d'aventures particulières. Le hasard plutôt que le dessein y pourra faire rencontrer des personnages dont on a ci-devant parlé. Témoin Charroselles, qui se présente ici le premier à mon esprit, de l'humeur duquel j'ai déjà donné un petit échantillon, et dont j'ai omis exprès de faire la description, pour la donner en ce lieu-ci. Si vous en êtes curieux, vous n'avez qu'à continuer de lire.

# HISTOIRE

## DE CHARROSELLES[1], DE COLLANTINE ET DE BELATRE.

Charroselles ne voulut point passer pour auteur, quoique ce fût la seule qualité qui le rendît recommandable, et qui l'eût fait connoître dans le monde. Je ne sais si quelque remords de conscience des fautes de sa jeunesse lui faisoit prendre ce nom à injure; tant y a qu'il vouloit passer seulement pour gentilhomme[2], comme si ces deux qualités eussent été incompatibles[3], encore qu'il n'y eût

---

1. Furétière dans l'*Avis au lecteur* qui ouvre le *Roman bourgeois* s'exprime ainsi : « Je sais bien que le premier soin que tu auras en lisant ce roman, ce sera d'en chercher la clef; mais elle ne te servira de rien, car la serrure est mêlée... » En effet, certains portraits sont si chargés que la ressemblance finit par disparaître entièrement. Qu'y a-t-il de commun, par exemple, entre ce cuistre de Charroselles et Charles Sorel, l'ami de Gui Patin?

2. Allusion aux titres de sieur de Souvigny et de sieur de l'Isle, usurpés par Sorel.

3. Furétière s'abuse : il est certain qu'un gentilhomme qui prenait la plume était regardé alors comme dérogeant.

pas plus de trente ans que son père fût mort procureur. Il s'étoit avisé de se piquer de noblesse dès qu'il avoit eu le moyen d'atteler deux haridelles à une espèce de carrosse toujours poudreux et crotté. Ces deux Pégases (tel fut leur nom pendant qu'ils servirent à un nourrisson du Parnasse) ne s'étoient point enorgueillis, et n'avoient la tête plus haute ni la démarche plus fière que lorsqu'ils labouroient les plaines fertiles d'Aubervilliers. Leur maître les traitoit aussi délicatement que des enfants de bonne maison. Jamais il ne leur fit endurer le frein ni ne leur donna trop de charge; il eût presque voulu en faire des Bucéphales, pour ne porter ou du moins ne traîner que leur Alexandre. Car il étoit toujours seul dans son carrosse; ce n'est pas qu'il n'aimât beaucoup la compagnie, mais son nez demandoit à être solitaire, et on le laissoit volontiers faire bande à part. Quelque hardi que fût un homme à lui dire des injures, il n'osoit jamais les lui dire à son nez, tant ce nez étoit vindicatif et prompt à payer. Cependant il fourroit son nez partout, et il n'y avoit guère d'endroits dans Paris où il ne fût connu. Ce nez, qu'on pouvoit à bon droit appeler Son Éminence, et qui étoit toujours vêtu de rouge, avoit été fait en apparence pour un colosse; néanmoins il avoit été donné à un homme de taille assez courte.

Ce n'est pas que la nature eût rien fait perdre à ce petit homme, car ce qu'elle lui avoit ôté en hauteur, elle le lui avoit rendu en grosseur, de sorte qu'on lui trouvoit assez de chair, mais fort mal pétrie. Sa chevelure étoit la plus désagréable du monde, et c'est sans doute de lui qu'un peintre poétique, pour ébaucher le portrait de sa tête, avoit dit :

> On y voit de piquants cheveux,
> Devenus gras, forts et nerveux,
> Hérisser sa tête pointue,
> Qui, tous mêlés, s'entr'accordans,
> Font qu'un peigne en vain s'évertue
> D'y mordre avec ses grosses dents.

Aussi ne se peignoit-il jamais qu'avec ses doigts, et dans toutes les compagnies c'étoit sa contenance ordinaire. Sa peau étoit grenue comme celle des maroquins, et sa couleur brune étoit réchauffée par de rouges bourgeons qui la perçoient en assez bon nombre. En général il avoit une vraie mine de satyre. La fente de sa bouche étoit copieuse, et ses dents fort aiguës : belles dispositions pour mordre. Il l'accompagnoit d'ordinaire d'un ris badin, dont je ne sais point la cause, si ce n'est qu'il vouloit montrer les dents à tout le monde. Ses yeux gros et bouffis avoient quelque chose de plus que d'être à fleur de tête. Il y en a qui ont cru que, comme on se met sur des balcons en saillie hors des fenêtres pour découvrir de plus loin, ainsi la nature lui avoit mis des yeux en dehors, pour découvrir ce qui se faisoit de mal chez ses voisins. Jamais il n'y eut un homme plus médisant ni plus envieux; il ne trouvoit rien de bien fait à sa fantaisie. S'il eût été du conseil de la création, nous n'aurions rien vu de tout ce que nous voyons à présent. C'étoit le plus grand réformateur en pis qui ait jamais été, et il corrigeoit toutes les choses bonnes pour les mettre mal. Il n'a point vu d'assemblée de gens illustres qu'il n'ait tâché de la décrier; encore, pour mieux cacher son venin, il faisoit semblant d'en faire l'éloge, lorsqu'il en faisoit en effet la censure, et il ressembloit à ces bêtes dangereuses qui, en pensant flatter, égratignent: car il ne pouvoit souffrir la gloire des autres, et autant de choses qu'on mettoit au jour, c'étoient autant de tourments qu'on lui préparoit. Je laisse à penser si, en France, où il y a tant de beaux esprits, il étoit cruellement bourrelé. Sa vanité naturelle s'étoit accrue par quelque réputation qu'il avait eue en jeunesse, à cause de quelques petits ouvrages qui avoient eu quelque débit. Ce fut là un grand malheur pour les libraires; il y en eut plusieurs qui furent pris à ce piège, car, après qu'il eut quitté le style qui étoit selon son génie pour faire des écrits plus sérieux, il fit plusieurs volumes qui n'ont jamais été lus que par son correcteur d'imprimerie. Ils ont été si funestes aux libraires qui s'en sont chargés, qu'il a déjà ruiné le Palais et la rue Saint-Jacques, et, poussant plus haut son ambition, il prétend encore ruiner le Puits-Certain [1]. Il donne à tout le monde des catalogues des livres qu'il a tout prêts à imprimer, et il se vante d'avoir cinquante volumes manuscrits qu'il offre aux libraires qui se voudront charitablement ruiner pour le public. Mais comme il n'en trouve point qui veuille sacrifier du papier à sa réputation, il s'est avisé d'une invention merveilleuse. Il fait exprès une satire contre quelque auteur ou quelque ouvrage qui est en vogue, s'imaginant bien que la nouveauté ou la malice de sa pièce en rendront le débit assuré; mais il ne la donne point au libraire qu'il n'imprime pour le par-dessus quelqu'un de ses livres sérieux. Avec ces belles qualités, cet homme s'est fait un bon nombre d'ennemis, dont il ne se soucie guère, car il hait

---

1. C'est-à-dire la place du Puits-Certain, où les libraires avaient été parqués par ordre, et qui était située en haut de la rue Saint-Jean-de-Beauvais. Cette place avait pris son nom du puits banal, qu'avait fait creuser à cet endroit, vers 1556, Robert Certain, curé de Saint-Hilaire et premier principal du collège de Sainte-Barbe.

tout le genre humain ; et personne n'est ingrat envers lui, parce qu'on lui rend le réciproque. Que si c'étoit ici une histoire fabuleuse, je serois bien en peine de savoir quelles aventures je pourrois donner à ce personnage : car il ne fit jamais l'amour, et si on pouvoit aussi bien dire en françois faire la haine, je me servirois de ce terme pour expliquer ce qu'il fit toute sa vie. Il n'eut jamais de liaison avec personne que pour la rompre aussitôt, et celle qui lui dura le plus longtemps fut celle qu'il eut avec une fille qu'il rencontra d'une humeur presque semblable à la sienne. C'étoit la fille d'un sergent, conçue dans le procès et dans la chicane, et qui étoit née sous un astre si malheureux qu'elle ne fit autre chose que plaider toute sa vie. Elle avoit une haine générale pour toutes choses, excepté pour son intérêt. La vanité même et le luxe des habits, si naturels au sexe, faisoient une de ses aversions. Elle ne paraissoit goulue sinon lorsqu'elle mangeoit aux dépens d'autrui ; et la chasteté qu'elle possédoit au souverain degré étoit une vertu forcée, car elle n'avoit jamais pu être d'accord avec personne. Toute sa concupiscence n'avoit pour objet que le bien d'autrui ; encore n'envioit-elle, à proprement parler, que le litigieux, car elle eût joui avec moins de plaisir de celui qui lui auroit été donné que de celui qu'elle auroit conquis de vive force et à la pointe de la plume. Elle regardoit avec un œil d'envie ces gros procès qui font suer les laquais des conseillers qui vont les mettre sur le bureau, et elle accostoit quelquefois les pauvres parties qui les suivoient, pour leur demander s'ils étoient à vendre ; comme les maquignons en usent à l'égard des chevaux qu'on mène à l'abreuvoir.

Cette fille étoit sèche et maigre du souci de sa mauvaise fortune, et pour seconde cause de son chagrin elle avoit la bonne fortune des autres ; car tout son plaisir n'étoit qu'à troubler le repos d'autrui, et elle avoit moins de joie du bien qui lui arrivoit que du mal qu'elle faisoit. Sa taille menue et décharnée lui donnoit une grande facilité de marcher, dont elle avoit bon besoin pour ses sollicitations, car elle faisoit tous les jours autant de chemin qu'un semonneur d'enterrement[1]. Sa diligence et son activité étoient merveilleuses : elle étoit plus matinale que l'aurore, et ne craignoit non plus de marcher de nuit que le loup-garou. Son adresse à cajoler des clercs et à courtiser les maîtres étoit aussi extraordinaire, aussi bien que sa patience à souffrir leurs rebuffades et leurs mauvaises humeurs ; toutes qua-

1. On appelait ainsi celui qui portait les billets de faire part.

lités nécessaires à perfectionner une personne qui veut faire le métier de plaider. Je ne puis me tenir de raconter quelques traits de sa jeunesse, qui donnèrent de belles espérances de ce qu'elle a été depuis. Sa mère, pendant sa grossesse, songea qu'elle accouchoit d'une harpie, et même il parut sur son visage qu'elle tenoit quelque chose d'un tel monstre. Quand elle étoit au maillot, au lieu qu'on donne aux autres enfants un hochet pour les amuser, elle prenoit plaisir à se jouer avec l'écritoire de son père, et elle mettoit le bout de la casse[1] sur ses gencives, pour adoucir le mal des dents qui commençoient à lui percer. Quand elle fut un peu plus grande, elle faisoit des poupées avec des sacs de vieux papier, disant que la corde en étoit la lisière, et l'étiquette la bavette ou le tablier. Au lieu que les autres filles apprennent à filer, elle apprit à faire des tirets, qui est, pour ainsi dire, filer le parchemin pour attacher des papiers et des étiquettes. Ce merveilleux génie qu'elle avoit pour la chicane parut surtout à l'école lorsqu'on l'y envoya, car elle n'eut pas sitôt appris à lire ses sept Psaumes, quoiqu'ils fussent moulés, que des exploits et des contrats bien griffonnés.

Avec ces belles inclinations, qui la firent devenir

1. « La partie portative d'une écritoire où l'on met les plumes. » *Dict*. de Furetière.

avec l'âge le fléau de ses voisins, et qui la rendirent autant redoutée qu'un procureur de seigneurie l'est des villageois, je lui laisserai passer une partie de sa vie sans en raconter les mémorables chicanes, qui ne font rien à notre sujet, jusqu'au jour qu'elle connut notre censeur héroïque. Cette connoissance se fit au palais; aussi lui auroit-il été bien difficile de la faire ailleurs, et cela comme elle étoit dans un greffe pour solliciter quelque expédition. Charroselles s'y trouva aussi pour solliciter un procès contre son libraire, sur une saisie d'un de ses livres où il avoit satirisé quelqu'un qui en vouloit empêcher le débit[1]. Il n'y a rien de plus naturel à des plaideurs que de se conter leurs procès les uns aux autres. Ils font facilement connoissance ensemble, et ne manquent point de matière pour fournir à la conversation.

Collantine (c'étoit le nom de la demoiselle chicaneuse) d'abord lui demanda à qui il en vouloit; Charroselles la satisfit aussitôt, et lui déduisit au long son procès. Quand il eut fini, pour lui rendre la pareille, il lui demanda qui étoit sa partie. Ma partie (dit-elle, faisant un grand cri), vraiment j'en

---

1. Le *Berger extravaguant* et *Francion*, dans lesquels beaucoup d'auteurs sont tournés en ridicule, ont pu amener la saisie dont il s'agit.

ai un bon nombre. Comment (reprit-il) ! plaidez-vous contre une communauté ou contre plusieurs personnes intéressées en une même affaire ? Nenni-da (répliqua Collantine) ; c'est que j'ai toutes sortes de procès, et contre toutes sortes de personnes. Il est vrai que celui pour qui je viens maintenant ici contient une belle question de droit, et qui mérite bien d'être écoutée. Je n'ai acheté ce procès que cent écus, et j'en ai déjà retiré près de mille francs. Ces dernières paroles furent entendues par un gentilhomme gascon, qui se trouva aussi dans le greffe. Il lui dit avec un grand jurement : Comment, vous donnez cent écus pour un procès ! j'en ai deux que je veux vous donner pour rien. Cela ne sera pas de refus (dit la demoiselle) ; je vous promets de les poursuivre ; il y aura bien du malheur si je n'en tire quelque chose. Et, pour donner plus d'autorité à son dire, elle lui voulut raconter quelqu'un de ses exploits. Or, c'étoit assez le faire que de continuer le discours qu'elle avoit commencé avant cette interruption. Il n'étoit guère avancé quand le greffier sortit du greffe, après lequel ce Gascon courut brusquement sans dire adieu. Elle auroit bien fait la même chose, si ce n'étoit qu'elle avoit l'esprit trop attaché à son récit. Aussi elle n'accusa point le Gascon pour cela d'incivilité, car c'est l'usage du palais qu'on quitte souvent ainsi les premiers compliments et les conversations où on est le plus engagé. Charroselles eût aussi voulu suivre le greffier, mais Collantine le retint par son manteau pour continuer le récit de son procès, dont le sujet étoit assez plaisant, mais la longueur un peu ennuyeuse. Si j'étois de ces gens qui se nourrissent de romans, c'est-à-dire qui vivent des livres qu'ils vendent, j'aurois ici une belle occasion de grossir ce volume et de tromper un marchand qui l'achèteroit à la feuille. Comme je n'ai pas ce dessein, je veux passer sous silence cette conversation, et vous dire seulement que l'homme le plus complaisant ne prêta jamais une plus longue audience que fit Charroselles; et, comme il croyoit en être quitte, il fut tout étonné que la demoiselle se servît de la fin de ce procès pour faire une telle transition. Mais celui-là n'est rien (se dit-elle) au prix d'un autre que j'ai à l'édit[1], sur une belle question de coutume, que je vous veux réciter, afin de savoir votre sentiment; je l'ai déjà consultée à trois avocats, dont le premier m'a dit *oui*; l'autre m'a dit *non* et le troisième *il faut voir*. Je me suis

---

1. On appelait *Chambres de l'édit* celles qui avaient été établies par l'édit de Nantes, pour juger les causes des protestants. Elles se composaient mi-partie de conseillers catholiques et mi-partie de conseillers de la religion réformée.

quelquefois mieux trouvée d'une consultation faite à un homme d'esprit et de bon sens (comme vous me paroissez) qu'à tous ces grands citeurs de code et d'indigeste. Cette petite flatterie, dont il se sentit chatouiller, l'obligea de prêter encore une semblable audience ; il trépignoit souvent des pieds, il faisoit beaucoup d'interruptions ; mais tout ainsi qu'un édifice au milieu de la rivière, après en avoir divisé le cours, la fait aller avec plus d'impétuosité, de même ces interruptions ne faisoient qu'augmenter la violence du torrent des paroles de Collantine. Elle poussa son affaire et la patience de son auditeur à bout, et négligea même à la fin d'écouter l'avis qu'elle lui avoit demandé, pour se servir de la même fleur de rhétorique dont elle s'étoit servie l'autre fois, et passer, sans être interrompue, au récit d'une autre affaire. Mais une puissance supérieure y pourvut, car la nuit vint, et fort obscure, de sorte qu'à son grand regret elle brisa là, et promit de conter le reste la première fois qu'elle auroit l'honneur de le voir. A son geste et à son regard parut assez son mécontement; sans doute que, dans son âme, elle dit plusieurs fois : *O nuit, jalouse nuit*[1] *!* et qu'elle fit contre elle des imprécations aussi fortes qu'un

---

1. Chanson de Desportes, dont la vogue se continua jusqu'à la moitié du xvii<sup>e</sup> siècle.

amant en fait contre l'aurore qui vient arracher sa maîtresse d'entre ses bras. Ses plaisirs donc se terminèrent par cette nécessaire séparation ; ils ne laissèrent pas de se faire quelques compliments, et de se promettre des services et des sollicitations réciproques en leurs affaires. Collantine, la plus ardente, fut la première à demander à Charroselles un placet pour donner à son rapporteur, auprès duquel elle disoit avoir une forte recommandation. Il lui en donna un avec joie, et lui offrit de lui rendre un pareil office s'il en trouvoit l'occasion. Elle la prit aux cheveux, et, tirant de sa poche une grosse liasse de placets différents, avec une liste générale des chambres du parlement, elle lui dit : Regardez si vous ne connoissez personne de ces messieurs. Il lui demanda en quelle chambre elle avoit affaire. Elle lui répondit : Il n'importe, car j'ai des procès en toutes. Charroselles prit la liste et l'examina à la lueur de la chandelle d'un marchand de la galerie. Il en remarqua deux qu'il dit être de ses intimes amis, et qu'il gouvernoit absolument ; il en remarqua deux ou trois autres qu'il dit être gouvernés par des gens de sa connoissance, et il ne manqua pas de se servir des termes ordinaires dont se servent ceux qui promettent de recommander des affaires. Je vous donnerai celui-ci, je vous donnerai cet autre, et le tout avec la même assurance que s'ils avoient les voix et les suffrages de ces messieurs dans leurs poches. Il prit donc des placets pour en donner et en faire tenir; cependant il ne fit ni l'un ni l'autre, comme font plusieurs qui s'en chargent et qui s'en servent seulement à fournir leur garde-robe, ce qui est un pur larcin qu'ils font à celles des conseillers. Pour Charroselles, il étoit excusable d'en user ainsi, car il ne vouloit pas rompre le vœu qu'il avoit fait de ne faire jamais de bien à personne.

Collantine ne fut pas encore satisfaite de ces offres si courtoises, car, en continuant dans le style ordinaire des plaideurs, qui vont rechercher des habitudes auprès des juges dans une longue suite de générations et jusqu'au dixième degré de parenté et d'alliance, elle demanda à Charroselles s'il ne lui pourroit point donner quelques adresses pour avoir de l'accès auprès de quelques autres conseillers. Il reprit donc la liste, et en trouva beaucoup, où il lui pourroit donner satisfaction, et entre autres, lui en marquant un avec son ongle, il lui dit : Je connois assez le secrétaire du secrétaire de celui-là ; je puis par son moyen faire recommander votre procès au maître secrétaire, et par le maître secrétaire à M. le conseiller. Ce n'est pas (répondit-elle) la pire habitude qu'on y puisse avoir. Il lui dit encore, en lui en marquant un autre : Ma belle-sœur a tenu un enfant du fils aîné de la nourrice de celui-là, chez lequel elle est cuisinière; je puis lui faire tenir un placet par cette voie. Cela ne sera pas à négliger (reprit Collantine); il arrive assez souvent que nous nous laissons gouverner par nos valets plus puissamment que par des parents ou des personnes de qualité. Mais, à propos, ne connoîtriez-vous point quelque chasseur, car j'ai affaire à un homme qui aime grandement la chasse? de chasseur à chasseur il n'y a que la main : si j'en savois quelqu'un, je le prierois de lui en parler quand il seroit avec lui à la campagne. Je craindrois (lui dit Charroselles, qui vouloit faire le bel esprit) une telle sollicitation, et qu'on ne lui en parlât qu'en courant et à travers les champs. C'est tout un (répliqua la chicaneuse); cela fait toujours quelque impression sur l'esprit; et, avec la même importunité, elle lui en désigna un autre de la faveur duquel elle avoit besoin: Pour celui-là (lui dit-il), c'est un homme fort dévot; si vous connoissez quelqu'un aux Carmes déchaussés, votre affaire est dans le sac; car on m'a dit qu'il y a un des pères de ce couvent qui en fait tout ce qu'il veut; je ne sais pas son nom, mais ces bons prêtres font volontiers les uns pour les autres.

Hélas! (reprit Collantine avec un grand soupir) je n'y ai connoissance quelconque; toutefois, attendez : je connois un religieux récollet de la province de Lyon, à qui j'ai ouï dire, ce me semble, qu'il avoit un cadet qui étoit de ce couvent; il trouvera quelqu'un de cet ordre ou d'un autre, il n'importe, qui fera mon affaire.

Là-dessus Charroselles lui voulut dire adieu, mais elle le suivit en le côtoyant; et en lui nommant un nouveau conseiller, elle lui demanda la même grâce qu'il lui avoit faite auparavant. Pour celui-ci (lui dit-il), c'est un homme qui passe pour galant; il est fort civil au sexe, et vous êtes assurée d'une favorable audience, si vous l'allez voir avec quelque personne qui soit bien faite. Ha! (reprit-elle) je sais une demoiselle suivante qu'on avoit prise dernièrement pour quêter à notre paroisse à cause de sa beauté. Je la prierai de m'y mener, et je ne crois pas qu'elle me refuse, car elle a tenu ces jours-ci un enfant sur les fonts avec le clerc d'un procureur qui occupe pour moi en quelques instances. Charroselles lui dit un second adieu; mais elle l'arrêta encore en lui disant : Je ne vous veux plus nommer que celui-ci; dites-moi si vous ne connoissez point quelques-uns de ses amis. J'en connois quantité qui le sont beaucoup (lui dit-il). Hé! de grâce, comment s'appellent-ils? (lui répondit-elle avec une grande émotion.) Ils s'appellent Louis (répliqua-t-il). On dit que quand ils vont en compagnie le prier de quelque chose, ils l'obtiennent aisément. Vous êtes un rieur (répartit notre importune); je ne voudrois pas trop me fier à ce qu'on en dit : on fait beaucoup de médisance sans fondement, et il n'y a point de si bon juge que la partie qui a perdu sa cause n'accuse d'avoir été corrompu par argent ou par amis; cependant cela n'est presque jamais vrai.

Cette raillerie servit utilement Charroselles, car il ne se fût jamais autrement sauvé des mains et des questions de cette fille. Ils se séparèrent enfin, non sans protestation de se revoir, et ils s'en allèrent chacun de son côté chercher son logis à tâtons, et à pas de loup-garou, chose qui arrive souvent aux plaideurs. Charroselles, retournant chez lui fort fatigué, se mit à table avec sa sœur et son beau-frère, qui étoit médecin, chez lequel il s'étoit mis en pension[1], et il leur raconta une partie des aventures de cette journée, et des discours qu'il avoit tenus avec une fille si extraordinaire. Ils admirèrent ensemble le naturel des plaideurs, et demeurèrent

---

1. Sorel, dit Gui Patin, « n'est point marié et demeure avec une sienne sœur, femme de M. Parmentier, avocat général. » Le fond est exact.

d'accord qu'il faut être bien chéri du Ciel pour être exempt de tomber dans ces deux sottises, générales à tous ceux de ce métier, d'être si âpres à chercher des connoissances pour donner des placets à des juges, et d'être si importuns à raconter leurs affaires et à les consulter à tous les gens qu'ils rencontrent. Pour moi (dit Lambertin : c'étoit le nom du beau-frère), j'admire que l'on cherche avec tant d'empressement des sollicitations, puisqu'elles servent si peu, et je ne m'étonne point aussi qu'on en fasse si peu de cas, puisqu'elles viennent de connoissances si éloignées. Ajoutez (dit Charroselles) que la plupart donnent des placets fort froidement, et si fort par manière d'acquit, que j'aimerois presque autant voir distribuer sur le Pont-Neuf de ces billets qui annoncent la science et le logis d'un opérateur. Pour les donneurs de factums (reprit Lambertin), je leur pardonnerois plus volontiers; car, comme ils contiennent une instruction de l'affaire, cela peut être utile à quelque chose ; mais le malheur est que ces messieurs en reçoivent tant que, s'ils vouloient les lire tous, il faudroit qu'ils ne fissent autre chose toute leur vie; de sorte que leur destin le plus ordinaire est d'accompagner les placets à la garde-robe. En cela (dit Charroselles) consiste quelquefois leur fortune; car, s'il arrive que monsieur a t le ventre dur, il peut s'amuser à les lire quand il est en travail, et je tiens que, de même qu'un amant seroit ravi de savoir l'heure du berger, aussi un plaideur seroit heureux s'il savoit l'heure du constipé. Il faut confesser (reprit Lambertin) que tous ceux qui cherchent les voies d'instruire leurs juges, par quelque façon que ce soit, sont excusables ; mais les autres ne le sont pas qui vont importuner une personne étrangère d'un récit long et fâcheux d'un procès où ils n'ont aucun intérêt. Et il arrive qu'à la fin l'auditeur n'y peut rien comprendre, non seulement parce que souvent l'affaire est trop embrouillée, mais aussi parce que le plaideur en tait beaucoup de circonstances nécessaires pour la faire entendre ; et comme il en a l'idée remplie, il croit que les autres en sont aussi bien instruits que lui. Le pis est encore que les avis qu'il demande ne peuvent servir de rien : car, s'il parle à des ignorants, ils ne peuvent donner aucune résolution qui soit pertinente ; et si c'est à des savants, ils veulent voir les pièces et les procédures pour faire une bonne et sûre consultation. Cependant ce ne sont pas seulement les plaideurs qui ont cette manie ; tous ceux qui fréquentent avec eux en sont encore entachés, et ne peuvent se défendre de tomber en même faute. J'en fis ces derniers jours une assez plaisante expérience, dont je vous veux réciter brièvement l'aventure.

Un homme de robe, m'ayant témoigné qu'il vouloit lier une étroite amitié avec moi, m'avoit invité puissamment de l'aller voir. Je lui fis ma première visite un dimanche, sur les dix heures du matin. Sitôt qu'il sut ma venue, il me fit prier de l'attendre dans une salle, tandis qu'il recevoit dans une autre la sollicitation d'un de ses amis de qualité. Après une heure entière, il me vint faire un accueil très civil, et, pour premier compliment, il me témoigna le déplaisir qu'il avoit de m'avoir tant fait attendre. Il me dit, pour s'excuser, qu'il étoit engagé avec une personne de condition, qui lui venoit recommander une affaire qui étoit de grande discussion, et où il y avoit les plus belles questions du monde, et là-dessus il commença à m'en déduire le fait et à m'en expliquer toutes les circonstances avec les mêmes particularités qu'il venoit d'apprendre de la partie. Ce récit dura une autre heure, au bout de laquelle midi sonna, et comme il n'avoit pas été à la messe, il nous fallut séparer brusquement sans autre entretien. Je vous laisse à penser quel fruit et quelle satisfaction nous avons reçu l'un et l'autre de cette visite, et s'il n'étoit pas plaisant de lui voir commettre la même faute qu'il avoit dessein de reprendre et de blâmer.

Lambertin et Charroselles s'entretenoient ainsi pendant le souper; et comme la matière de railler les plaideurs est assez ample, cette conversation auroit été poussée fort loin si, au milieu de la plus grande chaleur, elle n'eût été interrompue par un grand bruit de cinq petits enfants, qui, étant au bout de la table rangés comme les tuyaux d'un sifflet de chaudronnier vinrent crier de toute leur force : *Laus Deo, pax vivis,* et firent un piaillement semblable à celui des canes ou des oisons qu'on effarouche. Chacun fit silence et joignit les mains, puis la mère prit le plus petit des enfants sur ses genoux pour l'amignotter [1]. Lambertin, accostant sa tête sur son fauteuil, se mit à ronfler; Charroselles, homme d'étude, monta en son cabinet, où la première chose qu'il fit, ce fut son examen de conscience de bons mots, ainsi qu'il avoit accoutumé, c'est-à-dire qu'il faisoit un recueil où il mettoit par écrit tous les beaux traits et toutes les choses remarquables qu'il avoit ouïes pendant le jour dans les compagnies où il s'étoit rencontré. Après cela il en faisoit bien son profit, car parfois il se les attribuoit et en compiloit des ouvrages entiers ; parfois il les alloit débiter ailleurs comme venant de son

1. Le caresser.

crû. Ce qui lui arriva cette journée fut une grande récolte pour lui, car sans doute il en couchera l'histoire dans le premier livre qui sortira de sa plume, et bien plus amplement que je ne la raconte ici. Ce ne sera que la faute des libraires si vous ne la voyez pas.

Dès les premiers jours suivants, il ne manqua pas d'aller voir Collantine, comme il alloit voir toutes les autres filles et femmes de la ville. La grande sympathie qu'ils avoient à faire du mal à leur prochain, chacun en son genre, fit qu'ils lièrent ensemble une grande.... N'attendez pas que je vous dise amitié ou intelligence ; mais familiarité, tant qu'il vous plaira.

Lors de sa première visite, et immédiatement après le compliment, Charroselles la voulut régaler de son bel esprit, et lui montrer le catalogue de ses ouvrages. Mais Collantine l'interrompit, et lui fit voir auparavant toutes les étiquettes de ses procès. Après cela il se mit en devoir de lui lire une satire contre la chicane, où il décrivoit le malheur des plaideurs. Mais, auparavant, elle lui lut un avertissement dressé contre un faux noble qu'elle avoit fait assigner à la Cour des aides sur ce qu'il avoit pris la qualité d'écuyer[1]. Comme il vit qu'il ne pouvoit

---

[1]. La Fontaine et Boileau furent poursuivis pour usurpation de titre. Le premier fut condamné à deux mille francs d'amende, et le second eut gain de cause. « Pour mon

obtenir longue audience, il lui voulut montrer un sonnet qu'il lui dit être un chef-d'œuvre de poésie. Ha! pour des chefs-d'œuvres (dit-elle), je vous veux lire un exploit en retrait lignager aussi bien dressé qu'on en puisse voir. Il crut être plus heureux en lui annonçant de petites stances, où il disoit qu'un amant faisoit à sa maîtresse sa déclaration. Pour des déclarations (interrompit-elle encore), j'en ai une de dépens si bien dressée, que de trois cents articles il n'y en a pas un de rayé ni de croisé. Au lieu de se rebuter, il la pria instamment d'ouïr la lecture d'une épître. Elle répondit aussitôt qu'elle n'entendoit point le latin : car elle ne croyoit pas, en effet, qu'il y eût d'autres épîtres que celles qui se lisent devant l'Évangile. Charroselles, pour s'expliquer mieux, lui dit que c'étoit une lettre. Quant aux lettres (lui répondit Collantine), j'en ai de toutes les façons, et je vous en veux montrer en forme de requête civile obtenues contre treize arrêts tous contradictoires. Quand il vit qu'il étoit impossible qu'il fût écouté, il tira un livret imprimé de sa poche, contenant une petite nouvelle[1], qu'il lui donna, à la

---

affaire de la noblesse, écrit celui-ci à Brossette, le 9 mai 1699, je l'ai gagnée... et j'en ai l'arrêt en bonne forme qui me déclare noble de quatre cents ans. »

1. Allusion aux *Nouvelles françoises* de Sorel.

charge qu'elle la liroit le soir. Elle ne parut point ingrate, et aussitôt elle lui donna un gros factum à pareille condition. Enfin, je ne sais si ce fut encore la nuit ou quelque autre interruption qui les sépara; tant y a qu'ils se quittèrent fort satisfaits, comme je crois, de s'être fait enrager l'un l'autre.

Comme il ne manquoit à Charroselles aucune de toutes les mauvaises qualités, il avoit sans doute beaucoup d'opiniâtreté. Il s'opiniâtra donc à vouloir faire entendre à Collantine quelqu'un de ses ouvrages, et, s'étant trouvé malheureux cette journée, il voulut jouer d'un stratagème. Il s'avisa donc un jour de la prendre à l'imprévu pour la mener à la promenade hors la ville, raisonnant ainsi en lui-même que, quand il lui liroit quelqu'une de ses pièces, elle ne pourroit pas l'interrompre pour lui faire voir d'autres papiers, parce qu'elle ne les auroit pas alors sous sa main. Mais, hélas! que les raisonnements des hommes sont foibles et trompeurs! Comme il la tenoit en pleine campagne, ignorante de son dessein, et sans qu'elle eût songé à prendre aucunes armes défensives, il se mit en devoir de lui dire un épisode de certain roman qui contenoit (disoit-il) une histoire fort intriguée. Vraiment (dit Collantine), il faut qu'elle le soit beaucoup si elle l'est davantage que celle d'un procès que j'ai ; et en disant cela elle tira de dessous la jupe sa copie d'un procès-verbal contenant cinquante-cinq rôles de grand papier bien minutés. Je vous le veux lire devant que je le rende à mon procureur, qui le doit signifier demain; je l'ai pris exprès sur moi pour le lui laisser à mon retour; un bel esprit comme vous en fera bien son profit, car il y a de la matière pour en faire un roman.

Puisque la loi de nature est telle qu'il faut que le plus foible cède au plus fort, il fallut que l'épisode cédât au procès-verbal, de même qu'un pygmée à un géant. Charroselles fut donc réduit à l'écouter, ou plutôt à la laisser lire, et cependant il faisoit en lui-même cette réflexion : Ne suis-je pas bien malheureux d'avoir pris tant de peine à composer de beaux ouvrages et être réduit non seulement à ne les pouvoir faire voir au public, puisque ces maudits libraires ne les veulent pas imprimer, mais même à ne trouver personne qui ait la complaisance de les ouïr lire en particulier? Il faudra que je fasse enfin comme ces amants infortunés qui récitent leurs aventures à des bois et à des rochers, et que j'imite l'exemple du vénérable Bède[1], qui prêchoit à un tas de pierres.

1. Selon une tradition, ce savant moine anglais, qui vivait au VIII<sup>e</sup> siècle, étant devenu vieux et aveugle, aurait été mené près d'un tas de pierres par un mauvais plaisant de

Encore, si je ne souffrois ce rebut que par ces critiques qui ne trouvent rien à leur goût que ce qu'ils ont fait, je l'endurerois plus patiemment ; mais qu'il le faille aussi souffrir d'une personne vulgaire, qui ne seroit pas capable de voir les défauts de mes ouvrages, supposé qu'il y en eût, et dont je ne devrois attendre que des applaudissements, c'est ce qui est capable de pousser à bout ma patience.

Cependant Collantine lisoit, et souvent interrompoit la triste rêverie de notre auteur inconsolable, et en le poussant du coude, lui disoit : N'admirez-vous point que j'ai un procureur qui verbalise bien ? Vous verrez tantôt le dire d'un intervenant qui n'est rien en comparaison. Elle demandoit aussi de fois à autre ce qu'il lui en sembloit, et lui, qui étoit de serment de ne rien louer, et qui eût été excusable de ne se point parjurer en cette occasion, lui dit en langue de pédant, dont il tenoit un peu : Je ne trouve rien là,

---

son monastère, qui lui aurait dit qu'il était entouré d'une grande foule de fidèles attendant avec un silencieux respect qu'il voulût bien leur faire entendre son éloquente parole. Et Bède aurait fait un long discours suivi d'une prière, à laquelle les pierres auraient répondu : « *Amen*, vénérable Bède. » Cette tradition est aussi vraie que beaucoup d'autres : Bède n'avait que soixante-trois ans lorsqu'il mourut ; il n'avait pas perdu la vue, et c'est seulement après sa mort que l'épithète de vénérable fut ajoutée à son nom.

*nisi verba et voces.* Et étant enquis de l'explication de ces mots, il dit qu'il ne trouvoit rien de mieux baptisé qu'un procès-verbal, car, en effet, il ne contient que des paroles.

Collantine eut plutôt le gosier sec qu'elle ne fut lasse de lire, et cette altération, aussi bien que la chaleur qu'il faisoit, obligèrent ce peu galant homme à lui offrir un petit doigt de collation, et pour cet effet ils descendirent à la Pissote[1]. Le couvert ne fut pas sitôt mis sur la table, que la demoiselle, soupesant le pain dans ses mains, se mit à crier contre l'hôte qu'il n'étoit pas du poids de l'ordonnance, et qu'elle y feroit bien mettre la police. Cette querelle, jointe au mauvais ordre que le meneur y avoit donné, qui étoit d'ailleurs fort économe, leur fit faire un très-mauvais repas, et qui se pouvoit bien appeler goûter, en prenant ce mot dans sa plus étroite signification.

Le pis fut quand ce vint à compter. Charroselles contestoit avec l'hôte sur chaque article, et faisoit assez grand bruit, lorsque Collantine y accourut, disant qu'elle vouloit être reçue partie intervenante en ce procès. Elle prit elle-même les jetons, chicana sur chaque article, et rogna même de ceux qui avoient

---

[1]. Ce cabaret a donné son nom à un hameau qui avoisine Vincennes.

été déjà alloués. Surtout elle ne vouloit pas qu'on payât le pain qu'à raison de dix sols la douzaine, assurant que l'hôte l'avoit à ce prix du boulanger, et que c'étoit assez pour lui d'y gagner le treizième. Cependant, l'hôte étant ferme à son mot, elle voulut envoyer querir un officier de justice pour consigner entre ses mains le prix de l'écot et s'opposer à la délivrance des deniers, avec assignation pour en voir faire la taxe. Elle disoit hautement que ce n'étoit pas pour la somme, mais qu'il ne falloit pas accoutumer ces rançonneurs de gens à leur donner tout ce qu'ils demandoient; excuse ordinaire des avares, qui protestent toujours de ne pas contester pour la conséquence de l'argent, mais qui néanmoins ne contesteroient point s'il n'en falloit point donner. Enfin la libéralité forcée de Charroselles les tira de cet embarras, au grand regret de Collantine d'avoir manqué une occasion d'avoir un procès, assurant tout haut que, si c'eût été son affaire, l'hôte en eût été mauvais marchand; qu'il lui en eût coûté bon; et elle se consola néanmoins, sur la menace qu'elle lui fit d'y envoyer un commissaire, pour le faire condamner à l'amende à la police.

Notre pauvre auteur, qui n'avoit pas eu même de la louange pour son argent, chercha plusieurs autres occasions, dans les visites qu'il rendit à Collantine, de lui faire quelque lecture ; mais elle étoit toujours en garde de ce côté-là. Ce n'est pas qu'elle eût de l'aversion pour ses ouvrages, mais c'est qu'elle avoit tant d'autres papiers à lire, où elle prenoit plus de goût, qu'elle n'avoit de loisir que pour ceux qui flattoient sa passion. Un jour entr'autres, qu'il avoit fait plusieurs tentatives inutiles, il se mit tellement en colère contre elle, qu'il étoit presque résolu de la lier et de lui mettre un bâillon dans la bouche pour avoir sa revanche, et la prêcher tout à loisir, quand voici qu'il survient une nouvelle occasion de procès.

Je ne sais sur quel point de conversation ils étoient, quand la demoiselle lui dit : A propos, j'ai une prière à vous faire : faites-moi le plaisir de me prêter une chose que vous trouverez dans l'étude de feu monsieur votre père. Quoi (dit Charroselles), avez-vous besoin de livres de guerre ou de chevalerie ? J'ai les fortifications d'Errart[1], de Fritad[2], de de Ville[3] et de Marolois[4] ; j'ai les livres de machines de Jean-

---

1. *La Fortification réduicte en art et demonstrée* par J. Errard de Bar-le-Duc, ingénieur du roi. — L'exemplaire de cet ouvrage que nous avons sous les yeux, et qui est daté de 1617 (Francfort-sur-le-Mein), porte la mention : *édition seconde*. La première est de 1594.
2. Fritat (?). Nous n'avons rien trouvé de cet auteur.
3. *Obsidio Corbeiensis ab Antonio de Ville. Parisiis* 1637.
4. *Samuelis* Marolois *mathematicorum sui seculi facile*

Baptiste Porta[1] et de Salomon de Caux[2], les livres de Pluviel[3] et de la Colombière[4]; voulant faire croire par là que son père étoit un grand homme de guerre.

Ce n'est point cela (lui dit-elle); je n'ai affaire que d'un papier. Ah! (répliqua-t-il), il y en avoit de très curieux : il avoit toutes les pièces qui ont été faites durant la Ligue et contre le gouvernement : *le Divorce satirique*[5], *la Ruelle mal assortie*[6], *la Confession de Sancy*[7] et plusieurs autres. Ce n'est point

---

*principis, mathematicum opus absolutissimum : continens geometriæ, fortificationis, architecturæ et perspectivæ theoriticæ ac praticæ regulas; demonstrationes et figuras perfectissimas...* Amstelodami, 1633. In-folio.

1. *De munitione libri tres.* Naples, 1608. In-4°.
2. *Raison des forces mouvantes.* 1624. In-folio.
3. *Manège royal, où l'on peut remarquer le défaut et la perfection du cavalier en tous les exercices de cet art, fait et pratiqué en l'instruction du roi* (Louis XIII). Paris, in-folio, 1615.
4. *La Science héroïque et le vrai théâtre d'honneur et de chevalerie.*
5. Pamphlet très mordant, dirigé contre la reine Marguerite, première femme de Henri IV, et attribué par les uns à d'Aubigné, et par les autres à une fille du duc de Guise, Louise-Marguerite de Lorraine, princesse de Conti.
6. Pièce qui était devenue très rare et que M. Ludovic Lalanne a réimprimée en 1855. Elle est attribuée à la reine Marguerite, première femme de Henri IV.
7. Satire en prose d'Agrippa d'Aubigné, inspirée par l'abjuration de Henri IV.

encore cela (répartit Collantine); c'est qu'en un procès que j'ai, je voudrois bien produire un arrêt qui a été rendu en cas pareil. J'ai entendu dire qu'il y en a eu un rendu sur une espèce semblable, en une instance où feu monsieur votre père étoit procureur; on lui aura peut-être laissé les sacs; je vous prie de prendre ce mémoire et de le faire chercher, ou à tout le moins de m'en dire le date. Dites-vous cela (reprit Charroselles) pour me faire injure? Ne savez-vous pas que je suis gentilhomme? j'ai quatre-vingt mille livres de bien, un carrosse entretenu, deux laquais, valet de chambre, et après cela vous me faites ce tort de me croire fils d'un procureur. Quand il seroit ainsi (lui répondit Collantine), je ne vous ferois pas grand tort, car j'estime autant et plus un procureur qu'un gentilhomme. J'en sais cent raisons, et surtout une qui est décisive, pour faire voir l'avantage que l'un a sur l'autre : c'est qu'il n'y a point de gentilhomme, tant puissant soit-il, qui ait pu ruiner le plus chétif procureur; et il n'y a point de si chétif procureur qui n'ait ruiné plusieurs riches gentilshommes. Et sans lui donner le loisir de l'interrompre, elle qui savoit admirablement son palais, pour lui montrer qu'elle ne parloit point en l'air, lui dit le nom et la demeure de celui qui étoit subrogé à la pratique de son père, lui nomma l'huissier qu'il employoit à faire ses significations, le commis du greffe qui mettoit ses arrêts en peau[1], la buvette où il alloit déjeuner, les clercs qui avoient été dans son étude, enfin tant de choses que Charroselles, convaincu de cette vérité et confus de ce reproche, n'eut autre recours pour s'en sauver qu'à son impudence, et à lui soutenir hautement que tout cela étoit faux. Collantine en inféra aussitôt : J'ai donc menti! et en même temps il y eut soufflets et coups de poing respectivement donnés. Elle fut la première à souffleter et à crier : Au meurtre! on m'assassine! et quoiqu'elle fût la moins battue, c'étoit elle qui se plaignoit le plus haut. Pour le pauvre Charroselles, il n'étoit que sur la défensive; et quoique ce ne fût pas le respect du sexe qui le retînt (car il n'en avoit ni pour sexe ni pour âge), néanmoins l'avantage n'étoit pas de son côté, car il n'étoit accoutumé qu'à mordre et non point à souffleter ni à battre. Le plus plaisant fut que, parmi les voisins qui arrivèrent au secours, se trouva fortuitement le frère de Collantine, qui avoit hérité de l'office de sergent qu'avoit son père. Quoiqu'il eût beaucoup d'affection pour elle, il se donna bien de garde de séparer ces combattants, qui s'embrassoient fort peu amoureuse-

---

[1]. Parchemin. « Il faut tant de *peaux* pour ce décret. » *Dict.* de Furetière.

ment; mais, disant aux assistants qu'il les prenoit à témoin, il écrivit cependant à la hâte une requête de plainte, et tant plus il les voyoit battre, tant mieux il rôloit. Le malheureux auteur fut donc obligé de s'enfuir, car tout le voisinage accouru se rua sur sa friperie et le mit en aussi pitoyable état qu'un oison sans plumes. Le sergent envoya querir vitement la justice ordinaire du lieu, dont sa sœur le querella fort, lui disant qu'il se mêlât de ses affaires; qu'elle savoit assez bien, Dieu merci, les détours de la pratique pour ruiner sa partie de fond en comble; en un mot, qu'elle vouloit avoir la gloire toute seule de commencer et de pousser à bout ce procès.

Le bailli venu, elle fit faire en moins de rien de gros volumes d'informations, et on connut alors le dire d'un auteur espagnol très véritable, qu'il n'y a rien qui croisse tant et en si peu d'heures qu'un crime sous la plume d'un greffier. Elle obtint bientôt un décret de prise de corps, et, parce qu'elle n'avoit point de véritables blessures, elle se frotta les bras avec un peu de mine de plomb; ensuite elle se fit mettre quelques emplâtres par un chirurgien et obtint un rapport de plusieurs ecchymoses (c'est-à-dire égratignures). Ce grand mot donna lieu à deux sentences de provision de 80 livres parisis chacune. Charroselles, qui ne savoit autre chicane

que celle qui lui servoit à invectiver contre les
auteurs, fut si embarrassé que, pour éviter la prison,
il fut obligé de se cacher quelques jours en une
maison de campagne d'un de ses amis. Là, toute sa
consolation fut de décharger sa colère sur du papier
et de se servir des outils de sa profession. Il se mit
à faire une satire contre Collantine, et sa bile même
s'épandit sur tout le sexe. Il chercha dans ses lieux
communs tout ce qui avoit été dit contre les femmes.
Il n'oublia pas le passage de Salomon, qui dit que
de mille hommes il en avoit trouvé un de bon, et de
toutes les femmes pas une. Ensuite il fit un catalogue de toutes les méchantes femmes de l'antiquité,
et les compara à sa partie adverse, qu'il chargea
seule de tous leurs crimes. Il la dépeignit cent fois
plus horrible que Mégère, qu'Alecto ni que Tysi-
phone. Mais, tandis qu'il étoit dans sa plus grande
fureur d'invectiver, il se souvint que tout ce qu'il
écrivoit seroit peut-être perdu, parce que les libraires
ne voudroient pas imprimer cet ouvrage, comme
beaucoup d'autres qu'ils lui avoient rebutés. C'est
pourquoi il résolut, pour ne plus travailler inutilement, de sonder à l'avenir leur volonté devant que
de commencer un ouvrage. En cela il vouloit imiter
ce qu'avoient fait autrefois la Serre et autres auteurs
gagistes des libraires, qui mangeoient leur blé en

herbe, c'est-à-dire qui traitoient avec eux d'un livre
dont ils n'avoient fait que le titre. Ils s'en faisoient
avancer le prix, puis ils l'alloient manger dans un
cabaret[1], et là ils le composoient au courant de la
plume. Encore arrivoit-il souvent que les libraires
étoient obligés de les aller dégager de la taverne ou
hôtellerie, où ils avoient fait de la dépense au delà
de l'argent qu'ils leur avoient promis.

Il écrivit donc à tous ceux qu'il connoissoit; il
leur manda son dessein et leur envoya un plan ou
un échantillon de son ouvrage, pour savoir d'eux
s'ils le voudroient imprimer. Mais, comme ces
libraires étoient dégoûtés de tous ses écrits par les
mauvais succès qu'avoient eus ses livres précédents,
ils lui mandèrent tout à plat qu'ils n'imprimeroient
rien de lui qu'il ne les eût dédommagés des pertes
qu'il leur avoit fait souffrir, ce qui le mit en une
telle colère, qu'il eût déchiré le livre qu'il composoit,
sans la tendresse paternelle qu'il avoit pour lui.
Néanmoins cela lui fit abandonner ce dessein. Toutefois,
la rage où il étoit contre Collantine n'étant

1. Il ne faut pas parler trop légèrement des cabarets de
cette époque. C'était là que se réunissaient d'ordinaire les
gens de lettres. — Pour ne citer qu'un fait, c'est dans un
cabaret du Marais que la cérémonie du *Malade imaginaire*
a été composée, avec la collaboration de Ninon et de
M<sup>me</sup> de la Sablière.

pas satisfaite, il voulut faire du moins quelque petite
pièce contre elle, qu'il pût faire courir en manuscrit
chez les gens qui la connoissoient. Mais, parce que
la prose ne se peut pas resserrer dans des bornes
étroites, il fut contraint de tâcher à faire des vers.
Cependant il avoit une étrange aversion pour la
poésie[1], et, quelque effort qu'il eût pu faire, de sa
vie il n'avoit pu assembler deux rimes. Enfin sa
passion vint à un si haut point, qu'elle se tourna en
fureur poétique, et comme autrefois le fils de Crésus,
qui avoit été toujours muet, se dénoua la langue par
un grand effort qu'il fit pour avertir son père qu'on
le vouloit tuer, de même Charroselles, outré de
colère contre Collantine, malgré la haine qu'il avoit
pour les vers, fit contre elle cette épigramme :

### ÉPIGRAMME.

Pilier mobile du Palais,
Ame aux procès abandonnée,
C'est dommage, tant tu t'y plais,
Que Normande tu ne sois née.
Je m'attends qu'un de ces matins
Ton humeur chicaneuse plaide
Contre le Ciel et les destins,
Qui t'ont fait si gueuse et si laide.

1. Sorel ne cache pas cette aversion, mais à l'occasion il
tournait le vers avec assez de succès. Nous ne parlons pas

Quoique cette épigramme ne fût pas bonne, elle étoit du moins passable pour un homme qui faisoit son coup d'essai. Il l'envoya à tous ses amis, mais bien lui en prit qu'elle ne vînt point à la connoissance de Collantine : car elle n'auroit pas manqué d'en faire informer et de l'appeler libelle diffamatoire. Il se crut donc par là bien vengé (poétiquement s'entend), car chacun se venge à sa manière, un auteur par des vers, un noble à coups de main, un praticien en faisant coûter de l'argent. Quelque temps après, Charroselles, par je ne sais quel bonheur, fit connoissance avec un procureur du Châtelet, excellent dans son métier et digne antagoniste de Collantine et de son frère le sergent, quand il les auroit eu tous deux à combattre. Celui-ci, pour lui préparer une autre vengeance à sa manière, le fit adresser à un commissaire qui lui fit répondre et antidater une requête du jour que la querelle étoit arrivée, chose qui se fait sans scrupule, à cause que cela amène de la pratique aux officiers royaux, par la prévention qu'ils ont sur les subalternes. Il fit entendre pour témoins deux de ses laquais, dont il fit déguiser les noms et la qualité, les ayant produits

---

des ballets auxquels il a collaboré ; mais nous renvoyons le lecteur à la jolie chanson qu'il met dans la bouche de *Francion*. — *Voy*. ce roman, p. 319-320.

sous un autre habit; il eut même, je ne sais comment, un rapport de chirurgie tel quel (car ses blessures dont il avoit eu bon nombre étoient guéries). Avec cela il obtint de sa part un pareil décret et deux sentences de provision, qui furent données deux fois plus fortes que celles de la justice ordinaire, par une juridiction : en telle sorte que le sergent, qu'il fit comprendre dans le décret aussi bien que sa sœur, fut obligé pour quelque temps d'aller, comme disent les bonnes gens, à Cachan[1]. Le remède fut d'obtenir un arrêt portant défenses aux parties d'exécuter ce décret et de faire des procédures ailleurs qu'en la cour, les provisions compensées, le surplus payé, c'est le style ordinaire. Et, en vertu de ce surplus, le pauvre sergent, quelque temps après, lorsqu'il ne s'en doutoit en aucune sorte, fut constitué injurieusement prisonnier par un de ses confrères, qui pour peu d'argent se chargea volontiers de cette contrainte contre lui. La cause fut mise au rôle, et, après avoir été longtemps sollicitée et bien plaidée, les parties furent mises hors de cour et de procès sans aucune réparation, dommages-intérêts ni dépens. Ainsi, qui avoit été battu demeura battu, et tous les grands frais

1. Village situé près d'Arcueil, à une lieue et demie de Paris. *Aller à Cachan,* en langue populaire, synonyme d'aller se cacher.

que les parties avoient fait de part et d'autre furent à chacune pour son compte.

Or, lecteur, vous devez savoir qu'il étoit écrit dans les livres des destinées, ou du moins dans la tête opiniâtre de Collantine, qui ne changeoit guère moins, qu'elle ne seroit jamais mariée à personne qu'il ne l'eût vaincue en procès, de même qu'autrefois Atalante ne vouloit se donner à aucun amant qu'il ne l'eût vaincue à la course. De sorte que cet heureux succès de Charroselles lui servit au lieu de lui nuire; et quoiqu'en effet il ne l'eût pas surmontée entièrement, du moins il lui avoit fait perdre ses avantages, comme il arrivoit en ces anciens combats de chevalier qui se terminoient après un témoignage réciproque de valeur, sans la défaite entière de leur ennemi. De manière qu'on ne vit point ici arriver ce qui suit ordinairement les procès, car cela ne servit qu'à les rejoindre plus étroitement, et à leur donner une estime réciproque l'un pour l'autre. Surtout Collantine, qui se croyoit invincible en ce genre de combat, admiroit le héros qui lui avoit tenu tête, et commença de le trouver digne d'elle. Mais voici cependant un rival, ou plutôt un autre plaideur qui se jette à la traverse.

Je ne saurois omettre la description d'une personne si extraordinaire. C'étoit un homme qui, par les ressorts de la Providence inconnus aux hommes, avoit obtenu une charge importante de judicature. Et, pour vous faire connoître sa capacité, sachez qu'il étoit né en Périgord, cadet d'une maison qui étoit noble, à ce qu'il disoit, mais qui pouvoit bien être appelée une noblesse de paille, puisqu'elle étoit renfermée sous une chaumière. La pauvreté plutôt que le courage l'avoit fait devenir soldat dans un régiment, et la fortune enfin l'avoit poussé jusqu'à l'avoir rendu cavalier, quand elle le ramena à Paris. Du moins ceux qui étoient bons naturalistes appeloient cheval la bête sur laquelle il étoit monté; mais ceux qui ne regardoient que sa taille, son port et sa vivacité ne la prenoient que pour un baudet. Il fut vendu vingt écus à un jardinier dès le premier jour de marché, et bien lui en prit, car il auroit fait pis que Saturne, qui mangea ses propres enfants : il se seroit consommé lui-même. Le laquais qui suivoit ce cheval (il faut me résoudre à l'appeler ainsi) étoit proportionné à sa taille et à son mérite. Il étoit pygmée et barbu, savant à donner des nasardes et à ficher des épingles dans les fesses; en un mot, assez malicieux pour mériter d'être page, s'il eût été noble, supposé qu'on cherche toujours de la noblesse dans ces messieurs. Pour bonnes qualités, il avoit celle d'enchérir sur ceux qui jeûnent au pain et à l'eau, car il avoit appris à jeûner à l'eau et à la chastaigne. Aussi cela lui étoit-il nécessaire pour vivre avec un tel maître, puisque, pour peu qu'il eût été goulu, il l'eût mangé jusqu'aux os; encore n'auroit-il pas fait grande chère, ce pauvre homme et sa bourse étant deux choses fort maigres. Si ce proverbe est véritable, tel maître tel valet, vous pouvez juger (mon cher lecteur, qu'il y a, ce me semble, longtemps que je n'ai apostrophé) quel sera le maître dont vous attendez sans doute que je vous fasse le portrait. Je vous en donnerai du moins une ébauche. Il étoit aussi laid qu'on le puisse souhaiter, si tant est qu'on fasse des souhaits pour la laideur; mais je ne suis pas le premier qui parle ainsi. Il avoit la bouche de fort grande étendue, témoignant de vouloir parler de près à ses oreilles, qui étoient aussi de grande taille, témoins assurés de son bel esprit. Ses dents étoient posées alternativement sur ses gencives, comme les créneaux sur les murs d'un château. Sa langue étoit grosse et sèche comme une langue de bœuf; encore pouvoit-elle passer pour fumée, car elle essuyoit tous les jours la vapeur de six pipes de tabac. Il avoit les yeux petits et battus, quoiqu'ils fussent fort enfoncés, et vivants dans une grande retraite; le nez fort camus, le front éminent, les cheveux noirs et gras, la barbe rousse et sèche. Pour le peu qu'il avoit de cou, ce n'est pas la peine d'en parler ; une épaule commandoit à l'autre comme une montagne à une colline, et sa taille étoit aussi courte que son intelligence. En un mot, sa physionomie avoit toute sorte de mauvaises qualités, hormis qu'elle n'étoit point menteuse. On le pouvoit bien appeler vaillant depuis les pieds jusqu'à la tête, car sa valeur paraissoit en ses mâchoires et en ses talons. Mais l'infortune l'avoit tellement talonné à l'armée, qu'après vingt campagnes il n'avoit pas encore gagné autant que valoit sa légitime (l'on ne sauroit rien dire de moins), et il étoit obligé de venir chercher sa subsistance à Paris, qui étoit son meilleur quartier d'hiver.

Quant à son esprit, il étoit tout à fait digne de son corps ; et quoiqu'il n'ait bien paru que lorsqu'il a été placé sur le tribunal, il en fit voir néanmoins quelque échantillon, par où l'on peut juger de son caractère. Un jour qu'on lui parla de la grande Chartreuse, il demanda si c'étoit la femme du général des Chartreux. Il demanda aussi à d'autres gens de quelle matière étoit fait le cheval de bronze[1], qui,

---

1. Le cheval de Henri IV sur le Pont-Neuf. Du reste, pour désigner la statue équestre, on ne disait pas autrement que *le cheval de bronze*. De là l'épigramme :

> On ne parle point d'Henri Quatre,
> On ne parle que du cheval.

voyant sa naïveté, lui persuadèrent que les pêcheurs venoient la nuit tirer du poil de sa queue pour faire leurs lignes. Il gagea un jour que la Samaritaine étoit de Paris et se moqua d'un bachelier qui lui vouloit prouver le contraire par la Bible. Ayant ouï parler un jour de l'étoile poussinière[1], il demanda combien de fois l'année elle avoit des poussins. Une autre fois, un Jacobin lui ayant parlé de la sainte Inquisition, il alla le retrouver le lendemain, pour lui dire que c'étoit un grand abus de la croire sainte ; qu'il n'avoit point trouvé sa fête dans l'almanach ni sa vie dans la Fleur des Saints[2]. Comme il se promenoit un jour dans les Tuileries, quelqu'un s'étonnant de la cause qui avoit pu faire ainsi nommer ce jardin, il répondit qu'il y avoit eu autrefois un roi de France qui s'appeloit Thuile, qui lui avoit donné son nom. C'étoit savoir l'histoire de son pays merveilleusement. Je ne sais s'il n'avoit point autant de raison que cet autre étymologiste, qui vouloit que la salade eût été inventée par Saladin, à cause de la ressemblance du nom. A propos de princes, quand il vouloit parler de ceux des Vénitiens et des Persans, il avoit coutume de dire le dogme de

1. La constellation des pléiades.
2. *La Fleur de la vie des Saints,* par le P. Ribadeneira. 2 vol. in-folio.

Venise et le saphir de Perse, au lieu de dire le doge et le sophi. Une autre fois, ayant découvert un clocher en approchant de Charenton, il demanda ce que c'étoit; on lui répondit que c'étoit la maison des Carmes déchaussés. Ah! vraiment (dit-il, trompé sur ce que nous appelons ceux de la Religion des Charentonniers), je ne croyais pas qu'il y eût des Carmes déchaussés huguenots. Le nombre de ses apophtegmes seroit grand si on les vouloit recueillir, et pourroit servir de supplément au livre du sieur Gaulard [1], qui avoit à peu près un même génie. Cependant, avec ces ridicules qualités de corps et d'esprit, la fortune s'avisa d'aller choisir ce magot pour le faire paroître sur un grand théatre, de la même manière que les charlatans y élèvent des singes et des guenons pour faire rire le peuple.

Il y avoit une charge de prévôt vacante depuis longtemps en une justice des plus considérables de la ville. D'abord plusieurs personnes d'esprit et de savoir se présentèrent pour en traiter; mais il s'y trouva tant d'obstacles de la part d'un nombre infini de créanciers, que les honnêtes gens, qui étoient incapables de faire les intrigues nécessaires

---

1. Les *Apophtegmes du sieur Gaulard* sont imprimés à la suite des *Bigarrures et touches du Seigneur des Accords* (Tabourot).

pour acheter les suffrages de tant de personnes, s'en rebutèrent. On y mit cependant un commissionnaire, à qui on fit le procès pour diverses voleries, et la haine qu'on eut pour lui, et la nécessité de le chasser, en facilitèrent l'entrée à Belâtre (car c'est ainsi que se nommoit notre futur ridicule magistrat). Voici comment il parvint à cette dignité, qui auroit été un lieu d'honneur pour un autre, mais qui en fut un de déshonneur pour lui.

Un de ses frères avoit épousé en secondes noces la fille du premier lit de la seconde femme du défunt prévôt, possesseur de la charge dont il s'agit. Cette veuve étoit une femme vieille, laide, gueuse, méchante, harpie, intrigueuse, médisante, fourbe, menteuse, banqueroutière, et qui avoit toutes ces mauvaises qualités en un souverain degré. Son mari, ne s'étoit pas contenté de se faire séparer de corps et de biens d'avec cette peste ; il n'avoit pu être à couvert de sa malice qu'en la faisant enfermer dans un des cachots de la conciergerie, où elle demeura tant qu'il vécut. Après sa mort, elle se mit en tête de disposer de cette charge, sous prétexte de sa qualité de veuve, quoiqu'elle n'y eût aucun intérêt, parce que le nombre de ses créanciers et de ceux de son mari absorboit trois fois la valeur de sa succession. Mais, par de feintes promesses, elle engagea dans son parti une bourgeoise dont la créance étoit fort considérable, lui faisant entendre qu'elles partageroient ensemble les revenus de l'office, qu'elle lui fit paroître bien plus grands qu'ils n'étoient en effet. Cette femme donna dans le panneau, et, comme le chien d'Ésope, qui prit l'ombre pour le corps, s'obligea avec elle de payer tous les créanciers.

Belâtre fut le personnage du nom duquel le traité fut rempli, qui, ayant par ce moyen le titre, se vit en une plus grande difficulté d'avoir l'agrément du seigneur dont la charge dépendoit. Il se trouva qu'il avoit rendu, à l'armée, un service très considérable à une personne de la première qualité. Il n'y a rien dont les grands soient si prodigues que de sollicitations, ne se pouvant acquitter à moindres frais des vrais services qu'on leur a rendus qu'en donnant des paroles et des compliments. Le seigneur de la justice ne put refuser des provisions à Belâtre, après la prière qui lui en fut faite de la part de cet illustre solliciteur. Mais, quoiqu'il eût intéressé tous ses officiers, afin de ne point gâter cette sollicitation, il y en eut quelqu'un d'oublié, qui donna avis du peu d'esprit et de capacité de l'aspirant, dont il donnoit d'ailleurs assez de marques par l'aspect de sa personne. Voici comment cette affronteuse y remédia. Elle leurra une veuve, nommée de Préhaut, de l'espérance d'épouser ce magistrat quand il seroit parvenu dans son état de gloire. Celle-ci, qui étoit si affamée de mari qu'elle en auroit été chercher en Canada[1], la crut, et engagea sa mère dans son parti, qui étoit encore une insigne charlatane, et fameuse par ses intrigues et par ses affiches. Sa hâblerie, plutôt que sa science, lui avoit acquis quelque réputation à faire des cures de certaines maladies du scroton. Elle pansait, ou plutôt elle abusoit comme les autres, le fils d'un conseiller du Parlement, qui, sur sa fausse réputation, s'étoit mis entre ses mains. Ce conseiller étoit en très grande estime dans le palais, et n'avoit autre foiblesse que de déférer trop légèrement aux prières de ses en-

---

[1]. On lit dans la *Muze historique* de Loret (19 mai 1652) :

> Hier, samedy, choze certaine,
> Sur le beau fleuve de la Seine,
> S'embarquèrent dessous Paris,
> Tant veufs, que garçons, que maris,
> Non point pour aller en Afrique,
> Mais en un coin de l'Amérique,
> Des hommes jusqués à sept cens,
> Sans y comprendre les absens ;
> De plus sept douzaines de filles,
> Pour établir là des familles,
> Et multiplier audit lieu,
> Selon l'ordonnance de Dieu.

Ces émigrations étaient loin d'être toutes volontaires. — On déportait surtout quantité de vierges folles.

fants, dont il étoit infatué. La vieille pria donc cette veuve, la veuve pria sa mère, la mère pria son malade, le malade pria son père; et par surprise, à leur relation, il signa un certificat en faveur de Belâtre, sans l'examiner, par lequel il attestoit qu'il étoit noble et de bonne vie et mœurs; même il y avoit un article faisant mention de sa capacité. Après celui-là, elle en fit signer plusieurs autres semblables, jusqu'au nombre de vingt-cinq, par des officiers de cour souveraine, avec quelque légère recommandation, et bien plus de facilité; car tous les hommes pêchent volontiers par exemple, et comme s'ils étoient au bal, se laissent conduire par celui qui mène le branle. Tant y a qu'après ces témoignages authentiques (que le seigneur garda par-devers lui comme ses garants), il ne put se défendre d'agréer un homme qui se rendit aussi fameux par son ignorance que les autres l'auraient pu faire par leur doctrine.

Aussitôt, le nouveau pourvu publia que sa promotion à cette charge étoit un ouvrage de la Providence divine; et pour preuve (disoit-il) qu'elle s'étoit mêlée de son affaire, c'est qu'il avoit obtenu tant de certificats de capacité de personnes qui ne l'avoient jamais vu ni connu. Le curé même de la paroisse l'appela, dans son prône, prévôt Dieudonné, trompé par les premières apparences qu'il lui donna de dévotion.

Quand il fut installé dans son siège, le premier règlement qu'il fit, ce fut d'ordonner que les procureurs, greffiers, sergents et autres officiers écriroient dorénavant tous leurs actes en lettre italienne bâtarde. Car, comme il écrivoit à la manière des nobles, c'est-à-dire d'un caractère large de deux doigts, il ne pouvoit lire que cette sorte d'écriture. Il appeloit chicane tout ce qu'il voyoit écrit en minute, et il ajoutoit qu'il avait toujours ouï dire que la chicane étoit une méchante bête, qu'il ne la vouloit point souffrir dans sa justice. S'il désiroit voir quelques expéditions ou procédures, il disoit : Apportez-moi un papier, nommant de ce nom général tous les actes qui se font en justice, de même que font les bonnes gens qui n'ont aucune connoissance des affaires. Il se servoit encore des termes de la guerre pour s'expliquer dans la robe, et quand il vouloit se faire payer de ses vacations ou de ses épices, il disoit ordinairement : Payez-moi ma solde. Il avoit peut-être appris ce qui se raconte d'un gentilhomme de fortune, qui, sans avoir été à la guerre, tout d'un coup fut fait général d'armée, et qui chercha aussitôt un maître de fortifications pour lui apprendre (disoit-il) l'art militaire de la guerre, à quatre pistoles par mois. Celui-ci en fit chercher un pour lui apprendre le métier de juge, à la charge qu'on lui en viendroit faire des leçons chez lui. Il s'imaginoit que cela s'apprenoit comme la science d'un escrimeur; et il ajoutoit que, puisqu'il avoit bien été à l'armée sans avoir été à l'académie, il pourroit bien aussi être juge sans avoir été jamais au collège. Il se targuoit quelquefois de l'exemple d'un boucher de Lyon qui avoit acheté un office d'élu[1]; le gouverneur de la ville s'étonnant comment il le pourroit exercer, vu qu'il ne savoit ni lire ni écrire, il lui répondit avec une ignorante fierté : Hé! vraiment, si je ne sais écrire, je hocherai; voulant dire que, comme il faisoit des hoches[2] sur une table pour marquer les livres de viande qu'il livroit à ses chalands, il en feroit autant sur du papier pour lui tenir lieu de signature. Mais, en faveur du boucher, on pourroit alléguer une disparité qui le rendroit excusable; car les élus sont gens ignares et non lettrés par l'édit de leur création, et c'est en ce point que l'édit,

1. Ce n'était pas un poste difficile à remplir. Ouvrons le *Dict.* de Furetière au mot *esleu* : Officier royal subalterne, ignare et non lettré, et sans degrés, qui connoît en première instance de l'assiette des Tailles, Aides, Subsides et autres impositions; des différends qui surviennent en conséquence. »
2. Entailles.

grâce à Dieu, est bien observé. Je ne puis omettre une belle preuve qu'il donna de sa capacité un peu auparavant que de devenir juge. Il étoit au Palais avec quelques officiers d'armée, qui achetoient des livres à la boutique de Rocolet[1]; par vanité il en voulut aussi acheter, et en effet il en demanda un au marchand. Rocolet lui demanda quel livre il cherchoit, et s'il en vouloit un in-folio ou un in-quarto. Belâtre, ignorant de ces termes, n'auroit pas compris ce que cela vouloit dire, si ce n'est qu'en même temps on lui montroit du doigt le volume. Il répondit donc qu'il vouloit un grand livre. Rocolet lui demanda encore s'il vouloit un livre d'histoire, de philosophie ou de quelque autre science. Belâtre lui répondit qu'il ne s'en soucioit pas, et qu'il vouloit seulement qu'il lui vendît un livre. Mais encore (insista le marchand), afin que je vous en donne un qui puisse vous être plus utile, dites-moi à quoi vous vous en voulez servir. Belâtre lui répondit brusquement : C'est à mettre en presse mes rabats. Cette réponse fit rire le libraire et tous ceux qui l'entendirent, et montra que cet homme se

---

1. Le Dumaine d'alors. Il publiait pourtant aussi des livres qui ne touchaient en rien à l'art militaire. Plusieurs éditions du *Recueil général* des œuvres de Tabarin ont paru chez lui.

connoissoit fort en livres, et qu'il en savoit merveilleusement l'usage. Il étoit si peu versé dans la connoissance du Palais, que, même depuis qu'il fut magistrat, il croyoit que les chambres des enquêtes[1] étoient comme les classes du collège, et qu'on montoit de l'une à l'autre à mesure qu'on devenoit plus capable; de sorte qu'ayant vu un jeune homme sortir de la quatrième chambre, il s'en étonna, et dit tout haut : Voilà un conseiller bien avancé pour son âge. Une autre fois, à la table d'un président, quelqu'un vint à citer la loi des douze tables. Vraiment (lui dit Belâtre en l'interrompant), il falloit que ces Romains fussent gens de bonne chère. Un galant homme qui se trouva de la compagnie, pour ne pas laisser perdre ce plaisant mot, en fit sur-le-champ ce quatrain :

> Un ignorant, que les destins
> Font un juge des plus notables,
> Croit que les lois des douze Tables
> Sont faites pour les grands festins.

Après le dîner, ayant suivi ce président, qui entroit en son cabinet pour y examiner le plan d'une maison qu'il vouloit faire bâtir, Belâtre le prit après lui pour le voir, faisant semblant de s'y connoître;

1. Chambres où l'on jugeait les procès civils par écrit.

mais, ayant aperçu au bas une ligne divisée en plusieurs parties, avec cette inscription : *Échelle de quinze toises :* Vraiment (dit-il), pour faire une si grande échelle, il falloit de belles perches. Il lui arriva aussi un jour de demander à un conseiller, quand le roi étoit en son lit de justice, s'il étoit entre deux draps ou sur la couverture.

Mais, pour revenir à son domestique (car on pourroit faire des livres entiers de burlesques apophtegmes), il lui vint une appréhension que cette demoiselle de Préhaut ne lui fît signer quelque papier (c'est ainsi, comme j'ai dit, qu'il appeloit tous contrats), et qu'elle ne surprît une promesse ou un contrat de mariage. Il lui avoit promis son alliance avant qu'il fût installé, mais lorsqu'il crut n'avoir plus affaire d'elle, il la dédaigna, et ne voulut plus tenir sa promesse. Comme il ne savoit pas lire, du moins l'écriture ordinaire de la pratique, il ne signoit que sur la foi d'un siffleur[1] qu'il avoit; mais, la défiance étant fort naturelle aux méchants et aux ignorants, il eut peur qu'il ne fût gagné par cette femme, qui passoit pour fort artificieuse. Voici la belle précaution de laquelle il s'avisa, et dont il ne demanda avis à personne. Il fit commandement à un

---

1. Siffleur est ici synonyme de souffleur.

de ses sergents d'aller faire défense au curé de la paroisse de le marier en son absence. Le sergent lui remontra qu'il se moquoit de lui, mais cela fit croire à Belâtre qu'il s'entendoit aussi avec sa partie, de sorte qu'il fit le même commandement à un autre, qui lui fit une pareille réponse. Enfin, se fâchant de n'être pas obéi, et les menaçant d'interdiction, il alla lui-même dire au curé, en présence de plusieurs témoins qu'il mena exprès : Je vous fais défense, par l'autorité que j'ai en main, de me marier que je n'y sois présent en personne ; et au retour, par manière de congratulation, il disoit à ses domestiques : Voilà comment les gens prudents donnent ordre à leurs affaires et se gardent d'être surpris.

Tels étoient donc la mine et le génie de ce personnage, qui ne divertissoient pas mal tous ceux qui le connoissoient. On prenoit aussi un très grand plaisir à examiner son action et ses habits, qui n'étoient pas mal assortis avec le reste. Il faisoit beau le voir dans les rues, car il marchoit avec une carre et une gravité de président gascon. Il avoit cherché le plus grand laquais de Paris pour porter la queue de sa robe, et il la faisoit toujours aller de niveau avec sa tête, car il s'étoit sottement imaginé que, quand on la portoit bien haute, c'étoit une grande marque d'élévation. En cet état elle découvroit une soutane de satin gras et un bas de soie verte qui étoit une chose moult belle à voir. Dans son siège, c'étoit encore pis, car en cinq ans que dura son règne, il ne put jamais apprendre à mettre son bonnet, et la corne la plus élevée, qui doit être sur le derrière, étoit toujours sur le devant ou à côté. Il étoit là comme ces idoles qui ne rendoient point d'oracles toutes seules. Il y avoit un avocat qui montoit au siège auprès de lui, pour lui servir de conseil ou de truchement, qui lui souffloit mot à mot tout ce qu'il avoit à prononcer; mais ce secours ne lui dura guère, car les parties intéressées à l'honneur de la justice eurent d'abord cet avantage, qu'ils firent défendre à ce siffleur de monter au siège avec lui; afin que, son ignorance étant plus connue, il pût être plus facilement dépossédé. Le siffleur fut donc obligé de se retirer au barreau, d'où il lui faisoit quelques signes dont ils étoient convenus pour les prononciations les plus communes ; mais il s'y trompoit quelquefois lourdement. L'extension de l'index étoit le signe qu'ils avoient pris pour signifier un appointement en droit. Un jour qu'il étoit question d'en prononcer un, le truchement lui montra le doigt, mais un peu courbé; le juge crut qu'il y avoit quelque chose à changer en la prononciation, et appointa les parties en tortu. Ce n'est pas le seul jugement tortu qu'il ait donné. Comme il n'en savoit point d'autre par cœur que : défaut et soit réassigné, il se trouva qu'un jour en le prononçant un procureur comparut pour la partie ; il ne laissa pas d'insister à sa prononciation, disant au procureur, qui s'en plaignoit : Quel tort vous fait-on de donner défaut et dire que vous serez réassigné? Le procureur ayant répliqué que cette réassignation n'auroit autre effet que de lui faire faire une pareille présentation, il le fit taire, et le condamna à l'amende pour son irrévérence. Il condamna pareillement à l'amende un avocat qui, en plaidant devant lui contre des chartreux, pour faire le beau parleur, les avoit appelés icthyophages (voulant dire qu'ils ne mangeoient que du poisson), à cause, disoit ce docte officier, qu'il ne vouloit pas souffrir dans son siège que des avocats disent de vilaines injures à leurs parties adverses, et surtout à de si bons religieux. Il arriva une autre fois qu'y ayant eu une cause plaidée longtemps avec chaleur, l'affaire demeura obscure pour lui, qui auroit été fort claire pour un autre, sur quoi il se contenta de prononcer : Attendu qu'il ne nous appert de rien, nous en jugeons de même. Hors du siège, il ne prenoit point de connoissance des affaires; et quand quelque ami qu'il vouloit gratifier venoit faire chez lui une sollicitation, il lui répondoit seulement en ces termes : Faites composer une requête, je la signerai, et je mettrai : Soit fait ainsi qu'il est requis.

J'appréhende ici qu'on ne croie que tout ce que j'ai rapporté jusqu'à présent ne passe pour des contes de la cigogne ou de ma mère l'oie, à cause que cela semble trop ridicule ou trop extravagant; mais, pour en ôter la pensée, je veux bien rapporter en propres termes une sentence qu'un jour il rendit, dont il courut assez de copies imprimées dans le palais lorsqu'on poursuivoit le procès de son interdiction. Belâtre la rendit tout seul et de son propre mouvement (son siffleur étant malheureusement pour lors à la campagne) sur une affaire très épineuse, et qui ne pouvoit être bien décidée que par le juge Bridoye [1] ou par lui; la voici en propres termes et telle qu'elle a paru en plein parlement, où l'on en produisit l'original :

---

1. C'est le digne fils du Bridoye de Rabelais « lequel sententioit les procès au sort des dez. »

## JUGEMENT DES BUCHETTES

RENDU AU SIÈGE DE..., LE 24 SEPTEMBRE 1644.

Entre maître Jean Prud'homeau, demandeur en restitution d'une pistole d'or d'Espagne de poids, et trois pièces de treize sols six deniers légères, comparant en sa personne, d'une part. Contre Pierre Brien et Marie Verot, sa femme ; ladite Verot aussi en personne. Ledit demandeur a dit avoir fait convenir par-devant nous les défendeurs, pour se voir condamner à lui rendre et restituer une pistole d'or d'Espagne de poids, et trois pièces de treize sols six deniers légères, qu'il aurait mis ès mains cejourd'hui de ladite Verot, pour en avoir la monnaie, et lui payer quatorze sous de dépense ; c'est à quoi il conclut et aux dépens. Ladite Verot reconnoît avoir eu entre les mains une pistole, laquelle ledit Prud'homeau lui avoit baillée pour la lui faire peser, mais que, la lui ayant rendue et mise sur la table, elle fait dénégation de l'avoir prise, et partant mal convenue par le demandeur ; et pour le regard des trois pièces de treize sols six deniers légères, reconnoît les avoir eues, offrant les lui rendre, en payant quatorze sols, que leur doit ledit Prud'homeau, de dépense ; requérant être renvoyée avec dépens. Et par ledit Prud'homeau a été persisté en ce qu'il a dit ci-dessus, et fait dénégation que ladite Verot lui ait rendu ladite pistole, ni ne l'avoir vu mettre sur la table, ne sachant si elle l'a mise ou non, et ne l'avoir vue du depuis; c'est pourquoi il conclut à la restitution d'icelle et aux dépens.

Sur quoi, et après que les parties respectivement ont fait plusieurs et divers serments, chacune à ses fins, et voyant que la preuve des faits ci-dessus posés étoit impossible, nous avons ordonné que le sort sera présentement jeté, et à cet effet avons d'office pris deux courtes pailles ou buchettes entre nos mains, enjoint aux parties de tirer chacun l'une d'icelles; et pour savoir qui commenceroit à tirer, nous avons jeté une pièce d'argent en l'air et fait choisir pour le demandeur l'un des côtés de ladite pièce par notre serviteur domestique; lequel ayant choisi la tête de ladite pièce, et la croix, au contraire, étant apparue, avons donné à tirer à la défenderesse l'une des buchettes, que nous avons serrées entre le pouce et le doigt index, en sorte qu'il ne paroissoit que les deux bouts par en haut, avec déclaration que celle des parties qui tireroit la plus grande des buchettes gagneroit sa cause. Étant arrivé que la défenderesse a tiré la grande, nous, déférant le jugement de la cause à la Providence divine, avons envoyé icelle défenderesse de la demande du demandeur pour le regard de la pistole, sans dépens, et ordonné que les trois pièces de treize sols six deniers

seront rendues, en payant par le demandeur quatorze
sols pour son écot. Dont ledit Prud'homeau a déclaré
être appelant, et de fait a appelé et a requis acte à
moi greffier soussigné, qui lui a été octroyé. Donné
à ..., le 24 septembre 1644.

Cette pièce, qu'on a rapportée en propres termes et
en langage chicanourois, pour être plus authentique,
est assez suffisante pour établir la vérité, que quelques envieux voudroient contester à cette histoire :
après quoi on ne sauroit rien dire qui puisse mieux
montrer le caractère et la suffisance de Belâtre.
C'étoit donc un digne objet des satires et railleries
publiques et particulières; mais ce ne fut pas là son
plus grand malheur : il se fût bien garanti des écrits
et des pointes des auteurs, et il ne le put faire des
exploits et de la chicane de Collantine. Malheureusement pour lui, elle eut un procès en sa justice
contre un teinturier, où il ne s'agissoit au plus que
de trente sous. Elle n'en eut pas satisfaction, ce qui
la mit tant en colère, qu'elle le menaça en plein
siège qu'il s'en repentiroit; et comme elle ne cherchoit que noises et procès, elle alla feuilleter ses papiers, où elle trouva qu'autrefois il avoit été dit
quelque chose sur la charge de Belâtre à quelqu'un
de ses parents; mais la poursuite de cette dette

avoit été abandonnée, parce qu'un si grand nombre de créanciers avoient saisi ce qui lui en pouvoit revenir, qu'ils en auroient absorbé le fond quand il auroit été dix fois plus grand.

Quoiqu'elle n'y eût donc aucun véritable intérêt, elle se mit à la tête de toutes les parties de Belâtre, qui commençoient déjà à l'attaquer, mais foiblement, ayant peur de sa qualité de juge, et elle fit tant de bruit et de procédures que le pauvre homme ne put jamais démêler cette fusée, et vit prononcer deux fois contre lui une injurieuse interdiction. Encore avoit-elle l'adresse de ces capitaines qui, portant la guerre dans un pays ennemi, y font subsister leurs troupes. Car elle tiroit contribution de tous les ennemis et créanciers de Belâtre, et encore plus de ceux qui prétendoient au titre ou à la commission de sa charge. Mais elle changeoit aussi souvent de parti que jadis les lansquenets, et sa fidélité cessoit aussitôt que sa pension. Cependant cinq ans de plaidoirie aguerrirent si bien l'ignorant Belâtre, qu'il devint aussi grand chicaneur qu'il y en eût en France; aussi ne pouvoit-il manquer d'apprendre bien son métier, étant à l'école de Collantine. A force donc de voir ses procureurs et ses avocats, il apprit quelques termes de chicane; et dès qu'il en sut une douzaine, il crut en savoir tout le secret et toutes les ruses. Il lui arriva donc ce que j'ai remarqué arriver à beaucoup d'autres ; car, dès qu'un gentilhomme ou un paysan se sont mis une fois à plaider, ils y prennent un tel goût qu'ils y passent toute leur vie, et y mangent tout leur bien, de sorte qu'il n'y a point de plus opiniâtres ni de plus dangereuses parties, au lieu que ceux qui sont les plus entendus dans le métier sont ceux qui plaident le plus tard et qui s'accordent le plus tôt. Il lui arriva même d'avoir quelquefois l'avantage sur Collantine, car il combattoit en fuyant, et à la manière des Parthes, ce qu'on pratique ordinairement quand on est défendeur et en possession de la chose contestée. Il falloit qu'elle avançât tous les frais, ce qu'elle ne pouvoit faire quand ses contributions manquoient ; pour de la patience, elle en avoit de reste, et elle ne se fût jamais lassée. Tant y a qu'on peut dire que, tant que la guerre dura entre eux, les armes furent journalières.

Néanmoins, à l'exemple des grands capitaines, qui ne laissent pas de se faire des civilités malgré l'animosité des partis, Belâtre ne laissoit pas de rendre visite quelquefois à Collantine. Quelques-uns croyoient que c'étoit pour chercher les voies de s'accommoder avec elle ; mais ceux qui la connoissoient savoient bien que c'étoit une très grande ennemie des transactions, et que c'étoit échauffer la guerre de lui parler d'accord. Pour lui, il prenoit prétexte d'exercer une vertu chrétienne qui lui commandoit d'aimer ses ennemis ; car, quoique sa conscience lui reprochât qu'il possédoit le bien d'autrui injustement, il ne laissoit pas de faire le dévot, qui sont deux choses que beaucoup de gens aujourd'hui accordent ensemble. Quant à Collantine, si elle n'eût voulu recevoir visite que de ses amis, il lui auroit fallu vivre dans une perpétuelle solitude. Elle fut donc obligée de recevoir les visites peu charmantes de cet ennemi, et la fortune, qui cherchoit tous les moyens de le rendre ridicule, lui fit aimer tout de bon cette personne, qu'il auroit aimée sans rival, si ce n'eût été l'opiniâtreté de Charroselles, qui s'y attacha alors plus fortement, non pas tant par amour qu'il eût pour elle, que pour faire dépit à ce nouveau concurrent.

Je ne pécherai point contre la règle que je me suis prescrite, de ne point dérober ni répéter ce qui se trouve mille fois dans les autres romans, si je rapporte ici la déclaration d'amour que Belâtre fit à Collantine, parce qu'elle fut assez extraordinaire. Je ne sais à la quantième visite ce fut que, pour commencer à la cajoler, il lui répéta ce qu'il lui avoit dit déjà plusieurs fois : Mademoiselle, si je viens ici rechercher votre amour, ce n'est point pour vous demander ni paix ni trêve. Vous y seriez fort mal venu, monsieur le prévôt (interrompit brusquement Collantine). Mais pour vous déclarer (continua Belâtre) qu'étant obligé par l'Évangile d'aimer mes ennemis, je n'en ai point trouvé de pire que vous, et que par conséquent je sois tenu d'aimer davantage. Vraiment, monsieur le prévôt (répondit Collantine), vous ne me devez pas appeler votre ennemie, mais seulement votre partie adverse; et pourvu que vous vouliez bien que nous plaidions toujours ensemble, nous serons, au reste, amis tant qu'il vous plaira. J'avoue qu'un petit sentiment de vengeance m'a fait commencer ce procès; mais je ne le continue que par l'inclination naturelle que j'ai à plaider. Je vous ai même quelque obligation de m'avoir donné l'occasion de feuilleter des papiers que je négligeois, où j'ai trouvé un si beau sujet de procès, et qui a si bien fructifié entre mes mains. Quant à moi (reprit Belâtre), j'avoue que ce procès m'a été d'abord un grand sujet de mortification; mais, maintenant que j'ai appris la chicane, Dieu merci et à vous, j'y prends un goût tout particulier; et je vois bien que nous avons quelque sympathie ensemble, puisque nos inclinations sont pareilles. Tout le regret que j'ai, c'est que je n'aie à plaider contre une autre personne, car je suis tellement disposé à vouloir tout ce que vous voulez, que je vous passerai volontiers condamnation. Ha! donnez-vous-en bien garde, monsieur le prévôt (répliqua brusquement Collantine); car le seul moyen de me plaire est de se défendre contre moi jusqu'à l'extrémité. Je veux qu'on plaide depuis la justice subalterne jusqu'à la requête civile et à la cassation d'arrêt au conseil privé. Enfin, à l'exemple des cavaliers qui se battent, je tiens aussi lâche celui qui veut passer un arrêt par appointé que celui qui, en combat singulier, demande la vie au premier sang. J'avoue que cette façon d'agir est nouvelle et fort surprenante; mais ceux qui s'en étonneront en peuvent rechercher la cause dans le Ciel, qui me fit d'un naturel tout à fait extraordinaire. Bien donc (dit alors Belâtre), puisque, sans vous fâcher, il faut plaider contre vous, je veux intenter un procès criminel contre vos yeux, qui m'ont assassiné, et qui ont fait un rapt cruel de mon cœur; je prétends les faire condamner, et par corps, en tous mes dommages et intérêts. Ha! voilà parler d'amour bien élégamment (lui repartit Collantine); ce langage me plaît bien plus que celui d'un certain auteur qui me vient souvent importuner, et qui me parle comme si c'étoit un livre de fables. Mais dites-moi, monsieur le prévôt, où avez-vous pêché ces fleurettes? qui vous en a tant appris? On dit partout que vous ne savez pas un mot de votre métier. J'en sais bien d'autres (répliqua Belâtre) : la robe et le bonnet m'inspirent tant de belles pensées, que mon beau-frère dit qu'il a peine de me reconnoître, et que j'ai le génie de la magistrature. Je ne sais pas bien ce que veut dire ce mot, mais je suis assuré que bien souvent par hasard je juge mieux que je n'avois pensé : témoin une sentence que par surprise on me fit signer tout à rebours de ce que je l'avois résolu, qui fut confirmée par arrêt. Voilà comme le Ciel aide aux gens qui sont inspirés de lui. Ne croyez donc pas ces calomniateurs qui disent que je suis ignorant. Il est vrai que je n'ai pas été au collège, mais j'ai des licences comme l'avocat le plus huppé; je les ai montrées à mon rapporteur, et ce que j'y trouve à redire, c'est qu'elles sont écrites d'une chienne d'écriture que je ne pus jamais lire devant lui. Vraiment, monsieur le prévôt (dit alors Collantine), vous n'êtes pas seul qui avez eu des licences sans savoir le latin ni les lois; et si on ôtoit la charge à tous les officiers qui ont été reçus sur la foi de telles lettres, et après un examen sur une loi pipée, il y auroit bien des offices vacants aux parties casuelles. Prenez bon courage, vous en apprendrez plus sous moi en plaidant, que si vous aviez été dix années dans les études.

Un clerc de procureur entra comme elle disoit ces paroles ; la qualité de cette personne étant pour elle si considérable qu'elle lui auroit fait quitter l'entretien d'un roi, l'obligea de laisser là Belâtre pour faire mille caresses et questions à ce petit basochien, s'il avoit fait donner une telle assignation, s'il avoit levé un tel appointement, s'il avoit fait remettre une telle production, et généralement l'état de toutes ses affaires ; ce qui dura si longtemps, que Belâtre, d'ailleurs fort patient, s'ennuya de sorte qu'il fut contraint de la quitter, sans même obtenir son audience de congé.

Sitôt qu'il fut arrivé chez lui, voyant l'heureux succès qu'avoient eu deux ou trois mois de pratique qui avoient plu à Collantine, il se mit à écrire un billet galant dans le même style, et même il ne croyoit pas qu'il y en eût un autre plus relevé ni plus charmant : car la science que nous avons apprise de nouveau est d'ordinaire celle que nous estimons le plus ; or on n'auroit pas pu trouver un plus moderne praticien. Dans cette résolution, il prit son sujet sur ce que Collantine l'avoit fait emprisonner un peu auparavant pour une amende, d'où il n'étoit sorti que par un arrêt. Il chercha dans un Praticien françois, qu'il avoit toujours sur sa table, les plus gros mots et les plus barbares qu'il y pût trouver, de la même manière que les écoliers se servent des Épithètes de Textor[1] et des Élégances poétiques pour leurs vers; et, après avoir bâti un billet qui ne valoit rien, et qui s'entendoit encore moins, il eut recours à son siffleur domestique, lequel, l'ayant presque tout refait, le conçut enfin en ces termes :

# LETTRE

### DE BELATRE A COLLANTINE.

Mademoiselle, si je forme complainte contre vos rigueurs, ce n'est pas de m'avoir emprisonné tout entier dans la conciergerie, mais c'est parce qu'au mépris des arrêts qui m'ont élargi, vos seuls appas ont d'abondant décrété contre mon cœur, dont ayant eu avis, il s'est volontairement rendu et constitué prisonnier en la geôle de votre mérite. Il ne se veut point pourvoir contre ledit décret, ni obte-

---

1. Ravisius Textor (J. Tixier de Ravisi), savant français du XVIe siècle, composa plusieurs ouvrages classiques, entre autres celui auquel Furetière fait allusion : *Specimen epithetorum*.

nir des défenses de passer outre; ains, au contraire, il offre de prêter son interrogatoire et de subir toutes les condamnations qu'il vous plaira, si mieux vous n'aimez, me recevant en mes faits justificatifs, me sceller des lettres de grâce et de rémission de ma témérité, attendu que le cas est fort rémissible, et que, si je vous ai offensée, ce n'a été qu'à mon cœur défendant : faisant à cet effet toutes les protestations qui sont à faire, et particulièrement celle d'être toute ma vie,

Votre très humble et très patient serviteur,

BELATRE.

Sitôt que cette lettre fut achevée, Belâtre en trouva le style merveilleux et magnifique, et s'applaudit à lui-même comme s'il l'eût composée, parce qu'il y reconnut deux ou trois termes de pratique qu'il y avoit mis, qui avoient servi à son siffleur de canevas pour la mettre en cette forme. Il ne laissa pas d'embrasser tendrement son docteur, pour le remercier de sa correction; et il ne l'eut pas sitôt mise au net, qu'il l'envoya à Collantine. De vous dire quelle impression elle fit sur son esprit, je ne puis le faire bien précisément, parce qu'il n'y a point eu d'espion ou de confident qui en aient pu faire un rapport fidèle, ce qui est un grand malheur, et fort peu ordinaire : car régulièrement, en la réception de telles lettres, il se trouve toujours quelqu'un qui remarque les paroles ou les mouvements du visage, témoins assurés des sentiments du cœur de la dame, et qui les décèle aussitôt indiscrètement. Il y eut encore un malheur plus signalé : c'est que la réponse qu'elle y fit (car elle a déclaré depuis y avoir répondu) fut perdue, d'autant que, comme elle n'avoit point de laquais, elle se contenta de mettre sa lettre dans de certaines boîtes[1] qui étoient lors nouvellement attachées à tous les coins des rues, pour faire tenir des lettres de Paris à Paris, sur lesquelles le ciel versa de si malheureuses influences que jamais aucune lettre ne fut rendue à son adresse, et, à l'ouverture des boîtes, on trouva pour toutes choses des souris que des malicieux y avoient mises.

Ce qu'on peut apprendre néanmoins du succès de cette lettre, par les conjectures, c'est que le style en plut fort à Collantine, comme étant tout à fait selon son génie, et elle en conçut une nouvelle estime pour Belâtre, le jugeant digne par là d'être poursuivi plus

---

[1] La petite poste date de la fin de 1653, comme invention : elle n'eut pas un début heureux, car elle cessa presque aussitôt d'être mise en pratique et eut une éclipse de cent sept années. Ce fut M. de Chamousset qui la remit en vigueur (1ᵉʳ juin 1760).

vivement, comme elle fit en effet; car elle avoit réformé ce proverbe commun : Qui bien aime, bien châtie, et elle disoit, pour le tourner à sa manière : Qui bien aime, bien poursuit. Belâtre, de son côté, poursuivoit sa pointe, et, sans préjudice de ses droits et actions, c'est-à-dire de ses procès, qui alloient toujours leur train, il ne laissoit pas d'employer ses soins à faire la cour à Collantine et à lui conter des fleurettes aussi douces que des chardons. Il lui envoyoit même les chefs-d'œuvre des pâtissiers, des rôtisseurs, et semblables menus-présents qu'il recevoit en l'exercice de sa charge. Il lui donnoit les bouquets que lui présentoient les jurées bouquetières ou les maîtres de confréries; il lui faisoit bâiller place commode dans les lieux publics [1],

---

[1] Racine s'est inspiré de ce trait dans la IV<sup>e</sup> scène du III<sup>e</sup> acte des *Plaideurs* qui furent joués deux ans après la publication du *Roman bourgeois* :

DANDIN.
N'avez-vous jamais vu donner la question ?
ISABELLE.
Non, et ne le verrai, que je crois, de ma vie.
DANDIN.
Venez, je vous en veux faire passer l'envie.
ISABELLE.
Eh! monsieur, peut-on voir souffrir des malheureux ?
DANDIN.
Bon! cela fait toujours passer une heure ou deux.

pour voir les pendus et les roués qu'il faisoit exécuter. Et enfin, comme le singe des autres galants, poètes ou non, qui ne croyoient pas bien faire l'amour à leur maîtresse s'ils ne lui envoyoient des vers, il ne voulut pas négliger cette formalité en faisant l'amour dans les formes. Mais comme sa témérité ne le porta pas d'abord jusqu'à en vouloir faire de son chef (vu qu'il ne savoit par où s'y prendre), et qu'il n'avoit personne à qui il pût commander d'en faire exprès, ou plutôt qu'il n'avoit pas de quoi les payer, ce qui est le plus important, et qui n'appartient qu'aux grands seigneurs, il trouva ce milieu commode de dérober dans quelque livre ceux qu'il trouveroit les plus propres pour son dessein, et de les défigurer en y changeant quelque chose, afin de les faire passer pour siens plus aisément. Au reste, parce qu'on auroit facilement découvert son larcin s'il l'eût fait dans quelqu'un de ces nouveaux auteurs qui sont journellement dans les mains de tout le monde, son soin principal fut de chercher les plus vieux poètes qu'il pourroit trouver. Or à quoi pensez-vous qu'il connût si un auteur étoit ancien ou moderne (car il ne connoissoit ni leur siècle, ni leur nom, ni leur style)? Il alloit sur le Pont-Neuf[1] cher-

---

1. Les bouquinistes s'étaient cantonnés sur le Pont-Neuf.

cher les livres les plus frippés, dont la couverture étoit la plus déchirée, qui avoient le plus d'oreilles, et tels livres étoient ceux qu'il croyoit de la plus haute antiquité.

Il trouva un jour un Théophile qui avoit ces bonnes marques, qu'il acheta le double de ce qu'il valoit; encore crut-il avoir fait une bonne emplette, et avoir trompé le marchand. Il en fit quelques extraits après l'avoir bien feuilleté, et pourvu que les vers parlassent d'amour, cela lui suffisoit pour les trouver bons. Il en envoya quelques-uns à Collantine, après les avoir corrigés et ajustés à sa manière, c'est-à-dire les avoir gâtés et corrompus. Le messager qui les porta eut ordre de dire qu'il les avoit vu faire à la hâte, et que Belâtre n'avoit pas eu le loisir de les polir.

Quoique Collantine ne se connût point du tout en vers, elle ne laissoit pas néanmoins de faire grand état de ceux qu'on lui envoyoit, non pas pour être bons ou mauvais, mais parce seulement qu'ils étoient faits pour elle; car il n'y a point de bourgeoise, pour sotte et ignorante qu'elle soit, qui n'en tire un grand sujet de vanité, et même davantage que les personnes de condition, qui sont accoutumées à en recevoir. Aussi n'y eut-il personne qui vînt chez elle à qui elle ne les montrât comme une grande rareté, depuis son procureur jusqu'à sa blanchisseuse. Mais entre ceux qu'elle croyoit qui les devoient le plus admirer, elle comptoit Charroselles. Dès la première fois qu'elle le vit, elle courut à lui avec des papiers à la main qui le firent blêmir, car il croyoit encore que ce fussent quelques exploits. Elle lui dit brusquement : Tenez, auriez-vous jamais cru qu'on eût fait des vers à ma louange? En voilà pourtant, dea! et vous, qui faites des livres, n'avez jamais eu l'esprit d'en faire un pour moi.

Charroselles lui baragouina entre les dents certain compliment qu'il auroit été difficile de déchiffrer, et prit ces papiers en tremblant, croyant avoir encore plus à souffrir en la lecture de ces vers qu'en celle des papiers pleins de chicane : car il comptoit déjà qu'il lui en coûteroit quelque louange, qu'exigent d'ordinaire tous ceux qui présentent des vers à lire, ce qui étoit pour lui un supplice insupportable. Cependant il en fut quitte à meilleur marché, car il n'eût pas sitôt jeté les yeux dessus, qu'il reconnut le larcin[1]. Il dit donc à Collantine qu'ils étoient de Théophile, et que c'étoit se moquer de dire qu'on les avoit faits exprès pour elle. Il lui apporta même

---

1. Réminiscence du larcin commis par le pédant Hortensius (Balzac) dans *Francion*. — Mais la scène est plus piquante chez Sorel.

le livre imprimé, pour une pleine conviction, ce que Collantine reçut avec grande joie. Elle ne manqua pas de faire insulte au pauvre Belâtre dès la première fois qu'il la vint voir; pour premier compliment, elle lui dit qu'elle avoit découvert une pièce décisive qu'elle alloit produire contre lui. Belâtre, qui croyoit son larcin aussi caché que s'il l'eût fait chez les antipodes, crut alors qu'elle vouloit parler de ses procès, et répondit seulement qu'il y feroit fournir de contredits par son avocat. Mais Collantine, le tirant d'erreur, lui parla des vers qu'il lui avoit envoyés, et lui dit : « Vraiment, monsieur, vous avez raison de dire que les vers ne vous coûtent guère à faire, puisque vous les trouvez tout faits ». Belâtre, qui attendoit de grands remerciements, se trouva fort surpris de cette raillerie; et néanmoins, avec une assurance de faux témoin, il lui confirma, non sans un grand serment, qu'il les avoit faits tout exprès pour elle. « Mais que voulez-vous gager (reprit Collantine) que je vous les montrerai imprimés dans ce livre (dit-elle en lui montrant un Théophile) ? — Tout ce que vous voudrez », dit Belâtre, qui, lui voyant tenir un livre relié de neuf, ne se douta aucunement que ce fût le même que le sien, qu'il croyoit très vieux. La gageure accordée d'une collation, le livre fut ouvert à l'endroit du larcin, marqué d'une grande oreille, ce qui surprit davantage Belâtre que si on lui eût révélé sa confession. Il s'enquit aussitôt du nom de celui qui avoit pu découvrir un si grand secret, et, apprenant que c'étoit son rival, il l'accusa soudain de magie. Il crut qu'il falloit être divin ou avoir parlé au diable pour trouver une chose si cachée. « Car (disoit-il) ou il faut que cet homme ait lu tous les livres qu'il y a au monde, et qu'il les sache tous par cœur, ou il n'a point vu celui que j'ai, qui est le plus vieux que j'aie jamais pu trouver. ». Quelque temps après ce ridicule raisonnement, assez commun chez les ignorants, et la gageure acquittée, il minuta sa sortie, et, pour se venger de son rival, il ne fut pas sitôt dehors qu'il demanda à un des procureurs de son siège comment il se falloit prendre à faire le procès à un sorcier. On lui dit qu'il falloit avoir premièrement quelque dénonciateur. « Hé bien! (dit-il aussitôt) où demeurent ces gens-là? Envoyez-m'en quérir un par mes sergents? » Cette ignorance fit faire alors un grand éclat de rire à ceux qui étoient présents ; sur quoi il ajouta en colère : « Quoi! ne sont-ce pas des gens créés en titre d'office? Je veux qu'ils fassent leur charge, ou je les interdirai sur-le-champ. » La risée ayant redoublé, Belâtre, en persistant, dit encore : Vous me prenez bien pour un ignorant, de croire qu'en France, où la police est si exacte, et où on chôme si peu d'officiers, on ne puisse pas trouver tous ceux qui sont nécessaires pour faire le procès à un sorcier. Mais il eut beau se mettre en colère, il ne put exécuter son dessein, et il fallut qu'il remît sa vengeance à une autre occasion.

Pour éviter désormais un pareil affront et réparer celui qu'il avoit reçu, il se résolut, à quelque prix que ce fût, de faire des vers de lui-même. Depuis qu'il en eut une fois tâté, il ne crut pas qu'on se pût passer d'en faire; et on peut bien dire que c'est une maladie semblable à la gravelle ou à la goutte: dès qu'on en a senti une atteinte, on s'en sent toute sa vie. Il étoit fort en peine de savoir avec quoi on les faisoit, et, après avoir feuilleté quelques livres, le hasard le fit tomber sur certain endroit où un poëte s'étonnoit de ce qu'il faisoit si bien des vers, vu qu'il n'avoit pas bu de l'hippocrène. Il crut, par la ressemblance du nom, que c'étoit une espèce d'hippocras, et il demanda à un juré apothicaire, qui eut à faire à lui environ ce même temps, qu'il lui donnât quelques bouteilles d'hippocras à faire des vers. Il n'en eut qu'une risée pour réponse, mais il ajouta: « Ne faites point de difficulté de m'en faire exprès, je le payerai bien, valût-il un écu la pinte. » Une autre fois, ayant lu que, pour faire de bons vers, il falloit se mettre en fureur, s'arracher les cheveux et ronger ses ongles, il pratiqua cela fort exactement. Il mordit ses ongles jusqu'au sang; il se rendit la tête presque chauve, et il se mit si fort en colère (il ne connoissoit point d'autre fureur) que son pauvre clerc et son laquais en pâtirent, et portèrent longtemps sur les épaules des marques de sa verve poétique. Enfin il eut recours à son siffleur, qui se mêloit aussi de faire des vers (de méchants, s'entend) et qui un peu auparavant avoit fait jouer dans sa chambre une pastorale de sa façon, sur un théâtre bâti de trois ais et de deux futailles, décoré des rideaux de son lit et de deux pièces de bergame. Cet homme lui enseigna donc les règles des vers, qu'il ne savoit pas lui-même. Il lui apprit à compter les syllabes sur ses doigts, qu'il mesuroit auparavant avec un compas : car il ne concevoit point d'autre façon de faire des vers que de trouver moyen de ranger des mots en haie, comme il avoit vu autrefois ranger des soldats pour faire un bataillon.

Ce brave maître lui apprit aussi qu'il y avoit des rimes masculines et féminines ; sur quoi Belâtre lui dit avec admiration : « Est-ce donc que les vers s'engendrent comme des animaux, en mettant le mâle avec la femelle? » Enfin, après quelques mois de noviciat, et après avoir autant brouillé de papier qu'un scrupuleux faiseur d'anagrammes, il fit les trois méchants couplets qu'on verra ensuite, non sans suer aussi fort que celui qui auroit joué quatre parties de six jeux à la paume. Encore faut-il que je récite de lui une certaine naïveté assez extraordinaire.

Il avoit ouï dire que les muses étoient des divinités qu'il falloit avoir favorables pour bien faire des vers, et que tous les grands poètes les avoient invoquées en commençant leur ouvrage. Il avoit même marqué de rouge quatre vers dans un Virgile qu'avoit son siffleur, qu'on lui avoit dit être l'invocation de l'*Énéide*. Il avoit appris par cœur ces quatre vers, et les récitoit comme une oraison fort dévote toutes les fois qu'il se mettoit à ce travail, de même qu'on fait lire la vie de sainte Marguerite pour faire délivrer une femme enceinte. Quand Belâtre eut si bien, à son sens, réussi dans son entreprise, et se fût applaudi cent fois lui-même (car les ignorants sont ceux qui se trouvent les plus satisfaits de leurs ouvrages), il s'en alla, avec ce beau chef-d'œuvre dans sa poche, voir Collantine. Il avoit une fierté non pareille sur son visage, croyant bien effacer la honte qu'il avoit auparavant reçue. Il débuta par ce cartel : « Je vous défie (dit-il en lui montrant un papier qu'il tenoit à la main) de trouver que ces vers que je vous apporte soient dérobés; car dans tous les livres qui sont au monde, vous n'en verrez point de cette manière. Ce n'est pas que je me veuille piquer d'être auteur, ni faire le bel esprit ; mais vous connoîtrez que, quand je m'y veux appliquer, je suis capable de faire des vers à la cavalière ».

Par malheur pour lui, Charroselles, qui étoit entré un peu auparavant, se trouva de la compagnie ; il fit un grand cri dès qu'il ouït nommer cette sorte de vers, qui importune tant d'honnêtes gens ; et, sans songer s'il avoit un antagoniste raisonnable en relevant cette parole, il lui dit brusquement : « Qu'entendez-vous par ces vers à la cavalière ? n'est-ce pas à dire de ces méchants vers dont tout le monde est si fatigué ? » Belâtre se hasarda de répondre que c'étoient des vers faits par des gentilshommes qui n'en savoient point les règles, qui les faisoient par pure galanterie, sans avoir lu de livres et sans que ce fût leur métier. « Hé ! par la mort, non pas de ma vie (reprit chaudement Charroselles), pourquoi diable s'en mêlent-ils, si ce n'est pas leur métier ? Un maçon seroit-il excusé d'avoir fait une méchante marmite, ou un forgeron une pantoufle mal faite, en disant que ce n'est pas son métier d'en faire ? Ne se moqueroit-on pas d'un bon bourgeois qui ne feroit point profession de valeur, si, pour faire le galant, il alloit monter à la brèche et montrer là sa poltronnerie ? »

Quand je vois ces cavaliers, qui, pour se mettre en crédit chez les dames, négligent la voie des armes, des joutes et des tournois pour faire les beaux esprits et les versificateurs, j'aimerois autant voir les chevaliers du Port-au-Foin faire les galants avec leurs tournois à la batelière, lorsqu'ils tirent l'anguille ou l'oison, et qu'ils joutent avec leurs lances. Cependant il se coule mille millions de méchants vers sous ce titre spécieux de vers à la cavalière, qui effacent tous les bons, et qui prennent leur place. Combien voyons-nous de femmes bien faites mépriser des vers tendres et excellents qu'aura faits pour elles un honnête homme avec tout le soin imaginable, pour admirer deux méchants quatrains que leur aura donnés un plumet, aussi polis que ceux de Nostradamus? O Muses! si tant est que votre secours soit nécessaire aux amants, pourquoi souffrez-vous que ceux qui vous barbouillent et qui vous défigurent soient favorisés par votre entremise, et que vos plus chers nourrissons soient d'ordinaire si mal reçus?

L'enthousiasme alloit emporter bien loin Charroselles, car il étoit fort long en ses invectives (quoiqu'il n'eût pas grand intérêt en celle-ci, comme faisant fort peu de vers), quand l'impatience de Collantine l'interrompit, en disant fort haut : « Or sus, sans faire tant de préambules, voyons ces vers dont est question; qu'ils soient bons ou mauvais, il suffit qu'ils soient faits à ma louange pour me plaire. » Belâtre ne s'en fit pas prier deux fois, de peur de différer les applaudissements qu'il en attendoit; il lut donc ces vers avec la même gravité qu'il auroit dû prononcer ses sentences :

> Belle bouche, beaux yeux, beau nez,
> Depuis que vous me chicanez,
> Mon cœur a souffert la migraine;
> Faites faire halte à vos rigueurs.
> Quoi! voulez-vous par vos froideurs
> Égaler la Samaritaine[1]?

« Vraiment (dit Charroselles), je ne sais si ces vers ne sentent point plus le praticien que le cavalier; mais du moins on ne dira pas qu'ils sentent le médecin; car il n'y en a point qui pût dire que la migraine, qui est une maladie de la tête, fût dans le cœur. Cela peut passer néanmoins à la faveur de cette comparaison qui a toute la froideur que vous lui attribuez; continuez donc ».

---

1. On avait, en 1606, élevé en aval, sur la deuxième arche du Pont-Neuf, un monument qui renfermait la première machine hydraulique connue de Paris, et qui avait rang de château. Le château de la Samaritaine, détruit en 1813, était ainsi appelé à cause d'un bas-relief représentant la Samaritaine qui offrait à boire à Jésus. Il était de plus orné d'une horloge à carillon qui égayait les passants.

> Vous transpercez si fort un cœur
> Que, quand je l'aurois aussi dur
> Que celui du cheval de bronze,
> Il faudroit céder à vos coups,
> Et je vous les donnerois trétous
> Quand bien j'en aurois dix ou onze.

« Voilà (dit Charroselles) une rime gasconne ou périgourdine, et vous la pouvez faire trouver bonne en deux façons, en violentant un peu la prononciation, car vous pouvez dire un *cœur* aussi *deur*, ou un *cur* aussi *dur* ; mais en récompense la rime de *onze* est fort bien trouvée. Quant au cinquième vers, si vous l'aviez bien mesuré vous le trouveriez trop long d'une syllabe. — A cela (répondit Belâtre) le remède sera facile ; je n'aurai qu'à le faire écrire plus menu[1], il ne sera pas plus long que les autres. — Je ne me serois pas avisé de ce remède (dit Charroselles), et j'aurois plutôt dit *donrois* au lieu de *donnerois*, comme faisoient les anciens, qui usoient de la syncope. Qu'est-ce à dire, syncope (reprit Belâtre) ? n'est-ce pas une grande maladie ? Qu'a-t-elle de commun avec les vers ? » Ensuite il continua :

> Et, qui pis est, votre attentat
> Se commet contre un magistrat.

---

1. Trait de naïveté emprunté à Dassoucy. Voy. notre édition de ses *Aventures* (Bibliothèque gauloise), p. 306.

> Doublement pèche qui le tue.
> Quand il s'agit de résister
> Aux coups qu'il vous plait me porter,
> Je n'ai ni force ni vertue.

Charroselles, étonné de ce dernier mot, demanda le papier pour voir comment il étoit écrit; mais il fut surpris de voir que l'auteur, qui étoit mieux fondé en rime qu'en raison, avoit mieux aimé faire un solécisme qu'une rime fausse. Il admira sa naïveté, et lui demanda s'il en avoit fait encore d'autres. Belâtre répondit qu'il y en avoit beaucoup qu'il n'avoit pas eu le loisir de décrire. Charroselles lui répliqua : « Ce n'est donc ici qu'un fragment? » A quoi Belâtre repartit : « Je ne sais; mais, je vous prie, dites-moi combien il faut que l'on mette de vers pour faire un fragment? » Cette nouvelle naïveté causa un grand éclat de rire, qui ne fut pas sitôt passé que Belâtre, voulant recueillir le fruit de son travail, demanda ce qu'on pensoit de ses vers, c'est-à-dire exigeoit de l'approbation, quand Charroselles lui dit : « Vraiment, Monsieur, vous faites des vers à la manière des Grecs, qui avoient beaucoup de licences. —Pourquoi non? (reprit Belâtre) n'ai-je pas eu mes licences, qui m'ont coûté de bel et bon argent? Il est vrai que je ne sais de quelle université elles sont, mais mademoiselle les a vues, car je les ai produites quand elle m'a accusé de ne savoir pas le latin. J'ai fait toutes mes classes, tel que vous me voyez; il est vrai qu'ayant été longtemps à la guerre, j'ai tout oublié.

— Vous êtes donc (lui dit Charroselles) plus que docteur, car j'ai ouï dire quelquefois qu'un bachelier est un homme qui apprend, et un docteur un homme qui oublie; vous qui avez tout oublié êtes quelque chose par delà. Pour revenir à vos vers, ils sont d'une manière tout extraordinaire; je n'en ai point vu de pareils, et je ne doute point que vous ne fassiez de beaux chefs-d'œuvre s'il vous vient souvent de telles boutades. — Ha! (dit Belâtre), je voudrois bien savoir les règles d'une boutade; est-il possible que j'en aie fait une bonne par hasard? Vous êtes bien difficiles a contenter, vous autres messieurs les délicats (dit là-dessus Collantine); pour moi, j'aime généralement tous les vers poétiques, et surtout les quatrains de six vers, tels que sont ceux qui sont pour moi. » Charroselles sourit de cette belle approbation, et insensiblement prit occasion, en parlant de vers, de déclamer contre tous les auteurs qu'il connoissoit, et il n'y en eut pas un, bon ou mauvais, qui ne passât par sa critique, sans prendre garde s'il parloit à des personnes capables de cet entretien. Mais j'omettrai encore à dessein tout ce qu'il en dit, car on me diroit

que c'est une médisance de réciter celle que les autres
font. La conclusion fut que Collantine, qui s'étoit
tue longtemps pendant qu'il parloit de ces auteurs,
dont elle ne connoissoit pas un, voulant parler de
vers à quelque prix que ce fût, vint à dire : « Pour
moi, je ne trouve point de plus beaux vers que ceux
de la misère des clercs des procureurs; les pointes
en sont bonnes et le sujet tout à fait plaisant. Je les
lus dernièrement sur le bureau du maître clerc de
mon procureur, durant qu'il me dressoit une requête.
— Si les clercs (répondit Charroselles) sont aussi misérables que ces vers, je plains sans doute leur misère;
mais quoi! ce ne sont pas seulement les clercs qui
sont à plaindre, les procureurs le sont aussi, et encore
plus les parties, enfin tous ceux qui se mêlent de ce
maudit métier de chicaner. — Pourquoi dites-vous
cela? (reprit Collantine) Je ne vois point qu'il y ait de
meilleur métier que celui de procureur postulant?
Vous ne voyez point de fils de paysan ou de gargo-
tier qui soit entré dans une telle charge, la plupart
du temps à crédit, qui au bout de sept à huit ans
n'achète une maison à porte cochère, qu'il se fait
adjuger par décret à si bon marché qu'il veut, et qui
ne fasse cependant subsister une assez nombreuse
famille. Que s'il ne tient pas bonne table, et s'il ne
fait pas grande dépense, c'est plutôt par avarice que

par incommodité. — Je ne doute point (répliqua Charroselles) que le gain n'en soit assez grand, et je ne m'enquiers point s'il est légitime ; mais il faut avouer que c'est une triste occupation d'avoir toujours la vue sur des papiers dont le style est si dégoûtant, et de n'acquérir que du bien qui vient de la ruine et du sang des misérables. — A leur dam ! (interrompit Collantine) Pourquoi plaident-ils, ces misérables, s'ils ne sont pas bien fondés ? — Fondés ou non (ajouta Charroselles), les uns et les autres se ruinent également, témoin un emblème que j'ai vu autrefois de la chicane, où le plaideur qui avoit perdu sa cause étoit tout nu ; celui qui l'avoit gagnée avoit une robe, à la vérité, mais si pleine de trous et si déchirée, qu'on auroit pu croire qu'il étoit vêtu d'un réseau : les juges et les procureurs étoient vêtus de trois ou quatre robes les unes sur les autres.

— Vous êtes bien hardi (lui dit Belâtre en colère) de décrier ainsi notre métier ! Si j'avois ici mes sergents, je vous ferois mettre là-bas en vertu d'une bonne amende que je vous ferois payer sans déport. — Je le décrie moins (répondit Charroselles) que ne font les avocats, parce qu'on ne les voit jamais avoir de procès en leur nom, de même que les médecins ne prennent jamais de leurs drogues. J'ai ouï dire encore ce matin à un de mes amis qu'il n'avoit jamais eu qu'un procès, qu'il avoit gagné, avec dépens et amende, mais qu'il s'est trouvé à la fin que, s'il eût abandonné dès le commencement la dette pour laquelle il plaidoit, il auroit gagné beaucoup davantage. — Mais comment cela se peut-il faire? (lui dit Collantine) — Voici comment il me l'a conté (reprit Charroselles) : Il lui étoit dû cent pistoles par un mauvais payeur, propriétaire d'une maison qui valoit bien environ quatre mille francs. Il a mis son obligation entre les mains d'un procureur, qui, ayant un antagoniste aussi affamé que lui, a si bien contesté sur l'obligation et sur les procédures du décret qu'on a fait ensuite de cette maison, qu'il a obtenu jusqu'a sept arrêts contre la partie, tous avec amende et dépens. Or, par l'événement, les dépens ayant été taxés à 2,500 livres, et la maison adjugée à 2,000 livres seulement au beau-frère de son procureur, il lui a coûté de son argent 500 livres, outre la perte de sa dette. Mais il m'a juré que son plus grand regret étoit à l'argent qu'il lui avoit fallu tirer pour payer toutes les amendes à quoi sa partie avoit été condamnée, faute de quoi on ne vouloit pas délivrer ses arrêts.

— On avoit raison (repartit Collantine), car ne sait-on pas bien que c'est celui qui gagne sa cause qui doit avancer l'amende de douze livres? Mais on lui en donne, s'il veut, aussitôt le remboursement sur sa partie. — Et que sert le remboursement (ajouta Charroselles), si le débiteur est insolvable, comme le sont tous les chicaneurs? Ne vaudroit-il pas bien mieux que M. le receveur perdît la somme, qui lui est un pur gain, que de la faire tomber, par l'événement, sur le dos de celui qui avait bon droit, et qui est châtié de la faute d'autrui?

« La même personne m'a fait encore une grande plainte sur la déclaration de ces dépens, qui lui tenoit fort au cœur, et l'a traduite assez plaisamment en ridicule. Il m'a fait voir que pour un même acte il y avoit cinq ou six articles séparés, par exemple pour le conseil, pour le mémoire, pour l'assignation, pour la copie, pour la présentation, pour la journée, pour le parisis, pour le quart en sus, etc., et il m'a dit ensuite qu'il s'imaginoit être à la Comédie italienne, et voir Scaramouche hôtelier compter à son hôte pour le chapon, pour celui qui l'a lardé, pour celui qui l'a châtré, pour le bois, pour le feu, pour la broche, etc. — Vraiment (dit alors Collantine), il faut bien le faire ainsi, puisque c'est un ancien usage; j'avoue bien que c'est là où MM. les procureurs trouvent mieux leur compte, car pour faire cette taxe on compte les articles, et tel de ces articles qui n'est que de dix deniers coûte quelquefois huit sous à taxer, comme en frais extraordinaires de criées; sans compter les rôles de la déclaration, qui par ce moyen s'amplifient merveilleusement. Aussi disent-ils que c'est la pièce la plus lucrative de leur métier. Mais je vous avouerai (ajouta-t-elle) que j'y trouve une chose qui me choque fort : c'est qu'on y taxe de grands droits aux procureurs pour les choses qu'ils ne font point du tout, comme les consultations et les revisions d'écritures, et on leur en taxe de très petits pour celles qu'ils font effectivement, comme les comparutions aux audiences pour obtenir les arrêts; c'est un point qu'il sera très important de corriger quand on fera la réformation des abus de la justice. — Après cela (continua Charroselles, qui avoit été aussi obligé d'apprendre à plaider à ses dépens à cause du procès qu'il avoit eu contre Collantine) n'avouerez-vous pas que c'est un méchant métier que de plaider, puisqu'on est exposé à souffrir ces mangeries? — Il faut distinguer (répondit la demoiselle), car on a grand sujet de plaindre ces plaideurs par nécessité, qui sont obligés de se défendre le plus souvent sans en avoir les moyens, quand ils sont attaqués par des personnes puissantes, et attirés hors de leur pays en vertu d'un *committimus*[1].

---

1. Privilège accordé par lettres royales de plaider de-

Mais il n'en est pas de même de ces plaideurs volontaires qui attaquent les autres de gaieté de cœur, car ils sont redoutables à toutes sortes de personnes, et ils ont l'avantage de faire enrager bien des gens. Vous m'avouerez vous-même que c'est le plus grand plaisir du monde, et qu'on peut bien faire autant de mal par un exploit que par une satire. Outre que leurs parties sont toujours contraintes, pour se racheter de leurs vexations, de leur donner de l'argent ou de leur abandonner une partie de la chose contestée, de sorte que, quelque méchant procès qu'ils puissent avoir, pourvu qu'ils le sachent tirer en longueur, ils y trouvent plus de gain que de perte.

— Vraiment (interrompit Charroselles), à propos de ces gens qui chicanent à plaisir, je me souviens d'une rencontre que j'eus dernièrement au palais. Je me trouvai auprès d'un Manceau qui, ayant donné un soufflet à un notaire de ses voisins (ainsi que j'appris depuis), avoit été obligé de soutenir un gros procès criminel dévolu par appel à la cour, et pour ce sujet il avoit été condamné en de grandes réparations, dommages et intérêts. J'ouïs un de ses compatriotes qui, pour le railler, lui disoit : Hé bien, qu'est-ce,

vant la cour des requêtes du palais, devant le parlement ou devant tout autre tribunal spécial.

Baptiste (ainsi falloit-il que s'appelât ce tape-notaire)? Tu es bien chanceux : tu as perdu ton procès ? « Ce Manceau lui dit pour toute réponse » : Vraiment c'est mon[1], vlà bien de quoi ! N'en aurai-je pas un autre tout pareil quand je voudrai ? La risée que firent ceux qui ouïrent cette réponse me donna la curiosité d'apprendre le sujet de ce procès, et ensuite d'avouer qu'il n'y avoit rien de plus aisé que de faire des procès de cette qualité, mais que ce n'étoit pas un moyen de faire grande fortune.

— Je n'entends pas parler de ces sortes de procès (dit alors Collantine), Dieu m'en garde ! il n'y a rien de si dangereux que d'être défendeur en matière criminelle ; mais je parle de ces droits litigieux qu'on achète à bon marché de gens foibles et ignorants des affaires, dont les plus embrouillés sont les meilleurs. Car on n'a qu'à se faire recevoir partie intervenante, et pourvu qu'on sache bien faire des incidents et des chicanes, tantôt se ranger d'un parti et tantôt de l'autre, il faut enfin que les autres parties achètent la paix, à quelque prix que ce soit. Tel est le métier dont je subsiste il y a longtemps, et dont je me trouve fort bien. J'ai déjà ruiné sept gros paysans et quatre familles bourgeoises, et il y a

---

1. Affirmation ironique.

trois gentilshommes que je tiens au cul et aux chausses. Si Dieu me fait la grâce de vivre, je les veux faire aller à l'hôpital. » Collantine commençoit déjà à leur vouloir conter ses exploits, tant en gros qu'en détail, et n'eût fini de longtemps, quand elle fut interrompue par Belâtre, qui lui dit : « Sans aller plus loin, vous me faites faire une belle expérience de ce que vous savez faire. Il y a assez longtemps que vous me chicanez, sous prétexte d'une vieille recherche de droits dont il ne vous en est pas dû un carolus. — Quoi (répliqua chaudement Collantine!) vous ne me devez rien? Êtes-vous assez hardi pour le soutenir? Je vous vais bientôt montrer le contraire. Je m'en rapporte à monsieur (dit-elle en montrant Charroselles); il en jugera lui-même. » Ce fut lorsqu'ils se mirent tous deux en devoir de conter tous les procès et différends qu'ils avoient ensemble, en la présence de Charroselles, comme s'il eût été leur juge naturel. Ils prirent tous deux la parole en même temps, plaidèrent, haranguèrent et contestèrent, sans que pas un voulût écouter son compagnon. C'est une coutume assez ordinaire aux plaideurs de prendre pour juge le premier venu, de plaider leur cause sur-le-champ devant lui, et de s'en vouloir rapporter à ce qu'il en dira, sans que cela aboutisse néanmoins à sentence ni à transaction;

de sorte que, si on avoit déduit au long cet incident,
il n'auroit point du tout choqué la vraisemblance.
Mais cela auroit été fort plaisant à entendre, et le
seroit peu à réciter. A peine s'étoient-ils accordés à
qui parleroit le premier (car la contestation fut
longue sur ce point), quand on ouït heurter à la
porte. C'étoit le greffier de Belâtre, qui l'étoit venu
trouver chez Collantine, sachant qu'il y étoit, pour
lui faire signer la minute d'un inventaire qu'il venoit
d'achever; et outre le procès-verbal de scellé qu'il
tenoit en main, il avoit encore sous le bras un fort
gros sac, contenant tous les papiers inventoriés, qui
devoient être déposés au greffe pour la sûreté des
vacations des officiers. Son arrivée fit faire trêve à
ces deux parties plaidantes, et, après qu'il eut eu une
petite audience en particulier de Belâtre, ce greffier
(qu'on avoit appelé Volaterran, parce qu'il voloit
toute la terre) donna son procès-verbal à signer à ce
vénérable magistrat. Charroselles, qui fourroit son
nez partout, fut curieux de savoir ce que c'étoit, et,
s'étant baissé sous prétexte de ramasser un de ses
gants, il lut au dehors du cahier cette inscription:

*Inventaire de Mythophilacte* [1].

---

[1]. Littéralement, en grec, « qui garde les mythes », c'est-à-dire un compilateur de faits tirés de l'histoire héroïque.

« Comment! (s'écria-t-il aussitôt) le pauvre Mythophilacte est donc mort ? Quoi ! cet homme qui a été si fameux dans Paris, et par sa façon de vivre, et par ses ouvrages ? Je m'assure qu'on aura trouvé chez lui de belles curiosités. — Si vous les désirez voir (dit le greffier assez civilement, contre l'ordinaire de ces messieurs, qui ne sont point accusés d'être civils), vous n'en sauriez trouver un mémoire plus exact que cet inventaire que j'en ai dressé. — Vous ne sauriez me faire un plus grand plaisir (dit Charroselles). — Et à moi aussi » (dit de son côté Collantine), qui étoit ravie d'ouïr toute sorte d'actes et d'expéditions de justice. Belâtre, qui étoit aussi bien aise d'entendre lire une pièce intitulée de son nom, et qui croyoit se faire beaucoup valoir par ce moyen à Collantine, non seulement applaudit à cette curiosité, mais même, par l'autorité qu'il avoit sur le greffier, lui commanda de la satisfaire. Le greffier, lui obéissant, s'assit auprès d'eux, et, après qu'ils eurent repris leur place et fait silence, Volaterran commença de lire ainsi :

## INVENTAIRE DE MYTHOPHILACTE

L'an mil six cent... « Je vous prie (interrompit Charroselles), passez cette intitulation, qui ne contient que des qualités inutiles. — Inutiles ! (reprit Collantine avec un grand cri) vous vous trompez fort : il n'y a rien de plus essentiel en une affaire que de bien établir les qualités. — Cela seroit bon (reprit Charroselles), si on avoit à instruire ou à juger un procès ; mais comme nous n'avons ici que la curiosité de voir les effets de Mythophilacte, ce ne seroit que du temps et des paroles perdues. » Cette raison ayant prévalu, au grand regret néanmoins de Belâtre, qui prenoit grand plaisir à entendre lire ses qualités, Volaterran passa plusieurs pages de l'intitulation, apposition et levée des scellés, et continua de lire :

Premièrement, un lit où étoit gisant ledit défunt, consistant en trois ais posés sur deux tréteaux, une paillasse, avec une vieille valise servant de traversin, et une couverture faite d'un morceau de tapisserie de Rouen, prisé le tout ensemble vingt-cinq sous, ci. . . . . . . . . . . . . . . . . . . . . . . . . . 25 sous.

*Item*, deux chaises de paille, avec un fauteuil garni de moquette, prisés dix sous, ci. . . . . . . . 10 sous.

*Item*, un coffre de bois blanc, sur lequel avons reconnu nos scellés sains et entiers, et dans icelui ne s'est trouvé que les papiers ci-après inventoriés, ledit coffre prisé douze sous, ci. . . . . . . . . . 12 sous.

« De grâce (dit Charroselles), allons vitement à ces papiers ; c'est la seule chose que je désire de voir, m'imaginant qu'il y en aura de fort bons; car pour le reste de ses meubles, il est aisé d'en juger par l'échantillon, et je me doute bien que le pauvre Mythophilacte est mort dans la dernière pauvreté. Je ne m'étonne plus qu'il appréhendât si fort les visites, et qu'il eût tant de soin de cacher la maison où il demeuroit à ses plus intimes amis, auxquels elle étoit aussi inconnue que la source du Nil. Mais comme je m'attends bien que par tout l'inventaire nous trouverons une pareille gueuserie, je vous prie, monsieur le greffier, de coupert court et de commencer à lire le chapitre des papiers, puisque la curiosité de la compagnie ne s'étend que là. « Ainsi fut dit, ainsi fut fait : alors Volaterran, ayant sauté plusieurs feuillets, continua de lire :

Premièrement, le testament ou ordonnance de dernière volonté dudit défunt, en date du 21 avril...

« Hé! de grâce, encore un coup (dit Charroselles), nous n'avons que faire des dates; je vous prie, voyons seulement les dispositions de ce testament, et surtout sautez le préambule, et ce style des notaires qui ne fait que gâter du parchemin. » Le greffier prit donc en main ce testament, et, en ayant parcouru en bredouillant deux ou trois rôles pleins de ces vaines formalités, il commença à lire plus intelligiblement ces clauses :

En premier lieu, à l'égard de mes funérailles et enterrement, j'en laisse le soin à l'hôte du logis où je serai décédé, me confiant assez d'ailleurs en son humanité, qui prendroit cette peine de lui-même, quand je ne l'en prierois point. Je m'attends aussi qu'il le fera sans pompe, sans tenture et sans luminaire, en toute humilité chrétienne, et convenablement à ma position et à ma fortune.

*Item,* à chacun des pauvres auteurs qui se trouveront à mon enterrement, je donne et lègue un exemplaire d'un livre par moi composé, intitulé : *l'Exercice journalier du poète,* dont la délivrance leur sera faite sitôt que ledit livre sera achevé d'imprimer, dans lequel ils trouveront un bel exemple de constance pour supporter la faim et la pauvreté, avec une oraison très ardente que j'ai faite en leur faveur, afin que les riches aient plus de compassion d'eux qu'ils n'ont eu de moi.

*Item,* je donne et lègue à Claude Catharinet, mon meilleur ami et second moi-même, mon grand Agenda ou mon Almanach de dîners, dans lequel sont contenus les noms et les demeures de toutes mes connoissances, avec les observations que j'ai faites pour découvrir le faible des grands seigneurs, pour les flatter et gagner leurs bonnes grâces, ensemble celles de leurs suisses et officiers de cuisine, espérant que, par le moyen de cet ouvrage, il pourra sustenter sa vie comme j'ai fait la mienne jusqu'à présent.

*Item,* à tous mes prétendus Mecenas, je donne et lègue la libération de ce qu'ils me doivent pour le prix de l'encens que je leur ai fourni et livré, tant par épîtres dédicatoires, panégyriques, épithalames, sonnets, rogatons, qu'en quelque autre sorte et manière que ce soit, ne désirant pas que leur âme soit tourmentée en l'autre monde, comme elle le pourroit être pour avoir retenu le salaire dû à mes grands travaux. J'en fais la même chose à l'égard de ces méchants libraires qui ont mangé tout le fruit de mes veilles, et qui m'ont tant fait souffrir depuis que j'ai été à leur discrétion. Et quoiqu'ils aient souvent pris à tâche de me faire damner, je prie Dieu qu'il ne leur impute point le mal qu'ils m'ont fait, mais qu'il use envers eux de sa miséricorde, de toute l'étendue de laquelle ils ont grand besoin.

*Item,* je donne et lègue à Georges Soulas, ci-devant mon valet et scribe, et maintenant, à force de manier

mes ouvrages, devenu mon collègue et confrère en
Apollon, tant pour payement des gages que je lui puis
devoir que par pure libéralité, donation à cause de
mort, et en la meilleure forme que pourra valoir, tout
le reste de mes ouvrages et papiers, tant imprimés
qu'à imprimer, lui faisant don de tous les profits qu'il
en pourra retirer des comédiens, des libraires et des
personnes à qui il les pourra dédier; à la charge, et
non autrement, qu'il fera imprimer lesdits manuscrits
sous mon nom, et non sous le sien, et qu'il ne me
privera point de la gloire qui m'en peut revenir,
comme je sais que quelques auteurs escrocs en ont
ci-devant usé. Et pour exécuteur du présent testament, je nomme Charles de Sercy[1], maître libraire
juré au Palais, vu que j'espère de sa courtoisie que,
comme il se forme sur le modèle de Courbé[2], qui ne
dédaigne pas d'être agent général des auteurs de la
haute classe, lui qui commence de venir au monde
ne dédaignera pas de rendre cet office à la mémoire
de son très humble serviteur et chaland. Voulant en
cette considération que Georges Soulas, légataire universel de mes ouvrages, lorsqu'il en voudra faire faire
l'impression, lui donne la préférence à tous les autres,

---

1. Reçu imprimeur-libraire en 1649, Sercy ne commença
à être connu qu'en 1670.
2. Augustin Courbé était un libraire très achalandé à
cause des « livres de galanteries » qui faisaient le fonds de
son commerce.

pour le récompenser des pertes qu'il a faites sur tant de recueils et de rapsodies inutiles qu'il a imprimés, et qui le menacent d'une banqueroute prochaine et bien méritée : car ainsi le tout a été par ledit testateur dicté, nommé, lu et relu, etc.

« Vraiment (dit alors Charroselles), j'avois grande estime pour le pauvre Mythophilacte, mais je lui sais fort mauvais gré de ce qu'il détourne ces petits libraires du soin de faire des recueils. Chacun sait combien ceux qui sont haut huppés font les renchéris quand on leur offre des copies à imprimer. Ils ne veulent prendre que celles d'une certaine cabale qui leur plaît; encore les payent-ils à leur mode, et il leur faut jeter les autres à la tête ; encore n'en veulent-ils point imprimer.

— Vous m'avez fait cent fois la même plainte de vos libraires (dit Collantine); pourquoi les voudriez-vous obliger à imprimer vos livres, si le débit n'en est pas heureux? Que ne les faites-vous imprimer à vos frais, à l'exemple d'un certain auteur dont j'ai ouï parler au Palais, qui en a pour cinquante mille francs sur les bras. J'aimerois mieux, si j'étois à votre place, vendre mes chevaux et mon carrosse, pour acheter la gloire qui m'en reviendroit, puisque vous en êtes si affamé. Ou plutôt que ne quittez-vous tout ce fatras de compositions philosophiques, historiques et romanesques, pour compiler des arrêts, des plaidoyers ou des maximes de droit? Dame! ce sont des livres qu'on achète toujours, quels qu'ils soient, et il n'y a point de libraire qui n'en fût aussi friand que des Heures à la chancelière[1]. Mais, je vous prie, brisons là, car je vois bien que vous voudrez faire en réplique une longue doléance. Puisque la compagnie est curieuse de voir ces papiers, passons aux titres et contrats d'acquisitions de maisons et de constitutions de rente, car ce sont les principaux articles d'un inventaire.

— Ha! pour cela (dit Belâtre), nous n'en avons trouvé aucun, mais seulement beaucoup d'exploits pour dettes passives : de sorte que tout le reste de cet inventaire ne contient que le catalogue de quantité de livres et ouvrages manuscrits, qu'un des légataires nous a requis d'inventorier, pour lui en faire ensuite la délivrance, parce qu'il dit que le défunt lui en a fait don. Nous n'avons affaire que de cela (reprit Charroselles), et c'est ici assurément le legs fait à Georges Soulas, dont vous venez d'entendre parler. Lisons vite, je vous prie, ce catalogue. Je

---

1. On appelait ainsi un livre dédié à M<sup>me</sup> Séguier et qui était intitulé : *Exercice spirituel contenant la manière d'employer toutes les heures du jour au service de Dieu.*

m'y oppose (dit Collantine), et je veux auparavant qu'on m'explique un article de ce testament, touchant ce grand agénda et cet almanach de dîners[1] qu'il lègue à Catharinet, et qu'il dit être suffisant pour sa subsistance.

Je le veux bien (répondit Belâtre); je le vais faire chercher tout à l'heure par mon greffier, car je me souviens bien de l'avoir fait inventorier. J'aurois bien de la peine à vous le trouver maintenant (repartit Volaterran), car ce n'est qu'un petit cahier de cinq ou six feuilles, qui est mêlé parmi un grand nombre d'écrits et de paperasses; mais je vous dirai bien ce qu'il contient en substance, car je l'ai considéré assez attentivement, lorsque j'en ai fait la description. Cet almanach de dîners est fait en forme de table divisée par colonnes, et contient une liste de tous les gens qui tiennent table à Paris, ou des autres connoissances du défunt à qui il alloit demander à dîner.

---

[1]. Ceci doit concerner le parasite Montmaur qui s'était logé au haut de la Montagne-Sainte-Geneviève, pour mieux voir de quelle cheminée sortait la fumée la plus grosse; qui enviait à la renommée ses cent bouches, qui s'était fait une géographie par les viandes de chaque pays et avait gagné ceux qui réglaient les horloges de la ville, afin que, les faisant marcher inégalement, il pût dîner en plusieurs maisons de suite. — Voir nos *Ruelles, Salons et Cabarets*, p. 176.

Cela est distribué par mois, par semaines et par jours, tout de même qu'un calendrier. De sorte qu'en la même manière que les pauvres prêtres vont demander leurs messes le samedi à Notre-Dame, le lundi au Saint-Esprit, le vendredi à Sainte-Geneviève, de même il assignoit ses repas à certains jours chez certains grands, le lundi chez tel intendant, le mardi chez tel prélat, le mercredi chez tel président, et ainsi il subsistoit toute l'année, jusque-là qu'il avoit marqué subsidiairement, et en cas de besoin, pour son pis aller, les auberges allemandes et françoises.

Voilà qui suffit (dit Charroselles) pour nous donner l'intelligence de tout l'ouvrage, sur lequel, sans l'avoir vu, je pourrois bien faire des illustrations et des commentaires. Car je me doute bien que, pour faire un almanach parfait, il y avoit bien des jeûnes et des jours maigres marqués, et peut-être plus qu'il n'en est observé dans l'Église. Je crois bien aussi que, pour le pronostic qu'on a coutume d'y mettre à chaque lunation, on pouvoit souvent y écrire : *grandeur de famine, sécheresse d'amis, table rompue*, etc., prédiction plus claire et plus certaine que celle de Jean Petit et Mathurin Questier[1]. Je m'imagine

---

1. Astrologues qui avaient quelque renom. Il est parlé du premier dans *Francion*.

encore qu'il pouvoit faire un almanach historial des jours de noces et de grands festins où il avoit assisté, et qu'il avoit marqué à part ces jours-là dans son calendrier, comme les jours heureux ou malheureux révélés au bon Joseph.

Il falloit (interrompit Collantine) que cet homme fût bien misérable, puisqu'il ne pouvoit vivre sans écornifler : car c'est, à mon sens, le dernier des métiers, et indigne d'un homme qui a du pain et de l'eau. Ce ne seroit pas là une bonne conséquence (dit Charroselles) : car il y a bien des marquis et des gens accommodés qui ne se font point de scrupule d'être écornifleurs habitués à certaines bonnes tables, et j'ai vu souvent notre pauvre Mythophilacte se plaindre de ce désordre. Car (disoit-il), sous prétexte que ces gens ont quelque capacité ou expérience sur le chapitre des sauces, et qu'ils prétendent avoir le goût fin, ils croient avoir droit d'aller censurer les meilleures tables de la ville, qui ne peuvent être en réputation de friandes et de délicates, si elles n'ont leur approbation; jusque-là qu'il soutenoit quelquefois que ces gens étoient des larrons et des sacrilèges, qui déroboient et venoient manger le pain des pauvres. Pour lui, qui n'y alloit point par goinfrerie, mais par nécessité, je ne puis que je ne l'excuse : car comment pourroit vivre autrement un auteur qui n'a point de patrimoine? Il auroit beau travailler nuit et jour; dès qu'il est à la merci des libraires, il ne peut gagner avec eux de l'eau pour boire.

Il me souvient de l'avoir vu une fois en une grande peine. Je le trouvai en place de Sorbonne querellant avec un autre auteur, qui, entre autres injures, lui reprocha tout haut qu'il étoit un caymand[1] de gloire, et que de tous côtés il en alloit mendier. Ce dernier mot fut ouï par des archers qui cherchoient tous les mendiants pour les mener à l'Hôpital Général[2]. Ils le saisirent au collet en ce moment (aussi bien étoit-il d'ailleurs assez déchiré), et j'eus bien de la peine à le faire relâcher. J'en vins pourtant à bout, sur ce que je leur remontrai que le métier de poète, dont il faisoit profession, le con-

---

1. Quémandeur.
2. C'était à Bicêtre qu'étaient renfermés les vagabonds et les voleurs. Bicêtre faisait partie, depuis 1657, de ce qu'on appelait l'Hôpital Général. Il a été bâti, tel que nous le voyons aujourd'hui, sur les ruines du château de Jean de Pontoise, évêque de Winchester, — qu'avait fait raser Richelieu en 1632. C'est ce Jean de Pontoise qui, au moment de mourir, s'écriait douloureusement : « Comment est-il donc possible que je meure, étant si riche? » — On croit que le nom de Bicêtre est venu, par corruption, de celui de Winchester.

duisoit naturellement à l'hôpital, et qu'il ne falloit
point d'autres archers que ceux de son mauvais
destin pour l'y faire aller en diligence. J'aurois bien
d'autres particularités assez plaisantes à vous réciter;
mais l'impatience que j'ai de voir ce catalogue de
livres ne me permet pas de m'arrêter sur ceci davantage. Ce fut lors que Volaterran, qui vit bien que
Belâtre, par un signe de tête, avoit dessein qu'on
lui donnât prompte satisfaction, continua de lire.

## CATALOGUE

### DES LIVRES DE MYTHOPHILACTE.

L'AMADISIADE, ou la Gauléide, poème héroï-comique,
contenant les dits, faits et prouesses d'Amadis de Gaule,
et autres nobles chevaliers; divisé en vingt-quatre volumes, et chaque volume en vingt-quatre chants, et
chaque chant en vingt-quatre chapitres, et chaque chapitre en vingt-quatre dizains, œuvre de 1,724,800 vers,
sans les arguments.

APOLOGIE de Saluste du Bartas et d'autres poètes anciens qui ont essayé de mettre en vogue les mots com-
posés; où il est montré que les François, en cette

occasion, n'ont été que des pagnottes [1], en comparaison des Grecs et des Romains, par l'exemple d'Aristophane, de Plaute et d'autres auteurs.

Le Rappé du Parnasse, ou Recueil de plusieurs vers anciens corrigés et remis dans le style du temps.

La Vis sans fin, ou le Projet et dessein d'un roman universel, divisé en autant de volumes que le libraire en voudra payer.

La Souricière des envieux, ou la Confutation [2] des critiques ou censeurs de livres, ouvrage fait pour la consolation des princes poétiques détrônés, où il est montré que ceux-là sont maudits de Dieu, qui découvrent la turpitude de leurs parents et de leurs frères.

La Lardoire des courtisans, ou Satire contre plusieurs ridicules de la cour, qui y sont si admirablement piqués que chacun y a son lardon.

La Clef des sciences, ou la Croix de par Dieu du prince, c'est-à-dire l'art de bien apprendre à lire et à écrire, dédié à monseigneur le dauphin; avec le passe-partout de dévotion, ou un manuel d'oraison pour l'exercice journalier du chrétien.

Imitation des Thrènes [3] de Jérémie, ou Lamentation poétique de l'auteur sur la perte qu'il fit, en déména-

---

1. De l'Italien *pagnotta*, poltron. *Dict.* d'Oudin.
2. Réfutation.
3. Lamentations.

geant, de quatorze mille sonnets, sans les stances, épigrammes et autres pièces.

Vraiment (dit Charroselles), j'ai été présent à la naissance de cet ouvrage : jamais je ne vis un auteur plus déconforté que fut celui-ci en recevant la nouvelle de cet accident. Je tâchai à le consoler de tout mon possible, suivant le petit génie que Dieu m'a donné; et comme j'avois appris du crocheteur qui avoit été chargé de ces papiers qu'il falloit qu'ils eussent été perdus vers le Marché-Neuf, j'assurai Mythophilacte que quelque beurrière les auroit ramassés, comme étant à son usage, et qu'il n'avoit qu'à aller acheter tant de livres de beurre pour recouvrer jusqu'à la dernière pièce qu'il avoit perdue. Vraiment (répondit Belâtre), voilà une consolation bien maligne, et qui est fort de votre génie, comme vous dites; mais ne faites point perdre de temps à mon greffier, à qui j'ordonne de continuer. Volaterran, reprenant où il en étoit demeuré, lut du même ton qu'il avoit commencé :

Discours des principes de la poésie, ou l'Introduction à la vie libertine.

Placet rimé pour avoir privilège du Roi de faire des vers de ballet, chansons nouvelles, airs de cour et de pont-neuf, avec défenses à toutes personnes de travailler sur de pareils sujets, recommandé à M. de B... [1], grand privilégiographe de France.

*Forfantados libri quatuor, de vita et rebus gestis Fatharelli.*

LE GRAND Sottisier de France, ou le Dénombrement des sottises qui se font en ce vaste royaume, par ordre alphabétique.

Vraiment (interrompit encore Charroselles), ce dessein est beau ; j'avois eu envie de l'entreprendre avant lui, et je l'aurois fait, si je ne fusse point tombé en la disgrâce des libraires, car cela est fort selon mon génie. J'en ai conféré plusieurs fois avec le pauvre défunt ; il me disoit qu'il avoit dessein d'en faire trente volumes, dont chacun seroit plus gros que le théâtre de Lycosthène[2] ou que les centuries de Magdebourg[3]. Il est vrai que je lui ai toujours prédit que, quelque laborieux qu'il fût, et quoiqu'il ne fît autre chose toute sa vie, il laisseroit toujours

---

1. Benserade.
2. Le *Theatrum vitæ humanæ*, dont il est ici question, n'est pas précisément de Conrad Wolffhart, dit *Lycosthènes* (qui a la force du loup), savant compilateur alsacien : il est de son beau-fils, Théodore Zwinger, qui, du reste, n'a fait qu'utiliser ses propres matériaux dans cet ouvrage.
3. Histoire ecclésiastique écrite par des protestants connus sous l'appellation de *Centuriatores Magdeburgici*, et dont la première édition forme huit volumes in-folio.

cet ouvrage imparfait. Mais, Monsieur (dit-il au greffier), excusez si je vous ai interrompu; je vous prie de continuer. Volaterran lut donc en continuant :

Dictionnaire poétique, ou Recueil succinct des mots et phrases propres à faire des vers, comme *appas, attraits, charmes, flèches, flammes, beauté sans pareille, merveille sans seconde,* etc. Avec une préface où il est montré qu'il n'y a qu'environ une trentaine de mots en quoi consiste le levain poétique pour faire enfler les poèmes et les romans à l'infini.

Illustrations et Commentaires sur le livre d'Ogier le Danois [1], où il est montré par l'explication du sens moral, allégorique, anagogique, mythologique et énigmatique, que toutes choses y sont contenues qui ont été, qui sont ou qui seront; même que les secrets de la pierre philosophale y sont plus clairement que dans l'Argenis, le Songe de Polyphile, le Cosmopolite, et autres. Dédié à MM. les administrateurs des petites maisons.

Traité de chiromancie pour les mains des singes, œuvre non encore vue ni imaginée.

Imprécation contre Thersandre, qui apprit à l'auteur à faire des vers, ou Paraphrase sur ce texte : *Hinc mihi prima mali labes.*

---

1. Célèbre dans les romans de chevalerie comme paladin de Charlemagne.

Rubricologie, ou de l'Invention des titres ou rubriques, où il est montré qu'un beau titre est le vrai proxénète d'un livre, et ce qui en fait faire le plus prompt débit. Exemple à ce propos tiré des Précieuses.

Plaidoyers et Harangues prononcées dans l'assemblée générale des libraires, consultans sur l'impression de plusieurs livres qu'on leur avoit présentés. Avec le jugement intervenu sur iceux, Midas présidant, par lequel le Cuisinier, le Pâtissier et le Jardinier François ont été reçus, et plusieurs bons auteurs anciens et modernes rebutés.

Description merveilleuse d'un grand seigneur prophétisé par David, qui avoit des yeux et ne voyoit point, qui avoit des oreilles et n'entendoit point, qui avoit des mains et ne prenoit point, mais qui, en récompense, avoit des gens qui voyoient, entendoient et prenoient pour lui.

De l'usage du télescopophore, ou de certaines Lunettes dont se servent les grands, qui s'appliquent aux yeux d'autrui, exemptes de l'incommodité de les porter, mais sujettes à tous les accidents cotés au traité *De fallaciis visus*.

Avis et Mémoires à M. le procureur du roi, pour ériger en corps de maîtrise jurée les poètes et les auteurs, et les faire incorporer avec les autres arts et métiers de la ville, où il est traité des étranges abus qui se sont glissés dans cette profession, et que l'ordre de la police demande qu'on y mette des jurés et maîtres gardes, comme dans tous les autres corps moins importants.

Somme dédicatoire, ou Examen général de toutes les questions qui se peuvent faire touchant la dédicace des livres, divisée en quatre volumes.

Ha! je vous prie (interrompit Charroselles), abandonnons le reste de cette lecture, quelque agréable qu'elle soit, et nous arrêtons aujourd'hui à voir ce livre-ci en détail, car j'en ai souvent ouï parler, et puis c'est un sujet nouveau et fort nécessaire à tous les auteurs.

Je voudrois bien (dit le greffier) satisfaire votre curiosité; mais quelle apparence y a-t-il de vous lire ces quatre volumes, que nous aurions de la peine à voir en douze vacations ? Parcourons-en au moins quelque chose (reprit l'opiniâtre Charroselles); nous en tirerons quelque fruit. Je trouve (dit le greffier, qui feuilletoit cependant le livre) le moyen de vous contenter aucunement, car je vois ici une table des chapitres, dont je vous ferai la lecture si vous voulez. La compagnie l'en pria; et il continua de lire :

## SOMME DÉDICATOIRE.

### TOME PREMIER.

#### CHAPITRE I.

De la dédicace en général, et de ses bonnes ou mauvaises qualités.

#### CHAPITRE II.

Si la dédicace est absolument nécessaire à un livre. Question décidée en faveur de la négative, contre l'opinion de plusieurs auteurs anciens et modernes.

#### CHAPITRE III.

Qui fut le premier inventeur des dédicaces. Ensemble quelques conjectures historiques qui prouvent qu'elles ont été trouvées par un mendiant.

#### CHAPITRE IV.

Laquelle est la plus ancienne des dédicaces, celle des thèses ou celle des volumes; et de la profanation qui en a été faite en les mettant au bas des simples images, par Balthazar Moncornet[1].

#### CHAPITRE V.

Le pédant Hortensius aigrement repris de sa ridicule

---

[1]. Graveur, qui, tout en se livrant à la pratique de son art, faisait le commerce des estampes.

opinion, pour avoir appelé un livre sans dédicace *Liber* ἀκέφαλος[1].

### CHAPITRE VI.

Jugement des dédicaces railleuses et satiriques, comme de celles faites à un petit chien, à une guenon, à personne, et autres semblables; et du grand tort qu'elles ont fait à tous les auteurs traficants en maroquin.

### CHAPITRE VII.

Réfutation de l'erreur populaire qui a fait croire à quelques-uns qu'un nom illustre de prince ou de grand seigneur, mis au-devant d'un livre, servoit à le défendre contre la médisance et l'envie. Plusieurs exemples justificatifs du contraire.

### CHAPITRE VIII.

Des dédicaces bourgeoises et faites à des amis, non réprouvées, et comparées à l'onguent miton-mitaine, qui ne fait ni bien ni mal.

### CHAPITRE IX.

Plainte et dénonciation contre Rangouze[2], d'avoir fait un livre de telle nature, qu'autant de lettres sont

---

1. Sans tête.
2. Cet ancien secrétaire du maréchal de Thémines faisait en effet un commerce de lettres assez lucratif : il écrivait, dit Tallemant des Réaux, « à toutes les personnes de l'un et l'autre sexe qui pouvaient lui donner quelque para-

autant de dédicaces; sur laquelle l'auteur soutient que son procès lui doit être fait comme à ces magiciens qui se servent de pistoles volantes.

### CHAPITRE X.

Sous quel aspect d'astres il fait bon semer et planter des éloges pour en recueillir le fruit dans la saison. Avec l'horoscope d'un livre infortuné, qui ne fut pas seulement payé d'un grand merci.

### CHAPITRE XI.

Distinction et catalogue des jours heureux et malheureux pour dédier les livres; où on découvre le secret et l'observation de l'heure du berger pour présenter un livre, savoir : quand le Mecenas sort du jeu et a gagné force argent.

## TOME SECOND.

### CHAPITRE I.

De la qualité et nature des Mecenas en général.

guante (gratification), il en fit un volume... et par une subtilité digne d'un Gascon, il ne fit point mettre de chiffres aux pages, afin que, quand il présentoit son livre à quelqu'un, ce livre commençât toujours par la lettre qui étoit adressée à celui à qui il le présentoit, car il change les feuillets comme il veut, en le faisant relier. Vous ne sauriez croire combien cela lui a valu. » (*Historiettes*, édition de 1856, t. V, p. 2.)

## CHAPITRE II.

Des diverses contrées où naissent les vrais Mecenas, et que les meilleurs se trouvent en Flandre et en Allemagne, comme les meilleurs melons en Touraine, et les meilleurs ânes en Mirebalais. La Serre[1] cité à propos.

## CHAPITRE III.

Des vrais et faux Mecenas, et de la difficulté qu'il y a de les connoître. Si c'est une pierre de touche assurée de sonder ou pressentir la libéralité qu'ils feront au futur dédicateur.

## CHAPITRE IV.

De la disette qu'il y a eue des Mecenas en plusieurs siècles, et particulièrement de la merveilleuse stérilité qu'en a celui-ci.

## CHAPITRE V.

Preuve de l'antiquité de la poésie, à l'occasion de ce que la plus ancienne de toutes les plaintes est celle des poètes sur le malheur du temps et sur l'ingratitude de leur siècle.

## CHAPITRE VI.

Continuation du même sujet, avec la liste des

---

1. Auteur aussi fécond que médiocre, à qui Guéret prête ce propos : « Je céderai volontiers le pas à M. Corneille, quand il aura fait tuer cinq portiers en un seul jour ». Quatre portiers avaient été étouffés à une représentation de sa pièce de *Thomas Morus*.

hommes de lettres morts de faim ou à l'hôpital, illustrée des exemples d'Homère et de Torquato Tasso.

### CHAPITRE VII.

Examen de la comparaison faite par quelques-uns d'un vrai Mecenas au phénix; où il est montré que, si elle est juste en considérant sa rareté, elle cloche en ce qu'il ne dure pas cinq cents ans, et qu'il n'en renaît pas un autre de sa cendre.

### CHAPITRE VIII.

Du choix judicieux qu'on doit faire des Mecenas, et que les plus ignorants sont les meilleurs, vérifié par raisons et inductions.

### CHAPITRE IX.

Différence des Mecenas de cour et des Mecenas de robe; avec une observation que ceux-ci sont très dangereux, à cause que d'ordinaire ils se contentent de promettre de vous faire gagner un procès ou de vous servir en temps et lieu.

### CHAPITRE X.

Éloges de M. de Montauron[1], Mecenas bourgeois, premier de ce nom, recueillis des épîtres dédicatoires des meilleurs esprits de ce temps. Avec quelques regrets poétiques sur sa décadence.

### CHAPITRE XI.

Paradoxe très véritable, que les plus riches seigneurs

1. Financier célébré par Corneille dans la dédicace de *Cinna*.

ne sont pas les meilleurs Mecenas. Où il est traité d'une soudaine paralysie à laquelle les grands sont sujets, qui leur tombe sur les mains quand il est question de donner.

#### CHAPITRE XII.

Cinquante ruses et échappatoires des faux Mecenas, pour se garantir des pièges d'un auteur dédiant et mendiant.

#### CHAPITRE XIII.

Récit d'un accident qui arriva à un très médiocre auteur à qui la tête tourna, à cause de l'honneur qu'il reçut de la dédicace d'un livre que lui fit un savant illustre.

#### CHAPITRE XIV.

Indignation de l'auteur contre les dédicaces faites à d'indignes Mecenas. Comme, pour s'en venger, il prépara une épître dédicatoire au bourreau pour le premier livre qu'il feroit.

## TOME TROISIÈME.

#### CHAPITRE I.

De la rémunération en général qu'on doit faire pour les épîtres dédicatoires, et si elle est de droit naturel, de droit des gens ou de droit civil.

### CHAPITRE II.

Si en telle occasion on doit avoir égard à la qualité de celui qui dédie; par exemple, si on doit donner un plus beau présent à un auteur riche qu'à un pauvre. Avec plusieurs raisons alléguées de part et d'autre.

### CHAPITRE III.

Si on doit mettre en considération les frais faits à la reliure, dessins, estampes, vignettes, lettres capitales et autres dépenses faites pour contenir les portraits, chiffres, armes et devises du seigneur encensé. Avec une notable observation que toutes ces forfanteries font présumer que le mérite du livre, de soi-même, n'est pas fort grand.

### CHAPITRE IV.

Pareillement, s'il faut rembourser à part et hors d'œuvre les frais d'un voyage qu'aura fait un auteur pour aller trouver son Mecenas en un pays fort éloigné, et pour lui présenter son livre.

### CHAPITRE V.

La juste Balance des livres, et si on les doit considérer par le poids ou par le mérite, par la grosseur du volume ou par l'excellence de la matière. Question traitée sous une allégorie dramatique, et l'introduction des personnages de l'Ane laborieux et du fin Renard.

## CHAPITRE VI.

Question incidente (*si cæteris paribus*) : on doit payer davantage la dédicace des livres *in-folio* que des *in-quarto* et que des *in-octavo* ou des *in-douze*. Avec un combat notable de Calepin[1] contre *Velleius Paterculus*[2].

## CHAPITRE VII.

Autre question : Si le même livre imprimé in-douze en petit caractère doit être aussi bien payé que s'il étoit imprimé en gros caractère et en grand volume. Avec l'observation de la différence des enfants corporels et spirituels : car les premiers sont petits en leur naissance et croissent avec le temps, et les autres, tout au contraire, d'abord s'impriment en grand et, avec le temps, en petit.

## CHAPITRE VIII.

Des épîtres dédicatoires des réimpressions ou secondes éditions; savoir quelle taxe leur est due. Plaisant trait d'un Mecenas qui donna pour récompense à un auteur qui lui avoit fait un pareil présent un habit vieux et retourné.

---

1. Calepino ou d'Acalepio a fait un *Dictionnaire des langues latine et italienne*. In-folio.
2. *L'Abrégé de l'Histoire romaine* de Velléius Paterculus est in-8° ou in-12.

### CHAPITRE IX.

De ceux qui font imprimer les anciens auteurs, et en font des dédicaces sous prétexte de les dire corrigés, illustrés, notés, commentés, apostillés ou rapsodiés. Exemple d'une dédicace de cette nature payée de l'argent d'autrui par un partisan qui fit le lendemain banqueroute.

### CHAPITRE X.

De ceux qui mettent au jour les anciens manuscrits non encore imprimés; où il est montré qu'on leur doit au moins le même salaire qu'à une sage-femme, qui aide à faire venir les enfants au monde.

### CHAPITRE XI.

Si on doit faire quelque considération d'un libraire qui dédiera l'ouvrage d'autrui ou un livre qu'il aura trouvé sans aveu. Juste parallèle de ces gens avec ceux qui empruntent des enfants, ou qui en vont prendre aux Enfants-Trouvés, pour mieux demander l'aumône.

### CHAPITRE XII.

Des glaneurs du Parnasse, ou des gens qui font des recueils de pièces de vers et de prose, et qui les dédient comme des livres de leur façon. Telle manière d'agir condamnée comme étant une exaction et levée injuste sur le peuple poétique. Avec les mémoires d'un donneur d'avis pour faire créer des charges de gardeouvrages, à l'instar des garde-bois ou garde-moissons, pour empêcher ces inconvénients.

### CHAPITRE XIII.

S'il y a lieu et action de se pourvoir en justice contre un Mecenas pour avoir payement d'une épître dédicatoire, et si elle se doit payer au dire d'experts. Question décidée par un article de la coutume, au chapitre *Des fins de non-recevoir*, et par le droit *De his quæ sine causa*.

### CHAPITRE XIV.

Si, au contraire, un Mecenas, ayant payé un livre sans le voir, peut être relevé pour lésion énorme, en cas que le livre ne vaille rien ou qu'il n'y soit pas assez loué, et s'il a cette action qu'on appelle, en droit, *condictio indebiti.*

### CHAPITRE XV.

Si les héritiers ou créanciers d'un auteur défunt sont, de droit, subrogés en son nom et actions, et s'ils peuvent tirer en justice le même émolument de la dédicace de son livre, quand ils le mettent au jour. Examen du titre *De actionibus quæ ad heredes transeunt*.

### CHAPITRE XVI.

Arrêt notable rendu au profit d'un pauvre auteur qui avoit fait une épître dédicatoire sous le nom d'un libraire, moyennant 30 sous, lequel fut reçu à partager la somme de 150 livres qu'un Allemand avoit donnée au libraire pour la dédicace; avec les plaidoyers des avocats, où sont de belles descriptions de la grande misère de quelques auteurs et de l'étrange coquinerie de tous les libraires.

### CHAPITRE XVII.

Factum d'un procès pendant entre un libraire et un auteur qui travailloit à ses gages et à la journée, sur la question de savoir à qui appartiendroit la dédicace du livre, de laquelle il n'avoit point été fait mention dans leur marché.

### CHAPITRE XVIII.

Si c'est un stellionnat poétique (c'est-à-dire vendre plusieurs fois une même chose) de vendre une pièce de théâtre, premièrement à des comédiens, et puis à un libraire, et puis à un Mecenas. Question décidée en faveur des auteurs, fondés en droit coutumier.

### CHAPITRE XIX.

Si un domestique ou commensal d'un Mecenas est obligé de lui dédier ses ouvrages privativement et à l'exclusion de tous autres, et si le Mecenas lui doit pour cela une récompense particulière, ou si le logement et la nourriture lui en doivent tenir lieu. Le droit des esclaves est ici traité, qui veut qu'ils ne puissent rien acquérir que pour leur maître. Où il est montré que les esclaves de la fortune sont encore moins favorables que les esclaves pris en guerre.

## CHAPITRE XX.

D'un moyen facile et général qu'ont trouvé les Mecenas de résoudre toutes les difficultés ci-dessus, en ne donnant rien. Description, à ce propos, de l'avarice et du déménagement qu'elle a fait en nos jours; où on voit qu'elle habite dans les hôtels et dans les palais, au lieu qu'elle étoit ci-devant logée dans les collèges et dans les gargotteries.

# TOME QUATRIÈME.

## CHAPITRE I.

Des éloges en général, avec leur distinction, nature et qualités.

## CHAPITRE II.

Que les éloges immodérés sont de l'essence des épîtres dédicatoires. Avec la preuve expérimentale que l'encens qui entête le plus est celui qui est trouvé le meilleur, contre l'opinion des médecins et droguistes.

## CHAPITRE III.

Si le Mecenas doit payer la dédicace du livre à proportion de l'encens qu'on lui donne dans l'épître. Avec l'invention de faire le trébuchet pour le peser.

### CHAPITRE IV.

Si l'encens qu'on donne au Mecenas dans le reste du livre, où on trouve bonne ou mauvaise occasion de parler de lui, ne doit pas faire doubler ou tripler la dose du présent qu'il avoit destiné pour la seule épître.

### CHAPITRE V.

Si les autres personnes dont on fait une honorable mention dans le livre, par occasion, doivent un présent particulier à l'auteur, chacune pour sa part et portion des éloges qu'on lui donne.

### CHAPITRE VI.

Du titre ou carat de la louange. Où il est montré que, pour être de bon aloi et en avoir bon débit, elle doit être de 24 carats, c'est-à-dire portée dans le dernier excès.

### CHAPITRE VII.

Si un auteur, qui aura donné à son Mecenas la divinité ou l'immortalité, doit être deux fois mieux payé que celui qui l'aura seulement appelé demi-dieu, ange ou héros. Exemples de plusieurs apothéoses qui ont été plus heureuses pour l'agent que pour le patient.

### CHAPITRE VIII.

Paradoxe très véritable, que la louange la plus médiocre est la meilleure, contre l'opinion du siècle et des grands. Avec une table des degrés de consanguinité de la flatterie et de la berne, où on voit qu'elles sont au degré de cousins issus de germain.

### CHAPITRE IX.

De la louange qui est notoirement fausse, avec la preuve qu'elle doit être payée et récompensée au double par deux raisons : la première, parce qu'il faut récompenser l'auteur du tort qu'il se fait en mentant avec impudence ; la seconde, parce que le Mecenas seroit le premier à en confirmer la fausseté, si par un ample payement il n'en faisoit l'approbation.

### CHAPITRE X.

Si les femmes, qu'on flatte souvent pour rien, et qui croient que toutes les louanges leur sont dues de droit, doivent payer, autant que les hommes, les éloges que leur donnent les auteurs dans leurs livres ou dans leurs épîtres dédicatoires.

### CHAPITRE XI.

Si l'on doit un plus grand présent pour les éloges couchés dans les histoires que dans les poésies ou romans.

### CAAPITRE XII.

Divers avantages qu'ont les historiens sur les poètes et romanciers, et des belles occasions qu'ont ceux-là d'obliger plusieurs personnes. Savoir si la licence qu'ont ceux-ci de mentir et d'hyperboliser les peut égaler aux autres.

### CHAPITRE XIII.

Si les historiens se doivent contenter des pensions que leur donnent les rois ou les ministres, ou s'ils peuvent honnêtement dédier leurs livres à d'autres, et en recevoir des présents pour avoir bien parlé d'eux.

### CHAPITRE XIV.

Quels gages ou pensions on doit à un auteur qui a écrit l'histoire ou la généalogie d'une famille. Du nombre prodigieux de personnes que tels écrivains ont anoblies, et que c'est très proprement qu'on peut appeler cela noblesse de lettres.

### CHAPITRE XV.

S'il est permis à un auteur qui n'a rien reçu d'une dédicace de la changer et de dédier le même livre à un autre. Où la question est décidée en faveur de l'affirmative, suivant la règle du droit, qui permet de révoquer une donation par ingratitude.

### CHAPITRE XVI.

Question notable : Supposé qu'un Mecenas vînt à être dégradé, pendu ou exécuté pour quelque crime, s'il faudroit supprimer ou changer l'épître dédicatoire, ou bien continuer toujours le débit du livre.

### CHAPITRE XVII.

En une seconde impression du même livre, *Quid juris?*

### CHAPITRE XVIII.

Apologie des docteurs italiens, qui n'exemptent pas de crime ceux qui escroquent les personnes qui se sacrifient à leurs plaisirs. Où il est montré, par identité de raison, que les Mecenas, qui escroquent les pauvres auteurs qui ont prostitué leur nom et leur plume pour leur réputation, commettent un crime qui crie vengeance à Dieu, comme celui de retenir le salaire des serviteurs et pauvres mercenaires.

### CHAPITRE XIX.

Extrait d'un procès de règlement de juges intenté par un auteur contre un Mecenas pour le payement de quelques éloges qu'il lui avoit vendus, avec l'arrêt du conseil donné en conséquence, qui a renvoyé les parties pardevant les juges consuls, attendu qu'il s'agissoit de fait de marchandise.

### CHAPITRE XX.

Si le relieur qui a fourni le maroquin pour couvrir le livre dédié, ou le marchand qui a vendu le satin pour imprimer la thèse, ont une action réelle ou personnelle, et s'il suffiroit à l'auteur de faire cession et transport du présent futur du Mecenas jusqu'à la concurrence de la dette. Contrariété des décisions sur ce sujet de la cour du Parnasse et du siège du Châtelet.

### CHAPITRE XXI.

Fin manège d'un auteur qui présenta à son Mecenas

un livre couvert simplement de papier bleu, disant que c'étoit ainsi qu'on habilloit les pauvres orphelins et les enfants de l'hôpital, témoin ceux du Saint-Esprit et de la Trinité.

### CHAPITRE XXII.

De la loi du talion, et si elle est reçue chez les auteurs. Par exemple si, avec des compliments, on peut payer les éloges que donne un auteur dans sa dédicace.

### CHAPITRE XXIII.

Examen de l'exemple d'Auguste, cité sur ce sujet, qui donna à un poète des vers pour des vers. Preuve qu'il ne doit point être tiré en conséquence.

### CHAPITRE XXIV.

Si le Mecenas qui fait valoir la pièce de l'auteur, ou qui met son livre en crédit par des recommandations ou applaudissements publics, s'acquitte d'autant envers lui de la récompense qu'il lui doit donner. Raisons de douter et de décider.

### CHAPITRE XXV.

Conseils utiles à un auteur pour faire réussir une dédicace. De la nécessité qu'il y a d'importuner les Mecenas pour arracher quelque chose d'eux.

### CHAPITRE XXVI.

Autre conseil très important de faire de grandes civilités et des présents de ses livres à tous les valets du

Mecenas, afin qu'ils fassent commémoration de l'auteur en son absence, et qu'ils fassent valoir le livre auprès de leur maître.

### CHAPITRE XXVII.

Digression pour parler de la nature des mules aux talons, à l'occasion de ce que les auteurs sont sujets à les gagner, en attendant l'heure favorable pour présenter leurs livres à leurs Mecenas.

### CHAPITRE XXVIII.

Maxime vérifiée par expérience et par induction, que tous les auteurs qui ont fait fortune auprès des grands ne l'ont point faite en vertu de leur mérite, mais pour leur avoir été utiles en quelques autres affaires, ou par l'intrigue ou recommandation de quelqu'un.

### CHAPITRE XXIX.

Conclusion de tout ce discours, auquel est ajoutée une table dressée à *l'instar* de celle de la liquidation d'intérêts, contenant la juste prisée et estimation qu'on doit faire des différents éloges. Ensemble le prix des places d'illustres et demi-illustres qui sont à vendre dans tous les ouvrages de vers ou de prose, suivant la taxe qui en a été ci-devant faite.

Vraiment (dit Charroselles), en attendant que je voie tout cet ouvrage, dont j'ai une grande curiosité, montrez-nous au moins ce dernier chapitre, ou plutôt cette table si nécessaire à tous les auteurs. Je le veux bien (dit Volaterran), mais je ne saurois vous satisfaire tout à fait : car, comme elle est dans le dernier feuillet du livre, la pourriture ou les rats en ont mangé toute la marge où les sommes sont tirées en ligne. Eh bien, nous nous contenterons de voir seulement les articles (dit Charroselles). Le greffier s'y accorda, et lut ainsi :

### ÉTAT ET ROLE DES SOMMES[1]

auxquelles ont été modérément taxées, dans le conseil poétique, les places d'illustres et demi-illustres, dont la vente a été ordonnée pour faire un fonds pour la subsistance des pauvres auteurs.

Pour un principal héros d'un roman de dix volumes. . . . . . . . . . . . . . . . ooo. liv. parisis.
Pour une héroïne et maîtresse du héros. oo. l. par.
Pour une place de son premier écuyer ou confident. . . . . . . . . . . . . . . . . . . o . . . . sis.
Pour une place de demoiselle suivante et confidente. . . . . . . . . . . . . . . . . 3. . . par. . .
Pour ceux de cinq volumes et au-dessous, ils seront taxés à proportion.

[1]. Parodie de la liste des pensions affectées aux hommes de lettres, qui fut dressée par Chapelain à la demande de Colbert. Voir nos *Ruelles, Salons et Cabarets*, p. 290.

Pour un rival malheureux et qui est prince ou héros. . . . . . . . . . . . . . . . . . . . . . . . . . .

Pour le héros d'un épisode ou histoire incidente. .

Pour la commémoration d'une autre personne faite par occasion. . . . . . . . . . . . . . . . . . . . . . . .

Pour un portrait ou caractère d'un personnage introduit. 20 l. tournois.

*Nota* que, selon qu'on y met de beauté, de valeur et d'esprit, il faut augmenter la taxe.

Pour la description d'une maison de campagne qu'on déguise en palais enchanté, pour la façon seulement sera payé. . . . . . . . . . . . . . . . . . . . . . . . . .

Pour la louange qu'on donne par occasion à des poèmes et à des ouvrages d'autrui, *néant*... Et n'est ici couché que pour mémoire, attendu qu'on les donne à la charge d'autant.

Pour l'anagramme du nom du personnage dépeint, quarante sous.

Pour le fard dont on l'aura embelli : à discrétion.

Pour faire qu'un amant ait avantage sur son rival et qu'il soit heureux dans les combats et intrigues. *Idem*.

LE JUSTE PRIX DE TOUTES SORTES DE VERS.

Pour un poème épique[1] en vers alexandrins. 2000 l.

---

1. La *Pucelle* valut à Chapelain non deux mille, mais bien trois mille francs de pension.

*Nota* que cela s'entend de pension par chacun an, tant que durera la composition, pourvu que ce soit sans fraude.

Pour les personnages introduits dans ces poèmes, la taxe s'en fait au double de celle qui est faite pour pareilles places de prose.

Pour les odes héroïques de dix ou douze vers chacune strophe. . . . . . . . . . . . . . . . . . . . . . 100 s.
Pour les autres de sixains ou quatrains. . . . . . .
Pour un sonnet simple.                    trois l.
Pour un sonnet de bouts-rimés, deux sous six deniers.
Pour un sonnet-acrostiche. . . . . . . . 24 s. p.
Pour un madrigal tendre et bien conditionné. 30 s.
Pour une élégie. . . . . . . . . . . . . . . . . . .
Pour une chanson. . . . . . . . . . . . . . . . .
Pour un rondeau. . . . . . . . . . . . . . . . . .
Pour un triolet. . . . . . . . . . . . . . . . . . . .

Il y a apparence qu'il y en avoit encore quantité d'autres; mais non-seulement le chiffre a été mangé, mais encore le texte de l'article, dont il ne reste plus qu'une assez grande liste de *pour*, que vous pouvez voir.

Vraiment, c'est dommage (dit Charroselles), je voudrois qu'il m'eût coûté beaucoup, et en avoir l'original sain et entier : je le donnerois à Cramoisy, imprimeur du roi pour les monnoies, qui seroit bien aise de l'imprimer. Mais pour ne vous pas importuner davantage, je vous prie, monsieur le greffier, et vous, monsieur le prévôt (que je devois nommer premièrement), de me prêter ces manuscrits pour les les lire en particulier; je vous en donnerai mon récépissé, et je vous les rendrai dans deux fois vingt-quatre heures.

Je m'en donnerai bien de garde que je ne sois payé de mes vacations (reprit brusquement Belâtre). Et moi de ma grosse (ajouta Volaterran). Et tous deux en même temps dirent que, s'il vouloit lever le procès-verbal et payer les frais du scellé, ils lui donneroient tout ce qu'il voudroit. Vous devez même remercier mademoiselle que voilà (dit Belâtre, en montrant Collantine) de ce que je vous en ai tant fait voir; c'est une prévarication que j'ai faite en ma charge, et à laquelle les juges de ma sorte ne sont guère sujets. Charroselles dit alors qu'il ne vouloit point payer si cher une si légère curiosité, et qu'il auroit patience que ces livres fussent imprimés. Si est-ce pourtant (dit Collantine à Belâtre), puisque vous en avez tant fait qu'il faut que vous me montriez encore une pièce dont vous avez parlé dans ce dernier livre que vous avez lu, en certain endroit où j'avois bien envie de vous interrompre, et où il est parlé du bourreau : car, comme c'est un officier de justice, et que je les respecte tous, je serai bien aise de savoir ce qu'on dit de lui. Fort volontiers (reprit Belâtre) : j'avois la même curiosité, et je n'aurois pas manqué de la satisfaire sitôt que j'aurois été chez moi ; mais puisqu'il est ainsi, nous la verrons tout à cette heure. Il commanda au greffier de chercher dans le corps du livre cette pièce, dont il avoit vu le titre dans la table des chapitres. Le greffier obéit, la trouva et la lut en cette sorte :

## ÉPITRE DÉDICATOIRE

### DU PREMIER LIVRE QUE JE FERAI[1]

à très-haut et très-redouté seigneur Jean Guillaume,
dit S. Aubin,
maître des hautes œuvres de la ville, prévoté et vicomté de Paris.

GUILLAUME,

Voici assurément la première fois qu'on vous dédie des livres ; et un présent de cette nature est si rare pour

---

1. Les ennemis de Furetière lui ont fait un grief de cette très-spirituelle satire, dirigée contre les faiseurs de dédicaces. Ils l'ont accusé d'avoir dédié au bourreau son *Roman bourgeois*.

vous, que sans doute sa nouveauté vous surprendra. Vous croirez peut-être que je brigue vos faveurs, comme tous les auteurs font d'ordinaire quand ils dédient. Cependant il n'en est rien ; je ne vous ai point d'obligation et ne veux point vous en avoir. Voici la première épître dédicatoire qui a été faite sans intérêt, et qui sera d'autant plus estimable que je n'y mettrai point de sentiments déguisés ni corrompus. Il y a longtemps que je suis las de voir les auteurs encenser des personnes qui ne le méritent peut-être pas tant que vous. Ils sont leurrés par l'espoir d'obtenir des pensions et des récompenses qui ne leur arrivent presque jamais ; ils n'obtiennent pas même les grâces qu'on ne leur peut refuser avec justice, et j'ai vu encore depuis peu un homme de mérite acheter chèrement une place pour servir un faux Mecenas, qui en avoit été exclu par la brigue d'un goinfre et d'un hâbleur qui avoit gagné ses valets. Depuis que j'ai vu louer tant de faquins qui ont des équipages de grands seigneurs, et tant de grands seigneurs qui ont des âmes de faquins, il m'a pris envie de vous louer aussi, et certes ce ne sera pas sans y être aussi bien fondé que tous ces flatteurs. Combien y a-t-il de ces gens qu'on vante si hautement, qu'il faudroit mettre entre vos mains, afin de leur apprendre à vivre ? Ils ne font pas si bien leur métier comme vous savez faire le vôtre : car il n'y a personne qui exécute plus ponctuellement les ordres de la justice, dont vous êtes le principal arc-boutant. Ce

n'est pas pourtant que je veuille établir un paradoxe,
ni faire comme Isocrate et les autres orateurs qui ont
loué Busire, Hélène et la fièvre quarte. Je trouve qu'on
vous peut louer en conscience, quand il n'y auroit autre
raison, sinon que c'est vous qui montrez à beaucoup
de gens le chemin de salut, et à qui vous ouvrez la
porte du ciel, suivant le proverbe qui dit que de ces
pendus il n'y en a pas un perdu. Quant à la noblesse
de votre emploi, n'y a-t-il pas quelque part en Asie
ou en Afrique un roi qui tient à gloire de pendre lui-
même ses sujets et qui est si persuadé que c'est un
des plus beaux apanages de sa couronne, qu'il puni-
roit comme un attentat celui qui lui voudroit ravir cet
honneur? Lorsque les saints pères ont appelé Attila,
Saladin et tant d'autres rois les bouchers de la justice
divine, ne vous ont-ils pas donné d'illustres confrères ?
Votre équipage même se sent de votre dignité; et
quand vous êtes dans la fonction de votre magistrature, vous ne marchez jamais sans gardes et sans un
cortège fort nombreux. Il y a une infinité d'officiers qui
ne travaillent que pour vous et qui ne tâchent qu'à
vous donner de l'emploi. Que plût à Dieu qu'ils vous
fussent fidèles! Vous seriez trop riche si vous te-
niez dans vos filets tous ceux qui sont de votre gibier. Cependant ils ont beau frauder vos droits, vos
richesses sont encore assez considérables. Il n'y a point
de revenus plus assurés que les vôtres, puisque leur
fonds est assuré sur la malice des hommes, qui croît

de jour en jour et qui s'augmente à l'infini. Il faut pourtant que vous ne soyez pas sans modération, puisque vous avez le moyen de faire votre fortune aussi grande que vous voudrez : car on dit, quand un homme fait bien ses affaires, qu'il a sur lui de la corde de pendu, et certes il n'y a personne qui en puisse avoir plus que vous. Aussi votre mérite a tellement été reconnu, qu'on s'est détrompé depuis peu du scrupule qu'on avoit de vous fréquenter. Au lieu de vous fuir comme un pestiféré, on a vu beaucoup de gens de naissance ne faire point de difficulté d'aller boire avec vous, parce que vous aviez de bon vin. De sorte qu'il ne faut pas qu'on s'étonne qu'insensiblement vous vous trouviez parmi les héros et les Mecenas. Comme on a poussé si loin l'hyperbole et la flatterie, j'ai souvent admiré qu'après avoir placé au rang des demi-dieux tant de voleurs et de coquins, on ne vous ait pas mis de leur nombre : car je sais que vous êtes leur grand camarade, et je vous ai vu bien des fois leur donner de belles accolades. Il est vrai que vous leur donniez incontinent après un tour de votre métier; mais combien y a-t-il de courtisans qui vous imitent, et qui, en même temps qu'ils baisent un homme et qu'ils l'embrassent, le trahissent et le précipitent? Si on vous reproche que vous dépouillez les gens, vous attendez du moins qu'ils soient morts; mais combien y a-t-il de juges, de chicaneurs et de maltotiers qui les sucent jusqu'aux os et qui les écorchent tout vifs? Enfin, tout compté et tout rabattu, je trouve que vous méritez une épître dédicatoire aussi bien que beaucoup d'autres. Je craindrois pourtant qu'on ne crût pas que c'en fût une, si je ne vous demandois quelque chose. Je vous prie donc de ne pas refuser votre amitié à plusieurs pauvres auteurs qui ont besoin de votre secours charitable : car l'injustice du siècle est si grande, que beaucoup d'illustres, abandonnés de leurs Mecenas, languissent de faim et, ne pouvant supporter leur mépris et la pauvreté, ils sont réduits au désespoir. Or, comme ils n'ont pas un courage d'Iscariote pour se pendre eux-mêmes, si vous en vouliez prendre la peine, vous les soulageriez de beaucoup de chagrins et de misères. J'aurois fini en cet endroit si je ne m'étois souvenu qu'il falloit encore ajouter une chose qui accompagne d'ordinaire les éloges que donnent à la hâte les faiseurs de dédicaces : c'est la promesse d'écrire amplement la vie ou l'histoire de leur héros. J'espère m'acquitter quelque jour de ce devoir, dans le dessein que j'ai de faire des commentaires sur l'Histoire des larrons : car ce sera un lieu propre pour faire de vous une ample commémoration, et pour célébrer vos prouesses et vos actions plus mémorables. En attendant, croyez que je suis, autant que votre mérite et votre condition me peuvent permettre,

  Guillaume,
      Votre, etc.

Volaterran n'eut pas sitôt achevé cette lecture,

que, de crainte qu'on ne lui en demandât encore une autre, il se leva brusquement, remit à la hâte ses papiers dans son sac, et en disant : Vraiment, je ne gagne pas ici ma vie. Il s'en alla sans faire aucun compliment pour dire adieu. Mais cet empressement avec lequel il resserra ses papiers fut cause que deux glissèrent le long du sac, sans qu'il s'en aperçût, dont l'un fut ramassé par Charroselles, et l'autre par Collantine. Celle-ci ouvrit vitement le sien, et trouva que c'étoit un écriteau en grand volume, et en gros caractère, comme ceux qu'on achète à S. Innocent pour les maisons à louer, où il y avoit écrit :

*Céans on vend de la gloire à juste prix, et si on en va porter en ville*

La nouveauté de cet écriteau les surprit tous, car on n'en avoit point encore vu de tels affichés dans Paris, quand Belâtre leur dit, prenant la parole : J'en ai été surpris le premier, en ayant trouvé une assez grosse liasse lorsque j'ai fait cet inventaire. Ce qui m'a donné sujet d'interroger là-dessus Georges Soulas, pour savoir ce que le défunt en vouloit faire. Il m'a répondu que ce pauvre homme, pressé de la nécessité, et ne trouvant plus si bon débit de sa marchandise, prétendoit mettre cet écriteau à sa porte, et qu'il ne doutoit point qu'il n'y eût beaucoup d'autres auteurs qui, à son imitation, ouvriroient des boutiques de gloire. Je crois (dit Collantine) qu'elles viendroient aussitôt à la mode que celles des limonadiers[1] qui sont si communes aujourd'hui, et dont le métier, il n'y a guère, étoit tout à fait inconnu.

Vraiment, monsieur le prévôt (dit alors Charroselles), vous avez intérêt que ce nouveau métier s'établisse en votre justice ; mais il le faudra aussitôt unir et incorporer avec les vendeurs de tabac, parce qu'ils ont cela de commun, qu'ils vendent tous deux de la fumée. Oui dea (dit Belâtre), je le pourrai bien faire, mais je leur promets d'aller souvent en police chez eux, car on dit que c'est une marchandise fort sophistiquée. Collantine, prenant à son tour la parole, et l'adressant à Charroselles : Vous ne me montrez point (dit-elle) le papier que vous avez ramassé ; il y a longtemps que vous le considérez ; n'est-ce point quelque obligation ou lettre de change ?

---

1. Les limonadiers vendaient de la limonade, comme leur nom l'indique, et de plus toute sorte de liqueurs. Ils avaient débuté sous Mazarin. Le premier café établi à Paris ne fut ouvert qu'en 1676, à la foire Saint-Germain, par un Arménien nommé Pascal.

Je crois (dit Charroselles, après l'avoir encore quelque temps examiné), que vous avez touché au but. C'est en effet une lettre de change de réputation, tirée par Mythophilacte sur un académicien humoriste de Florence ; car il lui envoie un ouvrage d'un de ses amis, et il le prie, à pièce vue, de lui vouloir payer douze vers d'approbation pour valeur reçue, lui promettant de lui en tenir compte, et de le payer en même monnoie. Cette monnoie (reprit Collantine) ne se trouve point dans aucun édit ou tarif qui ait été publié, de sorte que, si on la portoit au marché, on mourroit bien de faim auprès. Il est vrai (répliqua Charroselles) qu'elle est aujourd'hui fort décriée, avec toutes les espèces légères qu'on a ordonné de porter au billon, car il n'y a rien de plus léger que de la fumée. Il alloit là-dessus donner carrière à son esprit et dire force méchantes pointes, étant fort grand ennemi des donneurs de louanges ; mais il en fut empêché par Belâtre, qui, ayant été averti par son greffier qu'il y avoit quelques interrogatoires fort pressés qu'il devoit faire en sa justice, fut obligé de quitter la partie et de s'en aller, non sans un grand regret d'avoir été interrompu par Volaterran, en voulant plaider son procès devant Charroselles.

Il se consola par l'espérance qu'il eut d'en trouver une autre fois l'occasion, ce qui ne lui fut pas mal aisé, car, en continuant ses visites, il y trouva plusieurs fois aussi Charroselles, qui ce jour-là n'y resta guère plus longtemps que lui. Mais je serois fort ennuyeux si je voulois décrire par le menu toutes les aventures de ces amours (c'est ainsi que je les appelle à regret, chacun les pourra nommer comme il lui plaira), car elles durèrent assez longtemps, et continuèrent toujours de même force. Il y eut sans cesse querelles, différends et contestations, au lieu des fleurettes et des compliments qui se débitent en semblables entretiens. La seule complaisance qu'eut Charroselles pour Collantine, ce fut de lui laisser déduire tous les procès qu'elle voulut, à la charge d'entendre lire de ses ouvrages par après en pareille quantité. Et certes, il lui rendit bien son change, ne lui ayant pas été à son tour moins importun. Je m'abstiendrai de réciter les uns et les autres, et je crois, Dieu me pardonne, que je serois plutôt souffert en récitant au long ces procès qu'en faisant lire ces ouvrages maudits, qui sont condamnés à une prison perpétuelle.

Jugez donc du reste de l'histoire de ces trois personnages par l'échantillon que j'en ai donné ; et sans vous tenir davantage en suspens, voici quelle en fut la conclusion :

A l'égard de Belâtre, son procès le mina si bien

avec le temps, ayant affaire à une partie qui savoit mieux son métier que lui, que non-seulement il se vit entièrement ruiné (ce qui n'eût pas été grand chose, car il l'étoit déjà devant que d'arriver à Paris), mais même interdit et dépossédé de sa charge, qui étoit le seul fondement de sa subsistance. Ses amis, qui prévoyoient bien cette chute, voulurent, avant qu'elle fût arrivée, tenter les voies d'accommodement avec Collantine, qui le pressoit le plus. Ils lui montrèrent si bien qu'il n'avoit plus que ce moyen de se maintenir, qu'ils le firent résoudre à lui faire faire des propositions de l'épouser, malgré le peu de bien qu'elle avoit. Mais l'esprit de Collantine étoit bâti de telle sorte que cette espérance d'accommodement, qui la devoit porter à faire faire ce mariage, fut ce qui l'en empêcha. Car, comme elle vint à considérer que, sitôt qu'elle seroit mariée à Belâtre, il lui falloit quitter les prétentions qu'elle avoit contre lui, elle ne s'y put jamais résoudre, ni abandonner lâchement ce procès, qui étoit son plus grand favori, à cause qu'il étoit le plus gros. Cette seule pensée de paix qu'avoit eue Belâtre fut cause qu'il eut tout à fait son congé; depuis elle n'a point quitté prise, elle l'a poursuivi jusqu'à son entière défaite. . . . . .

A l'égard de Charroselles, il n'en alloit pas de même : ils n'avoient plus de procès ensemble qui fût pendant en justice, et qui pût être assoupi par un mariage, de sorte qu'il n'avoit pas une pareille exclusion. Car tous les différends qu'ils avoient ensemble, c'étoient de ces contestations qui leur arrivoient tous les jours par leur opiniâtreté et par leur mauvaise humeur; et tant s'en faut que le mariage les apaise, qu'au contraire il les multiplie merveilleusement. Je ne sais pas ce qui le put porter à songer au mariage, lui qui avoit tant pesté contre ce sacrement, aussi bien que contre toutes les bonnes choses, et surtout avec une personne qui n'avoit ni bien, ni esprit, ni aucune qualité sociable. Il faut qu'il l'ait voulu faire par dépit et en haine de lui-même, pour montrer qu'il faisoit toutes choses au rebours des autres hommes, où plutôt que ç'ait été par un secret arrêt de la Providence, qui ait voulu unir des personnes si peu sociables, pour se servir de supplice l'une à l'autre.

Quoi qu'il en soit, le mariage fut proposé et conclu; mais, hélas! qu'il y eût auparavant de contestations! Jamais traité de paix entre princes ennemis n'a eu des articles plus débattus; jamais alliance de couronnes n'a été plus scrupuleusement examiné. Collantine voulut excepter nommément de la communauté de biens, qu'on a coutume de stipuler dans un tel contrat, qu'elle solliciteroit ses procès à part;

qu'à cette fin son mari lui donneroit une générale autorisation, et qu'elle se réservoit ses exécutoires de dépens, dommages et intérêts liquidés et à liquider, et autres émoluments de procès, qu'elle pourroit faire valoir comme un pécule particulier. Il fut aussi consenti qu'elle feroit divorce et lit à part toutes fois et quantes; et la clause portoit que, sans cette condition expresse, le mariage n'eût point été fait ni accompli. Mais ce qu'il y eut de plaisant, c'est que les autres personnes, quand elles font des contrats, tâchent d'y mettre des termes clairs et intelligibles et toutes les clauses qu'elles peuvent s'imaginer pour s'exempter de procès; mais Collantine, tout au contraire, tâchoit de faire remplir le sien de termes obscurs et équivoques, même d'y mettre des clauses contradictoires, pour avoir l'occasion, et en suite le plaisir, de plaider tout son soûl.

Encore qu'ils eussent signé enfin ce contrat, ils n'étoient pas pour cela d'accord; leur contrariété parut encore à l'église et devant le prêtre : car ils étoient si accoutumés à se contredire que, quand l'un disoit oui, l'autre disoit non, ce qui dura si longtemps qu'on étoit sur le point de les renvoyer, lorsque, comme des joueurs à la mourre[1], qui ne

[1]. Jeu qui consiste à lever autant de doigts qu'en indique celui qui dirige le jeu.

s'accordent que par hasard, ils dirent tous deux oui en même temps, chacun dans la pensée que son compagnon diroit le contraire. Cet heureux moment fut ménagé par le prêtre, qui à l'instant les conjoignit, et ça été presque le seul où ils aient paru d'accord.

Cette cérémonie faite, on fit celle des noces, où il y eut quelques aventures qui tinrent de celle des Centaures et des Lapites, et le mauvais augure s'étendit si loin, que les violons mêmes n'y purent jamais accorder leurs instruments. Les noces étoient à peine achevées, que Collantine et Charroselles eurent un procès, qu'on peut dire en vérité être fondé sur la pointe d'une aiguille; car le lendemain, en s'habillant, elle avoit mis sur sa toilette une aiguille de tête qui étoit d'or avec un petit rubis fin, dont elle se servoit pour accommoder ses cheveux. Charroselles (en badinant) s'en voulut curer une dent creuse; mais comme il avoit la dent maligne, l'aiguille se rompit dès qu'elle y eut touché. Aussitôt Collantine vomit contre lui plusieurs injures et reproches, entre lesquels elle n'oublia pas de lui reprocher le défaut dont sa dent étoit accusé. Charroselles, qui vouloit faire durer sa complaisance vingt-quatre heures du moins (c'étoit pour lui un grand effort), offrit de lui en apporter une autre plus belle, et il lui dit même qu'il lui en feroit donner en présent par quelque libraire, à qui il donneroit plutôt à imprimer un de ses livres sans autre récompense. Vraiment, c'est mon (dit Collantine), vous me renvoyez là à de belles gens; vous n'en avez jamais su rien tirer, et puis, quand vous m'en donneriez cent, je ne serois pas satisfaite : je veux celle-là, et non point une autre; j'en fais état à cause qu'elle vient de ma grand'mère, qui me l'a donnée à la charge de la garder pour l'amour d'elle. L'affection que j'ai pour ce bijou me fait souffrir des dommages et intérêts qui ne peuvent pas tomber en estimation. Et en même temps elle recommença à lui dire que c'étoit un mauvais ménager, qu'il la vouloit ruiner, qu'il lui avoit ôté le plus précieux joyau qu'elle avoit; toutes lesquelles paroles ne s'en étant pas allées sans réplique, la querelle s'échauffa si fort, que cela aboutit à dire qu'elle se vouloit séparer. Et aussitôt elle lui fit donner un exploit en séparation de corps et de biens, que quelques-uns assurent qu'elle avoit fait dresser tout prêt dès le jour de ses fiançailles. Si je voulois raconter, même succinctement, tous les procès et les brouilleries qui sont survenus entre eux depuis, je serois obligé d'écrire plus de dix volumes, et je passerois ainsi la borne que nos écrivains modernes ont prescrite aux romans les plus boursouflés Mais encore, lecteur, avant que de finir, je serois bien aise de vous faire deviner quel fut le succès de ces plaidoiries, et qui fut le plus opiniâtre de Collantine ou de Charroselles. J'aime mieux pourtant vous tirer de peine, car je vois bien que vous n'en viendriez jamais à bout ; mais auparavant, il faut que je vous fasse un petit conte :

Dans le pays des fées, il y avoit deux animaux privilégiés : l'un étoit un chien-fée, qui avoit obtenu le don qu'il attraperoit toutes les bêtes sur lesquelles on le lâcheroit ; l'autre étoit un lièvre-fée, qui de son côté avoit eu le don de n'être jamais pris par quelque chien qui le poursuivît. Le hasard voulut qu'un jour le chien-fée fut lâché sur le lièvre-fée. On demanda là-dessus quel seroit le don qui prévaudroit, si le chien prendroit le lièvre, ou si le lièvre échapperoit du chien, comme il étoit écrit dans la destinée de chacun. La résolution de cette difficulté est qu'ils courent encore. Il en est de même du procès de Collantine et de Charroselles : ils ont toujours plaidé et plaident encore, et plaideront tant qu'il plaira à Dieu de les laisser vivre.

**FIN**

# VARIANTES

Les gens de goût ont bien raison de n'aimer à lire un auteur ancien que dans l'édition originale ou dans celles qui la reproduisent fidèlement. On n'imaginerait jamais, en effet, si l'on n'y a regardé de près, à quel degré le texte de ces auteurs et leur pensée première ont été défigurés à mesure qu'on s'éloignait d'eux. Voici, par exemple, Furetière, l'ami de Racine et de Boileau, qui parle comme eux, avec une aisance incomparable, la pure et riche langue de la bourgeoisie du XVIIe siècle, toute semée encore de ces délicieux idiotismes qui depuis ont trop disparu. Eh bien! les éditeurs de Nancy et de la Haye se mêlent de lui faire la leçon, de corriger ses phrases, d'émonder son style, et, sous prétexte de correction ou de rajeunissement, ils remplacent ses plus jolies façons de dire par des tours soi-disant grammaticaux. On n'a jamais si outrageusement méconnu le vrai génie de notre langue. Il suffit, pour s'en convaincre, de jeter les yeux sur le tableau suivant, où nous avons groupé quelques-uns des changements les plus maladroits. Pour les relever tous, il faudrait un second volume, et nous aurions craint de grossir démesurément celui-ci.

# VARIANTES.

## LIVRE PREMIER

| PAGE. | LIGNE. | ÉDITION ORIGINALE. | ÉDITIONS DE 1712 ET DE 1714. |
|---|---|---|---|
| 23 | 5 | Un roman n'est *rien* qu'une. | Un roman n'est qu'une. |
| 23 | 7 | De mes maîtres, *et si je sais un autre exorde.* Car. | De mes maîtres. Car. |
| 25 | 6 | Chemin battu *des* autres | Chemin battu *par* les autres. |
| 15 | 8 | Tantôt en un quartier et tantôt en un autre de la ville. | Tantôt en un quartier de la ville et tantôt en un autre. |
| 26 | 1 | *Que si par occasion il écrivoit* la vie. | *Il prendroit de là occasion de décrire* la vie. |
| 26 | 4 | Il *la* bâtiroit superbement. | Il bâtiroit superbement *cette place.* |
| 26 | 14 | En porches et galeries. | En porches et *en* galeries. |
| 26 | 19 | Il vous *feroit voir.* | Il vous *représenteroit.* |
| 26 | 25 | S'il lui en prenoit *fantaisie* | S'il lui en prenoit *envie.* |
| 27 | 5 | Faire accroire *à beaucoup de gens.* | Faire accroire *au lecteur.* |
| 27 | 9 | Les tirent tellement *par les* cheveux. | Les tirent tellement *aux* cheveux. |
| 27 | 18 | Comédies qui se *jouent.* | Comédies qui se *représentent.* |
| 28 | 4 | *Qui étoit* la vraie marque et le caractère. | Vraie marque et caractère. |
| 28 | 15 | *Amoureux* de la symphonie. | *Amateurs* de la symphonie. |
| 28 | 17 | D'autres y *couroient.* | D'autres y *accouroient.* |

# VARIANTES.

| PAGE. | LIGNE. | ÉDITION ORIGINALE. | ÉDITIONS DE 1712 ET DE 1714. |
|---|---|---|---|
| 29 | 14 | *Hormis* qu'ils..... | *Si ce n'est* qu'ils. |
| 29 | 19 | Pour *lui donner*.... | Pour *mettre*. |
| 30 | 20 | Elle pourroit avoir... | Elle pourroit, *par exemple*, avoir. |
| 30 | 22 | *Qui sont* beaux et blancs. | *Bien* beaux et *bien* blancs. |
| 30 | 24 | En chair et en os *et à découvert*...... | En chair et en os. |
| 31 | 3 | Ne servent *de rien* qu'à. | Ne servent qu'à. |
| 31 | 4 | Ce n'est pas que je veuille. | Ce n'est pas *toutefois* que je veuille. |
| 21 | 9 | Je veux passer...... | Je veux *bien* passer. |
| 31 | 15 | *Qui* avoit appris.... | *Laquelle* avoit appris. |
| 31 | 18 | Lui portoit la queue, *afin de paroître davantage. Or,* quoique cela... | Lui portoit la queue ; *et* quoique *tout* cela. |
| 32 | 3 | Sur *des* chaises *sur lesquelles on entendoit.* | Sur une *infinité de* chaises *occupées par tous ceux qui entendoient.* |
| 32 | 9 | *Comme* aussi que.... | *Sans oublier* aussi que. |
| 32 | 14 | Qui étoit le matin avocat. | Qui étoit avocat le matin. |
| 33 | 3 | *N'étoit pas reconnoissable.*........ | *Étoit méconnoissable.* |
| 33 | 25 | *Qui arrive* à tous.... | *Être commun* à tous. |
| 34 | 3 | En devint *fort* passionné. | En devint *amant* passionné. |
| 34 | 9 | Je ne *vous* saurois dire.. | Je ne saurois dire. |
| 34 | 10 | *Que son cœur* sentit... | *Qu'il* sentit. |
| 34 | 12 | Ce jour-là *précisément* qu'il fit....... | Ce jour-là qu'il fit. |
| 34 | 14 | S'en *présenta*...... | S'en *offrit*. |
| 34 | 15 | *Quêter* à un jeune homme. | *Présenter sa tasse* à un jeune homme. |
| 34 | 20 | Vanité de *faire voir*.. | Vanité de *montrer*. |

## VARIANTES.

| PAGE. | LIGNE. | ÉDITION ORIGINALE. | ÉDITIONS DE 1712 ET DE 1714. |
|---|---|---|---|
| 34 | 22 | Il en arrosa *la* tasse et couvrit *les* pièces... | Dont il arrosa *sa* tasse... et couvrit *ainsi* toutes les *grosses* pièces. |
| 35 | 8 | Lui *en* avoir de.... | Lui avoir de. |
| 35 | 20 | *De sorte qu'elles* souffrent | *Et qui* souffrent. |
| 35 | 23 | L'office fut *dit*..... | L'office fut *achevé*. |
| 36 | 8 | *Un* paradis le plus beau.. | Le plus beau paradis qui. |
| 36 | 15 | Un denier *davantage* que......... | Un denier *de plus* que. |
| 37 | 10 | *Faut-il se* railler de moi? | *Devez-vous vous* railler de moi? |
| 37 | 15 | Qui vous *puisse* choquer. | Qui vous *doive* choquer. |
| 37 | 24 | Il faut que *je sois* auparavant *assuré de votre estime et que je sache*. | Il faut auparavant que je sache. |
| 38 | 5 | *Assurément* il alloit... | Il alloit. |
| 38 | 8 | *Expliquer* en faveur *d'une recherche légitime*.. | *Déclarer* en faveur *de mariage*. |
| 38 | 21 | *Leur font des offres de service*....... | *Les recherchent*. |
| 39 | 11 | Se mettre *vitement* en.. | Se mettre *promptement* en. |
| 39 | 17 | *Il n'auroit pas voulu oublier une des* manières qu'il avoit *trouvée*.. | *Et mettre en usage les* manières qu'il avoit *étudiées*. |
| 40 | 3 | Et *qu'aussi bien* sa maman la *crieroit*.... | Et *que* sa maman la *gronderoit*. |
| 40 | 5 | *En résolution* de.... | *Résolu* de. |
| 40 | 9 | Quelqu'un fût *venu*... | Quelqu'un *se fût présenté*. |
| 41 | 5 | Verroit *pour le* moins.. | Verroit *du* moins. |
| 41 | 19 | Y contribua *beaucoup*.. | Y contribua *davantage*. |
| 42 | 19 | Ne sortoit *qu'avec* sa mère........ | Ne sortoit *jamais sans* sa mère. |
| 42 | 23 | L'amitié de Vollichon *lui* | Cependant l'amitié de Vol- |

# VARIANTES.

| PAGE. | LIGNE. | ÉDITION ORIGINALE. | ÉDITIONS DE 1712 ET DE 1714. |
|---|---|---|---|
| | | *étoit* presque inutile ; cependant *elle* s'augmentoit.......  | lichon *pour Nicodème, quoiqu'elle fût* presque inutile *à ce dernier*, s'augmentoit. |
| 43 | 9 | *De la même manière que* | Comme. |
| 44 | 11 | *D'être combattue*.... | De *la combattre.* |
| 45 | 2 | De *réciter*....... | De *raconter.* |
| 46 | 10 | Et *généralement* par tous moyens *il* s'efforçoit.. | Et s'efforçoit par tous moyens. |
| 47 | 7 | *D'autre* côté........ | *D'un autre* côté. |
| 47 | 16 | Peut-être *même* qu'en ceci.... ..... | *Et* peut-être qu'en ceci. |
| 47 | 21 | Que *font* les parents . . | Que *forment* les parents. |
| 48 | 4 | *De la quantité de son bien s'il n'étoit point embrouillé*, et s'il.... | De la quantité *et de la qualité des biens du prétendant*, et s'il. |
| 49 | 3 | *Ce bonheur* ne *lui* dura. | *Cette contrainte* ne dura. |
| 49 | 21 | Qu'on diroit bien, *et qu'il se l'imagine, et comme*. | Qu'on *le* diroit bien et que. |
| 50 | 16 | Vous *en avez curiosité.* | Vous *êtes curieux de le savoir.* |
| 50 | 20 | Encore *tantôt* besoin.. | Encore besoin. |
| 51 | 10 | Qui *faisoient bien*... | Qui *laissoient aisément.* |
| 51 | 17 | Qui *étoit moins* docte que laborieux.... | *Plus* laborieux que docte. |
| 52 | 6 | *D'autre part.*...... | *D'un autre côté.* |
| 51 | 14 | *Faisoit venir* une.... | *Présentoit* une. |
| 52 | 18 | Qui *n'en tâtoit* pas... | *Bien qu'il n'en eût* pas *tâté.* |
| 53 | 8 | *Se bien tenir.*..... | *Ne pas broncher.* |
| 53 | 11 | *Fort* frêle et *fort* délicat. | Frêle et délicat. |
| 56 | 21 | *Telles* denrées..... | *Semblables* denrées. |
| 57 | 8 | *A un homme qui a un office* qui en *vaudra* . . | A un officier qui en aura. |

# VARIANTES.

| PAGE. | LIGNE. | ÉDITION ORIGINALE. | ÉDITIONS DE 1712 ET DE 1714 |
|---|---|---|---|
| 57 | 17 | La *peut* faire...... | La *peuvent* faire. |
| 59 | 1 | Qui *arrivoit*..... | Qui *se faisoit*. |
| 59 | 8 | Bien *déduppés*..... | Bien *revenus*. |
| 59 | 13 | *Nomment* leur..... | *Le regardent comme* leur. |
| 59 | 25 | *Quand* on ne savoit... | *Où* on ne savoit. |
| 59 | 26 | Même *pour peu que nous allions en avant*, comme......... | Même, comme. |
| 60 | 7 | *Sur* tous les galants... | *Entre* tous les galants. |
| 61 | 19 | Qui chasse les chiens et loue des chaises dans l'église....... | Qui loue des chaises dans l'église et *en* chasse les chiens. |
| 61 | 26 | Avec bien du temps... | Avec bien du temps *et bien de la peine*. |
| 62 | 5 | Se *résolvoit*...... | Se *déterminoit*. |
| 64 | 2 | *Croyant déroger*.... | *Dans la pensée qu'ils dérogeroient*. |
| 65 | 14 | *Commencent* à..... | *Se plaisent* à. |
| 68 | 13 | *Doléance sur* un.... | *Portrait* d'un. |
| 73 | 22 | *Il faut aussi avoir* dans ses......... | *On veut qu'il y ait* dans les. |
| 74 | 11 | Meilleures qualités... | Meilleures qualités *qu'un autre*. |
| 74 | 12 | Auriez *grande* raison.. | Auriez raison. |
| 76 | 10 | D'avarice *ou de rusticité*, je suis..... . | D'avarice, je suis. |
| 77 | 18 | Soutient *publiquement*.. | Soutient *hautement*. |
| 82 | 25 | *Cet homme* qui a.... | *La personne* qui a. |
| 83 | 2 | Ici on a supprimé depuis le mot *nécessaires*.. | Jusqu'à *quels ils sont*. |
| 84 | 7 | Car *les maquignons* sont très fréquents..... | *De la part d'un autre maquignon*, car *ils* sont très fréquents. |

# VARIANTES.

| PAGE. | LIGNE. | ÉDITION ORIGINALE. | ÉDITIONS DE 1712 ET DE 1714. |
|---|---|---|---|
| 86 | 6 | Si vous êtes si *désireux*. . | Si *cependant* vous êtes si *curieux*. |
| 86 | 24 | Il est *seulement* besoin que je vous déclare . . . . | Il *n*'est besoin *maintenant* que *de* vous apprendre. |
| 86 | 26 | *Curieux* de savoir. . . . | *En peine* de savoir. |
| 87 | 16 | *Quand il est question* de se | *Pour ne point* se. |
| 87 | 22 | S'accoutuma à *lui faire*. . | L'accoutuma à *recevoir*. |
| 89 | 1 | *Ce n'étoit pas le compte de* cet amant impatient. | Cet amant impatient *ne vouloit pas*. |
| 89 | 10 | *Donné leur consentement*. | *Consenti*. |
| 89 | 22 | *En même temps*. . . . . | *Ensemble*. |
| 90 | 17 | Passionné *pour la toucher*. | Passionné. |
| 93 | 14 | Et par conséquent nuisent beaucoup. . . . . . . | Et *combien* par conséquent *ils* nuisent. |
| 94 | 6 | Tout cet alinéa a été écourté et réduit à ceci: « Il lui répondit sérieusement qu'il lui en donneroit une preuve par écrit. » | |
| 95 | 18 | *Cajolerie* des. . . . . . | *Galanterie* des |
| 96 | 2 | Pas grand *fondement*. . . | Pas *un fort* grand *fonds*. |
| 96 | 19 | Il *advint* que. . . . . . | Il *arriva* que. |
| 96 | 20 | Pour *quelques* affaires. . | Pour affaires. |
| 97 | 2 | Mari *qui est obligé d'en avoir le soin*. . . . . | Mari. |
| 97 | 15 | Se *devoient* faire. . . . | Se *feroient*. |
| 98 | 8 | Conçue, *puisqu'il l'avoit eue entre ses mains.* Mais. . . . . . . . . | Conçue, mais. |
| 99 | 13 | *Plus forte qu'aucune qu'elle eût jamais eue*. | *Inconcevable*. |

# VARIANTES.

| PAGE. | LIGNE. | ÉDITION ORIGINALE. | ÉDITIONS DE 1712 ET DE 1714. |
|---|---|---|---|
| 99 | 20 | L'ordre de la justice... | Voie de justice. |
| 100 | 6 | Lui avoit laissé des... | Elle portoit des |
| 102 | 14 | Et, trouvant la promesse, s'en saisit...... | Et se saisit de la promesse. |
| 104 | 8 | De la sorte qu'il..... | De la manière dont. |
| 104 | 22 | Gringottant un air.... | Ramageant un air. |
| 110 | 15 | Il lui en eût coûté bon.. | On eût tiré de lui tout ce qu'on eût voulu. |
| 113 | 15 | Déboutée au premier jour de sa demande..... | Déboutée de sa demande. |
| 113 | 20 | Ne se pourroit résoudre qu'en........... | Ne pourroit aller qu'à. |
| 114 | 19 | Feignit qu'........ | Voulut faire voir qu'. |
| 115 | 12 | Lui fit un accueil plus froid qu'il ne croyoit.. | Le reçut froidement. |
| 116 | 4 | Ou pour le moins.... | Ou pour mieux dire. |
| 117 | 12 | A cause des meubles... | Je l'entends des meubles. |
| 122 | 6 | Connues par la ville... | Sues dans la ville. |
| 125 | 3 | Or, comme il se trouva plus près de Javotte quand ils eurent pris des sièges, ayant mis.. | On s'assit. Laurence l'avoit placé près de Javotte, pour lui donner moyen de l'entretenir. Et ce galant, ayant mis. |
| 125 | 19 | Semble consentir..... | Consent. |
| 127 | 10 | Pour moi, je voudrois qu'une femme vécût à ma mode et qu'elle ne prît plaisir......... | Si je me marie, il faut qu'une femme vive à ma mode et qu'elle ne prenne plaisir. |
| 127 | 19 | Fut qu'il voulut peler... | Fut de peler. |
| 128 | 14 | En s'en retournant.... | De retour. |
| 130 | 21 | De ce qu'elle voyoit son | Du changement qu'elle |

# VARIANTES.

| PAGE. | LIGNE. | ÉDITION ORIGINALE. | ÉDITIONS DE 1753 ET DE 1714. |
|---|---|---|---|
| | | cousin si changé.... | voyoit dans son cousin. |
| 133 | 7 | Que je me pusse voir... | Pouvoir me voir. |
| 134 | 25 | Lui parla de quelques.. | La fit tomber sur quelques. |
| 147 | 5 | Savante avec....... | Savante, et cela avec. |
| 149 | 1 | Bien rare en ce sexe... | Assez rare dans le sexe. |
| 149 | 17 | Qui ont à souffrir.... | En butte. |

Tout ce qui suit, jusqu'à *si délicats*, est tellement bouleversé dans l'édition de 1713, que l'on ne reconnaît plus le texte primitif.

| | | | |
|---|---|---|---|
| 151 | 10 | Dit *entre autres* Hippolyte. | Dit Hippolyte. |
| 151 | 18-20 | Celles qui *en font bien*... et celles qui *en font* mal. | Celles qui y réussissent... et celles qui s'en acquittent mal. |
| 152 | 21 | Gros *auteurs*........ | Gros *ouvrages*. |
| 152 | 23 | De *leur* mérite ..... | Du mérite de leurs auteurs. |
| 153 | 1 | *Travailler pour moi*... | *Imprimer mes œuvres.* |
| 153 | 3 | Copies *gratuites*..... | Copies, *quand on les leur donne gratis*. |
| 153 | 5 | Voir le débit........ | Voir *au doigt et à l'œil* le débit. |
| 155 | 1 | Aucune *fortune*..... | Aucun *risque*. |
| 156 | 8 | En *air*.......... | En *chant*. |
| 156 | 14 | *Leur* faire ensuite courir le monde........ | *Les* faire courir ensuite *dans* le monde. |
| 158 | 1 | Qui *fit valoir*...... | Qui *mit en crédit*. |
| 159 | 4 | De *l'autre* cour..... | De *l'ancienne* cour. |
| 159 | 21 | Ne *coûte guère à acheter*. | N'est pas d'un grand prix. |
| 160 | 4 | La campagne, *tantôt chez l'un, tantôt chez l'autre*. | |

## VARIANTES.

| PAGE. | LIGNE. | ÉDITION ORIGINALE. | ÉDITIONS DE 1712 ET DE 1714. |
|---|---|---|---|
| | | Hélas!........ | La campagne. Hélas! |
| 160 | 14 | Font *valoir* les *mauvaises*. | Font *passer* les *défectueuses*. |
| 161 | 21 | *Leur faire voir le jour*.. | *Les mettre au* jour. |
| 162 | 4 | *Pour cela*........ | *A publier le leur*. |
| 162 | 19 | *A cause que je n'ai pas*.. | *Pour n'avoir pas*. |
| 162 | 24 | *Il y auroit bien du plaisir*. | *C'eût été une chose fort plaisante*. |
| 163 | 26 | *Heureuse* que l'on estime *en France*....... | *Aise* que l'on estime *ici*. |
| 164 | 20 | Ce que *j'estime* la plus certaine marque de l'esprit d'un homme...... | Ce que *je regarde comme la* marque la plus certaine de l'esprit. |
| 166 | 9 | *Non sans grande surprise de*......... | *Au grand étonnement de*. |
| 169 | 8 | Voir *tout à l'heure* ce... | Voir ce. |
| 170 | 24 | *Aussi bien*, comme je *vous* en crois *l'auteur, cela* vous *ôtera* le chagrin *que vous auriez à me*... | *Afin qu'étant* auteur de cette pièce, comme je le crois, vous *n'ayez* pas le chagrin de. |
| 173 | 7 | *Vu que les personnes de ce métier* sont assez.... | *Ce sont femelles en tout pays*, assez. |
| 176 | 10 | *Intérieure qu'il avait*... | *Interne de ce dieu*. |
| 180 | 4 | *Étoit fort peu de ses amis*. | *Ne lui en paraissoit pas digne*. |
| 183 | 15 | *Parmi les aveugles*.... | *Aux Quinze-Vingts*. |
| 185 | 8 | *A personne que par*.... | *A ce sujet, si ce n'est par*. |
| 188 | 25 | *Soupirs et quelques tendresses à*...... | *Soupirs à*. |
| 193 | 22 | *Toutes les beautés qui donnèrent assez de curiosité* | *Toute la beauté et tout l'éclat dont* Psyché |

# VARIANTES.

| PAGE. | LIGNE. | ÉDITION ORIGINALE. | ÉDITIONS DE 1712 ET DE 1714. |
|---|---|---|---|
|  |  | à Psyché pour l'échauder. | *fut enchantée.* |
| 194 | 23 | D'avoir reçu *cet* affront. | De *l'affront qu'il avait reçu.* |
| 195 | 1 | De l'esprit et de *la* beauté passablement. | De l'esprit, et passablement de beauté. |
| 197 | 15 | *Venoient aussitôt demander à* Polyphile *quelque remède à.* | *Prioient* Polyphile *d'avoir pitié de.* |
| 198 | 10 | Que le ciel *lui avoit données en partage.* | *Dont* le ciel *l'avoit partagée.* |
| 201 | 11 | Sans *trouver* condition. | Sans condition. |
| 207 | 5 | L'a retenu *un peu* de court et a veillé *plus* exactement sur sa conduite. | A veillé exactement sur sa conduite et l'a retenu *plus* de court. |
| 208 | 13 | *Dit* qu'elle n'osoit *pas prendre cette liberté à cause que* l'ouvrage. | *Répondit* qu'elle n'osoit *se dessaisir* d'un ouvrage. |
| 209 | 17 | *Qui* me déplaisent *fort et* que je hais *mortellement.* | *Et ils* me déplaisent *tellement* que je *les* hais *à la mort.* |
| 210 | 5 | De plus accomplis. | Qui *vous conviennent.* |
| 211 | 23 | *Qui reconnut* que c'étoit une fille qui *vouloit se mettre à* la lecture et avait été élevée jusqu'alors dans l'ignorance, *crut trouver une belle occasion de lui rendre de petits services en lui envoyant des* livres. | *Vit bien* que c'étoit une fille qui, *ayant* été jusqu'alors élevée dans l'ignorance, *la sentoit assez pour en vouloir sortir par* la lecture, *et que le vrai moyen de lui être agréable et utile étoit de la fournir de* livres. |
| 213 | 11 | Quand *on nous parle* d'un *homme* inconnu, fût-*il* | Quand *nous entendons parler* d'un inconnu, |

| PAGE. | LIGNE. | ÉDITION ORIGINALE. | ÉDITIONS DE 1712 ET DE 1714. |
|---|---|---|---|
| | | fabuleux. . . . . . . | fût-ce *une personne fabuleuse.* |
| 213 | 15 | Qui *se rapporte en quelque façon à celle de quelqu'un que nous connaissons.* . . . . . . . . | Qui ait quelques rapports avec certaines gens de notre connaissance. |
| 216 | 3 | *De voir* que. . . . . . | *Quand il s'aperçut que.* |
| 216 | 4 | Qu'il *alloit* commencer. . | Qu'il *ne croyoit que* commencer. |
| 218 | 5 | Lui dit *qu'il étoit le plus heureux garçon du monde et* qu'il venoit. . | Lui dit qu'il venoit. |
| 219 | 4 | Affaire *pour mes amis, elle réussit.* . . . . . . . | Affaire, je n'en ai guère le démenti. |
| 221 | 13 | Incapable d'emploi. On vouloit. . . . . . . . | Incapable d'emploi, *et c'étoit une des choses qui arrêtoit le plus.* On voulait. |
| 232 | 25 | *De quel côté* il *falloit tourner.* . . . . . . . | *Où* il *vouloit aller.* |
| 237 | 7 | *Avoir* favorables. . . . . | *Se rendre* favorables. |
| 238 | 22 | *Comme bien expérimenté.* | *Par expérience.* |
| 244 | 20-23 | Les trois lignes ont été travesties de la façon suivante : « Mais il en sortit charmé de l'esprit et de la beauté de Lucrèce, et plus enivré encore de sa modestie et de sa vertu. » | |
| 246 | 8 | *Elle ne paya qu'*un tiers comptant, *car* elle eut facilement crédit du *surplus.* . . . . . . . . | *En payant* un tiers comptant, elle eut facilement crédit *pour le reste.* |

## LIVRE SECOND

| PAGE. | LIGNE. | ÉDITION ORIGINALE. | ÉDITIONS DE 1712 ET DE 1714. |
|---|---|---|---|
| 249 | 3 | Détrompez-vous...... | Je veux bien vous détromper. |
| 250 | 19 | Le hasard plutôt que *le dessein* y pourra *faire* rencontrer....... | C'est même par hasard plutôt que *de* dessein formé qu'il pourra s'y rencontrer. |
| 257 | 10 | Et *pour seconde cause de son chagrin, elle avoit* la bonne....... | Et *de* la bonne. |
| 263 | 2 | Après les mots *ses bras*, l'édition de 1714 supprime une ligne jusqu'à *séparation*. | |
| 267 | 15 | Après *à tastons*, elle supprime encore *et en pas de Loup-garou, chose qui arrive souvent aux plaideurs*. | |
| 267 | 21 | Des discours qu'il avoit tenus avec....... | De sa conversation avec. |
| 269 | 4 | S'il *savoit* l'heure du constipé......... | S'il *pouvoit être instruit* de l'heure du constipé de son juge. |
| 274 | 7 | Il ne manquoit à Charrosselles *aucune* de toutes les mauvaises qualités, *il avoit* sans doute *beaucoup* d'opiniâtreté... | Charrosselles *étoit fourni* de toutes les mauvaises qualités, *l'opiniâtreté ne lui manquoit pas sans doute.* |

| PAGE. | LIGNE. | ÉDITION ORIGINALE. | ÉDITIONS DE 1712 ET DE 1714. |
|---|---|---|---|
| 276 | 18 | Je ne trouve *rien là nisi* verba et voce. . . . | Verba et voce, *voilà ce que j'y* trouve. |
| 278 | 18 | Ici on a supprimé depuis *un procès* jusqu'à *elle se consola.* | |
| 282 | 22 | Quoiqu'il *eût beaucoup d'affection pour elle*.. . | Quoiqu'il *fût bon frère.* |
| 284 | 23 | Sonder à l'avenir *leur volonté devant* que de commencer *un* ouvrage. . . | Les sonder *sur celui-ci et sur les autres qu'il feroit* à l'avenir, avant *même* que de commencer *l'*ouvrage. |
| 285 | 8 | De l'argent *qu'ils leur avoient promis.* . . . | Du prix convenu. |
| 286 | 5 | Contraint *de tâcher à*. . | Dans la nécessité de. |
| 288 | 9 | Comme *disent les bonnes gens.* . . . . . . . . | Comme *l'on dit.* |
| 289 | 3 | Or, lecteur, vous devez.. | Or, *mon cher* lecteur, *qu'il y a, ce me semble, longtemps que je n'ai apostrophé,* vous. |
| 290 | 26 | Avoit appris à. . . . . . | Étoit fait à. |
| 292 | 20 | Il demanda aussi à d'autres gens. . . . . . . | Ces trois lignes sont supprimées jusqu'à *il gagea un jour.* |
| 296 | 22 | Ici encore l'édition de Hollande supprime depuis *qui donna avis* jusqu'à *sa personne.* | |
| 301 | 20 | A mettre en presse mes rabats. . . . . . . . | Pour mettre mes rabats en presse. |
| 304 | 18 | On prenoit aussi un très *grand* plaisir à. . . . | Le plaisir *n'étoit pas moindre* à. |

# VARIANTES.

| PAGE. | LIGNE. | ÉDITION ORIGINALE. | ÉDITIONS DE 1712 ET DE 1714. |
|---|---|---|---|
| 311 | 8 | *Ayant* peur *de* sa qualité de juge......... | *Par la* peur *que* sa qualité de juge *ne laissoit pas que de leur inspirer.* |
| 312 | 26 | *C'étoit une très grande..* | *Elle étoit mortelle.* |
| 319 | 13 | *Sitôt que* cette lettre *fut achevée,* Belastre.... | Belastre, *en lisant* cette lettre. |
| 321 | 12 | *Qu'il recevait en* l'exercice de sa charge...... | *Que* l'exercice de sa charge *lui procurait.* |
| 323 | 9 | Et *pourvu que les vers parlassent d'*amour, *cela lui suffisoit pour les trouver bons.* Il en envoya... | Et *fait un ample recueil de tout ce qui parloit* d'amour, *il* en *choisit.* |
| 324 | 11 | Nouvelle suppression depuis *lui baragouina* jusqu'à *déchiffrer.* | |
| 325 | 25 | Ici on se contente d'effacer *qu'il croyoit très vieux.* | |
| 327 | 7 | Pour éviter *désormais* un pareil affront et réparer celui qu'il avoit reçu, il *se* résolut, à quelque prix que ce fût, *de* faire *des vers* de lui-*même.*... | Pour *donc* éviter *dans la suite* un pareil affront *au sujet de ses vers*, et réparer *en quelque façon* celui qu'il avoit reçu, il résolut, à quelque prix que ce fût, *d'en* faire *qui fussent vraiment de lui.* |
| 329 | 15 | Pour *faire délivrer* une.. | Pour *la délivrance* d'une. |
| 330 | 23 | Son métier *d'en faire*... | Son métier. |
| 331 | 11 | De femmes *bien faites* mépriser......... | De femmes mépriser |

## VARIANTES.

| PAGE. | LIGNE. | ÉDITION ORIGINALE. | ÉDITIONS DE 1712 ET DE 1714. |
|---|---|---|---|
| 334 | 8 | Avoit *mieux aimé* faire un solécisme qu'..... | Avoit *préféré de* faire un solécisme *plutôt* qu'. |
| 335 | 19 | Tels sont ceux *qui sont faits pour moi*..... | Tels *que sont* ceux-ci. |
| 336 | 1 | *Celles que les autres font.* | Les médisances des autres. |
| 337 | 11 | *Témoin* une........ | Et rien n'est mieux trouvé qu'une. |
| 339 | 9 | *M'a fait* encore *une grande plainte*........ | Se plaignoit encore amèrement. |
| 339 | 10 | L'édition de 1714 supprime *qui lui tenoit fort au cœur, et l'a traduite assez plaisamment en ridicule.* | |
| 339 | 17 | *Et il m'a dit ensuite qu'il s'imaginoit être* à la comédie........ | A peu près comme à la comédie. |
| 343 | 11 | Un *carolus*........ | Une *obole.* |
| 343 | 23 | Pour *juge*........ | Pour *arbitre.* |
| 347 | 9 | *M'imaginant* qu'il y en aura......... | *Persuadé* qu'il *doit* y en *avoir.* |
| 351 | 13 | *Encore les payent-ils*... | Et qu'ils payent. |
| 351 | 15 | N'en veulent-ils point *imprimer*........ | N'en veulent-ils point. |
| 351 | 21 | Cinquante mille *francs*.. | Cinquante mille *livres.* |
| 352 | 6 | Tout le morceau depuis *mais je vous prie* jusqu'à *doléance,* a disparu. | |
| 356 | 13 | *Aussi bien étoit-il d'ailleurs assez* déchiré... | *Et son habit* déchiré *n'aidoit pas peu à les y induire.* |

# VARIANTES.

| PAGE. | LIGNE. | ÉDITION ORIGINALE. | ÉDITIONS DE 1812 ET DE 1714. |
|---|---|---|---|
| 360 | 10 | Je l'aurois fait..... | J'en serois venu à bout. |
| 363 | 19 | Contenter *aucunement*.. | Contenter *en partie*. |
| 385 | 9 | Je m'en *donnerai bien de garde*.......... | Je m'en *garderai bien*. |
| 392 | 7 | Dont *le métier il n'y a guères étoit tout à fait inconnu*.......... | Dont *naguères on ne connaissoit point le métier ni l'usage*. |
| 394 | 4 | *Décrire par le menu*... | *Détailler*. |
| 394 | 16 | Suppression de tous les mots compris entre *importun* et *perpétuelle*. | |
| 395 | 2 | Suppression du membre de phrase *ayant affaire à une partie qui savoit mieux son métier que lui*. | |
| 400 | 10 | Accorder *leurs*...... | *S'accorder*. |
| 402 | 9 | Le don *qu'il attraperoit*. | Le don *d'attraper*. |

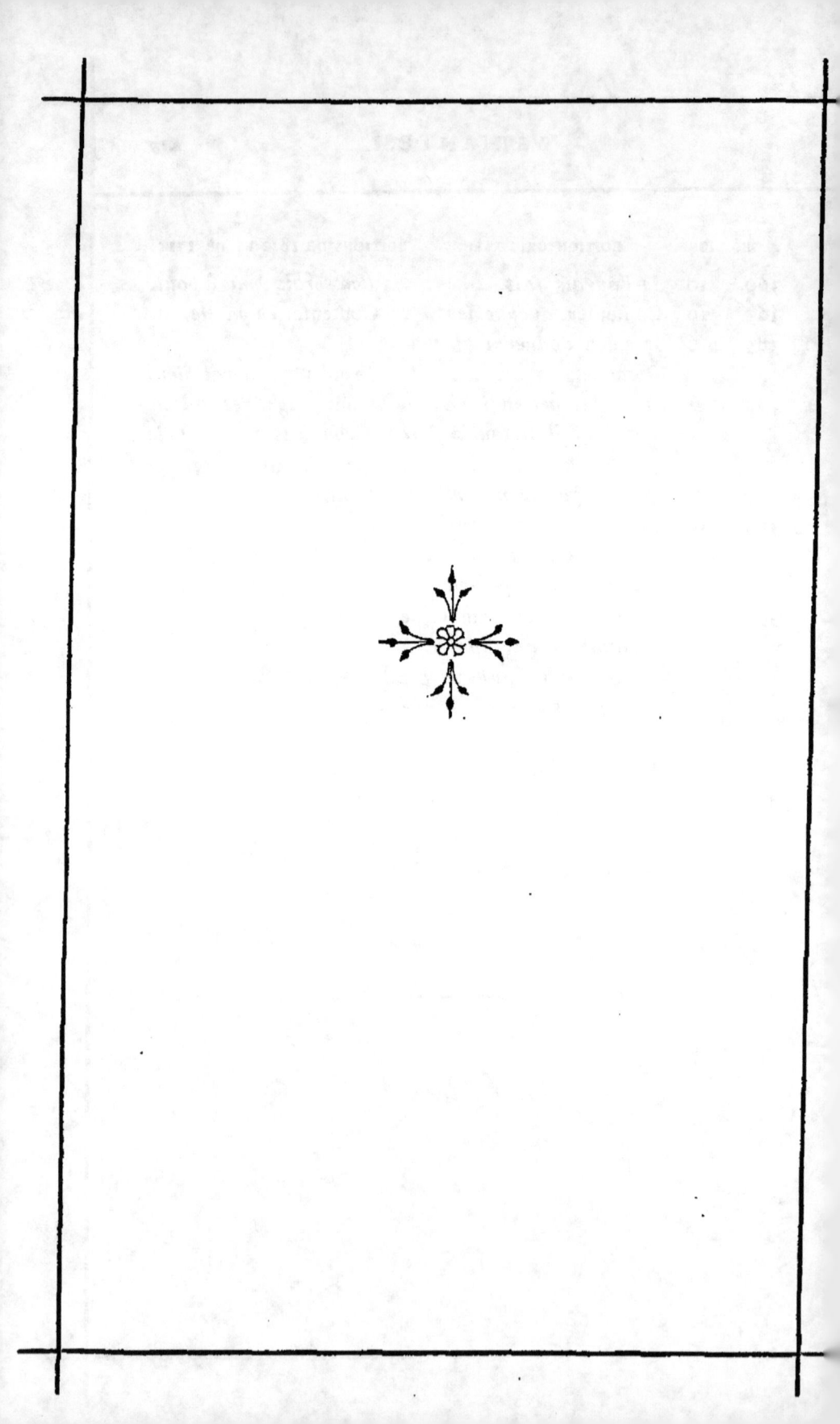

# BIBLIOGRAPHIE
## DU
# ROMAN BOURGEOIS

Le *Roman bourgeois* s'est longtemps ressenti de la fatalité qui pesait sur l'auteur du *Dictionnaire universel*. Mais il a été, de nos jours, bien vengé de l'indifférence des cent quatre-vingt-huit années qui ont suivi son apparition. Pendant cette longue période, il n'avait eu que cinq éditions. Et, depuis 1854, voici déjà la troisième, réclamée par le public.

**1666.** — *Le roman bourgeois, ouvrage comique,* attaques contre les romans à la mode. Paris, Cl. Barbin, in-8°.

> Barbin ayant fait part du droit au privilège à ses confrères Thomas Jolly, L. Billaine, Den. Thierry et Th. Girard, on trouve des exemplaires au nom de chacun d'eux. Un frontispice gravé à l'eau-forte représente la scène burlesque où Toinon et Vollichon chevauchent autour de la table sur des manches à balai. De l'unique ex. que nous avons rencontré en librairie, on demande 350 fr.

**1704.** — *Le roman bourgeois, ouvrage comique, par Ant. Furetière, abbé de Chalivoi.* Amsterdam, Gérard Koyper, in-12. Exactement reproduit par le même éditeur en 1709.

**1712** et **1713**. — *Le roman bourgeois, par feu M. de Furetière. Nouvelle édition revue de nouveau, corrigée et augmentée de remarques historiques, d'une satire en vers du même auteur et de figures en taille-douce.* Nancy, J.-B. Cusson, in-12 de VI-327 p. et 6 fig.

On a pu voir aux variantes avec quel sans-façon le texte primitif était maltraité et mutilé par cet éditeur ignorant qui ne rougit pas d'avouer son méfait, et en quels termes ! « On a corrigé quelques expressions dans plusieurs endroits de ce livre que l'auteur aurait corrigées lui-même, s'il n'avait pas été imprimé à son insu et dans sa plus grande jeunesse. » Sans nous arrêter à l'assertion ridicule qui fait de Furetière un romancier malgré lui, nous rappelons que lors de la publication de son livre il avait 47 ans, ce qui n'est plus précisément la première jeunesse.

**1714**. — *Le même.* Amsterdam, David Mortier, 2 t. en 1 vol. in-12. Reproduction exacte de la précédente édition sous un format plus petit.

**1854**. — *Le roman bourgeois, ouvrage comique, par Furetière. Nouvelle édition, avec des notes historiques et littéraires par Ed. Fournier, précédé d'une notice par Ch. Asselineau.* Paris, P. Jannet, in-16.

Édition excellente. Rien n'y manque : texte irréprochable, agréable préface et notes érudites. — Il y a quelques exemplaires sur papier de Chine.

**1868**. — *Le roman bourgeois, ouvrage comique par Furetière, avec notice et notes par P. Jannet.* Paris, Picard, 2 volumes in-18.

# TABLE

Pages.

Préface.................................... 1
Avertissement du Libraire au Lecteur... 17
Livre premier.............................. 23
Histoire de Lucrèce la Bourgeoise..... 51
Tarif ou évaluation des partis sortables
    pour faire facilement les mariages... 54
Épitre amoureuse a M<sup>lle</sup> Javotte....... 132
Historiette de l'Amour égaré........... 171
Suite de l'Histoire de Javotte.......... 208
Livre second. — Au Lecteur............ 249
Histoire de Charroselles, de Collantine
    et de Belatre.......................... 251
Jugement des Buchettes, rendu au siège
    de..., le 24 septembre 1644........... 308
Lettre de Belatre a Collantine......... 318
Inventaire de Mythophilacte........... 346
Catalogue des livres de Mythophilacte. 357

# TABLE.

                                                       Pages.

Somme dédicatoire . . . . . . . . . . . . . . . . 364

État et rôle des sommes auxquelles ont été modérément taxées, dans le Conseil poétique, les places d'illustres et demi-illustres, dont la vente a été ordonnée pour faire un fonds pour la subsistance des pauvres auteurs. . . . . . . . . . . . . . 382

Le juste prix de toutes sortes de vers . . . 383

Epitre dédicatoire du premier livre que je ferai. . . . . . . . . . . . . . . . . . . . . . . 386

Variantes . . . . . . . . . . . . . . . . . . . . . . . . 401

Bibliographie du Roman bourgeois. . . . . . 419

www.ingramcontent.com/pod-product-compliance
Lightning Source LLC
Chambersburg PA
CBHW050913230426
43666CB00010B/2145